LE GUIDE DE LA CUISINE TRADITIONNELLE QUÉBÉCOISE

Couverture et illustrations : François Olivier

Maquette intérieure : Robert Bigras
Katherine Sapon
Louise Jacques

© Éditions internationales Alain Stanké Ltée, 1979

Tous droits de traduction et d'adaptation réservés ; toute reproduction d'un extrait quelconque de ce livre par quelque procédé que ce soit, et notamment par photocopie ou microfilm, strictement interdite sans l'autorisation écrite de l'éditeur.

ISBN 2-7604-0042-5

Dépôt légal :
4ᵉ trimestre 1979.

Lorraine Boisvenue

LE GUIDE DE LA CUISINE TRADITIONNELLE QUÉBÉCOISE

Stanké

TABLE DES MATIÈRES

Les soupes 13
Les soupes au poisson 31
La charcuterie 35
L'agneau 45
Le bœuf 51
Le veau 65
Le porc 71
Le salois 85
Le jambon 89
Les volailles 95
Le poulet 96
La dinde 103
L'oie 107
Le canard 109
Le pigeon 111
Le lapin 113
Le gibier 117
Les fèves au lard 137
Les pains de viande 143
Pâtés de viande et tourtières 149
Les cipailles 161
Les galantines 169

Les œufs	171
Le jardin potager	173
Les légumes	181
Les salades	191
Les poissons et crustacés	193
Le pain	219
Les « beurrées »	225
Les crêpes et les galettes	227
Les marinades	231
Les confitures	239
Les gelées	245
Les poudings, etc...	249
Beignes — beignets — croquignoles	257
Les biscuits	261
Les carrés	267
Les muffins	269
Les gâteaux	271
Les tartes	281
Les bonbons	289
La bière	293
Les vins et alcools maison	297
Les breuvages	305

PRÉFACE

Je sais la cuisine de Lorraine Boisvenue. Je la sais dans tous ses succulents détails. Et je la sais d'autant plus que Lorraine vit à mes côtés depuis une douzaine d'années. Il faut ça, partager une vie pour apercevoir dans sa minutie et son classicisme la tâche culinaire d'une personne, sa connaissance profonde des mécanismes de la gastronomie. Aussi n'ai-je pas été surpris que mon ami Alain Stanké l'engage à explorer la richesse de la tradition culinaire du Québec.

Et j'ai vu avec quelle méthode, quel acharnement et quelle admirable précision elle a fouillé les documents anciens, les archives et les grimoires, de quelle admirable patience elle a fait preuve à choisir, transcrire et colliger des centaines, peut-être des milliers de recettes, et, à cause des limitations d'espace et des contraintes de pagination, en arriver aux quelque cinq cents et plus qui constituent ce manuel, chacune représentative, tant d'une époque que d'une région ; tant d'un style que d'une saveur.

La cuisine traditionnelle du Québec pourrait être constituée de dix volumes de même venue, tant elle est riche et délicieuse, et tant Lorraine sait en dénicher les secrets et les réussites à travers les siècles d'histoire.

Je déguste la cuisine de Lorraine depuis longtemps avec joie et délice. Ces recettes sont autant d'elle que de la tradition. Il y a du sien dans chacune, autant qu'il y a de la jarnigoine de ses aïeules. Suivez mon exemple : avec elle, mangez bien !

Yves Thériault

INTRODUCTION

Je n'ai jamais entendu ma mère, mes tantes ou mes grands-mères maugréer en faisant la cuisine. J'ai grandi dans des cuisines heureuses, auprès de femmes qui avaient le sens de la douceur du geste.

Chez nous, on vivait dans la cuisine. Chez moi aussi. Dans les années 50, ma grand-mère avait son poêle à bois, sa cuisine d'été et son grand jardin en pleine ville. Et je souris poliment quand j'entends parler des poêles à bois comme d'un phénomène du siècle dernier.

J'ai écrit *La cuisine traditionnelle du Québec* pour me faire plaisir et j'ai été comblée, entourée d'amis qui partageaient leurs traditions familiales comme leur amitié.

Et nous avons parlé de nos grands-mères.

La mienne mesurait sa « fleur* » dans une tasse de porcelaine et j'avais six ans quand elle m'a enseigné à lire de la main la température de son fourneau.

Dans sa cuisine c'était toujours la fête et c'est elle qui nous a convaincus que la Veillée du Jour de l'An ça se prépare à partir du 2 janvier.

J'y serai cette année, ma tante !

J'ai évité de trop parler de mon folklore familial parce que j'ai voulu laisser la place d'honneur au vôtre.

Le poêle à bois de ma grand-mère n'est plus là, mais elle m'a donné sa tasse de porcelaine. Et ma mère m'a appris la douceur du geste et de la parole.

Nous ne saurons peut-être pas apprendre à nos petits-enfants les gestes de nos grands-mères ; saurons-nous au moins les raconter...

* farine

Produits en poudre (café, épices, farine)
1 c. à café	3 grammes
1 c. à soupe	9 grammes

Solides (sucre, beurre, légumes)
1 c. à café	5 grammes
1 c. à soupe	15 grammes
1 once	29 grammes
4$^1/_2$ onces	125 grammes
16 onces ou 1 livre	455 grammes

Liquides
2 c. à café	1 centilitre
1 c. à soupe	1$^1/_2$ centilitre
6 c. à soupe et 2 c. à café	1 décilitre
1 tasse	2$^1/_4$ décilitres
4$^1/_2$ tasses	1 litre
1 pinte	1 litre (environ)

Note : cuillerée à café = cuillerée à thé

LES SOUPES

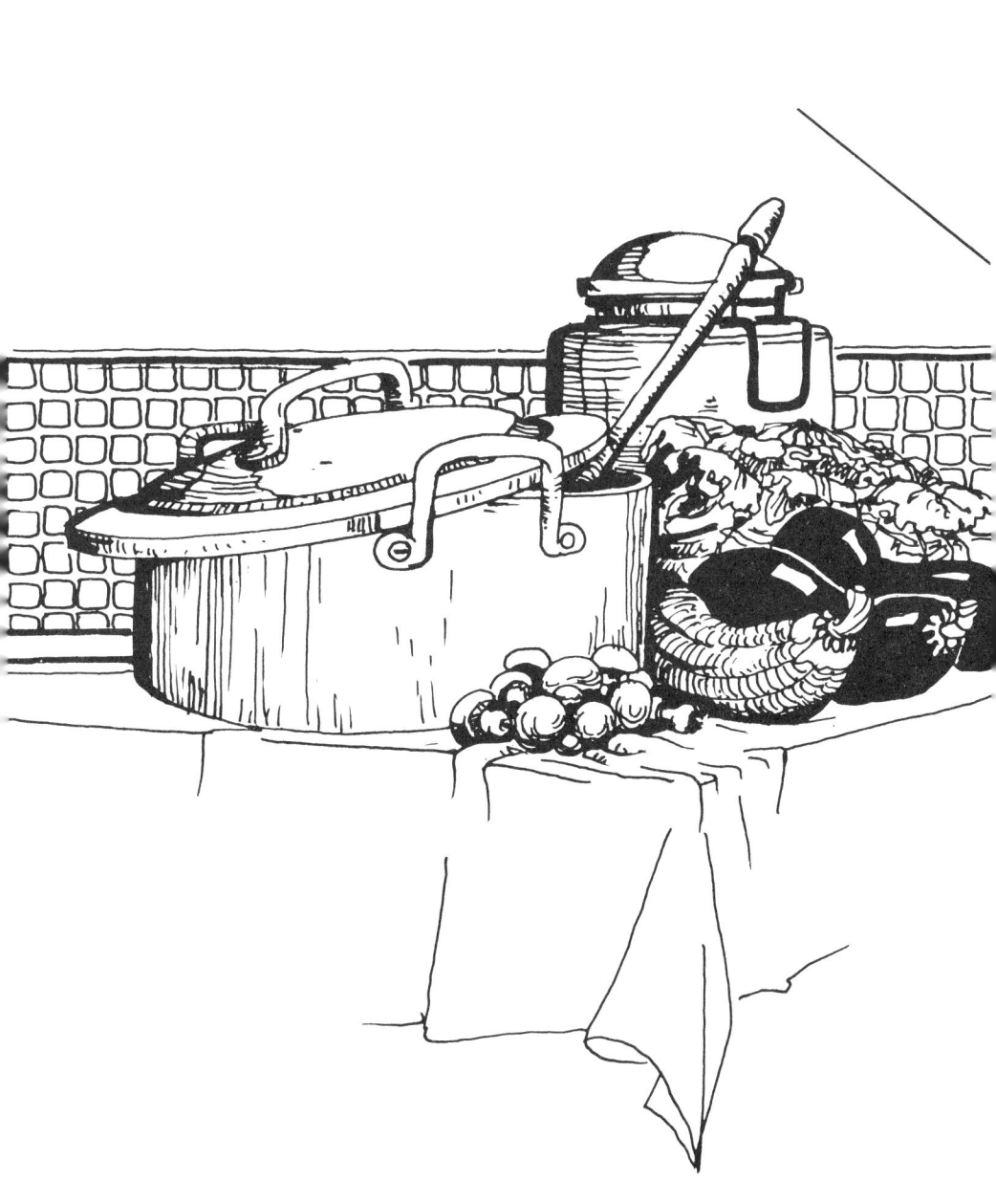

Bouillon

5 lb de bœuf dans le jarret
12 tasses d'eau
1 c. à soupe de sel
1 tasse de céleri
1 tasse de carottes
1 tasse d'oignon
1 tasse de navets
1 tasse de pommes de terre ou de restes de légumes
poivre au goût
5 clous de girofle
1 feuille de laurier
persil au goût
sarriette au goût

Défaire la viande des os et la couper en petits morceaux. Mettre les os et le gras dans un chaudron à soupe, ajouter l'eau froide. Faire bouillir en écumant en même temps. Ajouter la viande et mijoter à feu doux pendant 5 heures. Hacher finement les légumes, les ajouter et mijoter un peu. Ajouter les assaisonnements. Mijoter au moins pendant deux heures. Couler immédiatement.

Bouillon blanc

4 lb de jarret de veau
1 lb de bœuf maigre
10 tasses d'eau froide ou de bouillon de poulet
1 oignon
1 pied de céleri
1 feuille de laurier
sel et poivre au goût
sarriette au goût

Défaire la viande des os et la couper en petits morceaux. Mettre la viande et les os dans un chaudron à soupe. Hacher finement les légumes et les ajouter en même temps que l'eau. Mijoter à feu doux et écumer. Ajouter les assaisonnements et mijoter durant 5 heures. Couler deux fois dans plusieurs épaisseurs de coton à fromage et le bouillon sera clair.

Bouillon de légumes

3 carottes
1 navet
2 poireaux ou oignons moyens
1 pomme de terre
3 branches de céleri
2 pintes d'eau
un peu de sel
poivre au goût

Hacher finement les légumes ; déposer dans un chaudron à soupe. Ajouter l'eau froide. Mijoter 1 heure. Égoutter, assaisonner au goût et servir.

Bouillon de poulet

(Bouillon des relevailles)

1 petite poule
2 c. à soupe de beurre
2 pintes d'eau
1 tasse de carottes
$1/2$ tasse de céleri
$1/2$ tasse d'oignon
1 petite feuille de laurier
sel et poivre au goût
1 c. à thé de persil

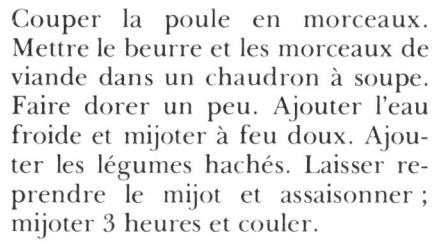

Couper la poule en morceaux. Mettre le beurre et les morceaux de viande dans un chaudron à soupe. Faire dorer un peu. Ajouter l'eau froide et mijoter à feu doux. Ajouter les légumes hachés. Laisser reprendre le mijot et assaisonner ; mijoter 3 heures et couler.

Soupe au bœuf haché

½ lb de bœuf haché ou de reste de bœuf
1 tasse de pommes de terre coupées en dés
½ tasse de carottes hachées finement
¾ de tasse de chou de Siam ou de navet d'été coupé en dés
1 c. à soupe d'herbes salées
½ tasse de riz
sel et poivre au goût
3 pintes d'eau

Mettre le bœuf et l'eau dans un chaudron à soupe. Assaisonner. Mijoter 1 heure. Ajouter les légumes et le riz. Mijoter 1 heure.

Soupe aux carottes râpées

3 lb de jarret de veau
abats de poulet
3 pintes d'eau
1 oignon
½ tasse de céleri
1 clou de girofle
1 feuille de laurier
sel et poivre au goût
sarriette au goût
3 carottes

Défaire la viande des os et la couper en petits morceaux. Couper aussi les abats. Mettre la viande, les os et les abats dans un chaudron à soupe. Ajouter l'eau et mijoter. Ajouter l'oignon et le céleri. Mijoter 3 heures ; le liquide sera réduit de moitié. Couler. Râper 3 carottes, jeter dans le bouillon, mijoter 20 minutes.

Soupe au céleri

3 tasses de céleri coupé en dés
3 c. à soupe d'oignon haché
6 tasses d'eau
3 tasses de tomates en conserve
3 c. à soupe de gras ou de beurre
sel et poivre
3 c. à soupe de riz
1 c. à soupe de persil

Hacher l'oignon et le céleri. Faire fondre le gras dans le chaudron à soupe ; y faire revenir l'oignon. Ajouter le céleri, les tomates, l'eau, le sel et le poivre. Mijoter 1 heure. Ajouter le riz et le persil. Mijoter encore 1 heure.

Soupe au chou

3 tasses de bouillon
4 tasses d'eau
1 petit chou
1 oignon
sel et poivre au goût
persil au goût
1/2 tasse de riz ou une pomme de terre moyenne coupée en dés

Hacher le chou, le blanchir et l'égoutter. Mettre le bouillon à mijoter dans un chaudron à soupe. Ajouter le chou blanchi et l'eau. Hacher l'oignon, l'ajouter à la soupe, saler et poivrer. Mijoter jusqu'à ce que le chou soit tendre. Ajouter le riz ou la pomme de terre coupée en dés. Mijoter encore 30 minutes.

Soupe au chou de ma mère

1 gigot de bœuf
eau froide
1 oignon haché
1 poireau haché
1/2 tasse de céleri haché
1 tasse de chou de Siam coupé en dés
1 chou moyen
2 carottes coupées en dés
6 onces de lard salé
1 feuille de laurier
sel et poivre
persil haché

Mettre le gigot dans un chaudron à soupe, couvrir d'eau froide et mijoter deux heures. Hacher et couper les légumes. Couper le lard salé en dés. Ajouter les légumes et le lard salé. Mijoter 3 heures. Vers la fin de la cuisson, saler et poivrer au goût. Ajouter le persil.

Soupe au chou rouge

1 gigot de bœuf
eau froide
6 onces de lard salé
1 tasse d'oignon haché
1/2 tasse de céleri
2 tasses de tomates en conserve
1 chou rouge moyen
1 c. à thé de sucre
2 c. à thé de vinaigre doux
sel et poivre
1/4 de tasse de persil haché fin

Mettre le gigot dans un chaudron à soupe ; couvrir d'eau froide et mijoter. Couper le lard salé en dés. Hacher l'oignon, le céleri et le chou. Ajouter les légumes et le lard salé et mijoter 2 heures. Ajouter alors les tomates en conserve, le sucre et le vinaigre. Mijoter 30 minutes. Saler et poivrer au goût. Garnir de persil.

Soupe au chou de ma tante Blanche

2 tasses de chou vert haché
4 tasses d'eau froide
1 oignon haché
1 c. à thé de sel
1/2 c. à thé de sucre
2 tasses de lait
2 c. à thé de beurre ou de graisse
2 c. à thé de farine
sel et poivre au goût
1/2 c. à thé d'anis

Hacher le chou et l'oignon. Mettre le chou, l'oignon, le sel et le sucre dans un chaudron à soupe. Ajouter l'eau froide. Mijoter 1 heure. Le chou sera cuit et l'eau réduite. Ajouter le lait et mijoter le temps d'un bouillon. Mélanger la farine et le beurre ; ajouter à la soupe et mijoter encore le temps d'un bouillon. Saler et poivrer au goût. Ajouter l'anis et servir.

Soupe à la citrouille

2 lb de citrouille
4 c. à soupe de beurre
1 oignon haché
1 grosse tomate ou
1 tasse de tomates en conserve
1 1/2 tasse d'eau chaude
1 1/2 tasse de lait
1 c. à thé de sucre
sel et poivre au goût

Couper la citrouille en dés. Hacher l'oignon ; couper la tomate. Mettre le beurre dans un chaudron à soupe. Faire revenir l'oignon dans le beurre, ajouter citrouille, tomate, sucre, sel et poivre ; ajouter l'eau. Cuire 1 heure à feu doux. Réduire en purée et passer au tamis. Ajouter le lait, réchauffer et mijoter un peu.

Soupe aux fines herbes

4 pintes de bouillon de viande
3 c. à soupe de beurre
   ou de graisse de rôti
1 tasse de persil
1 tasse de queues d'oignons
   hachées ou de ciboulette
1 tasse de laitue hachée
1 tasse de cerfeuil
1 tasse de cresson
½ tasse de feuilles de céleri
½ tasse de chou haché
½ tasse de sarriette
quelques feuilles de sauge
1 tasse de riz ou de vermicelle
sel et poivre

Mettre le bouillon dans un chaudron à soupe. Amener à ébullition. Ajouter le beurre. Hacher les herbes, le chou et les feuilles de céleri et ajouter au bouillon. Mijoter 3 heures. Ajouter le riz ou le vermicelle 15 minutes avant la fin de la cuisson. Saler et poivrer.

Soupe aux fèves brunes

2 tasses de fèves brunes
2 c. à soupe de graisse de rôti ou
   de beurre
1 oignon
1 œuf
lait
sel et poivre au goût

Mettre les fèves dans un chaudron avec assez d'eau froide pour les couvrir. Laisser bouillir 20 minutes. Rincer les fèves, les remettre au feu, ajouter deux pintes d'eau bouillante. Hacher l'oignon, ajouter le beurre, l'oignon, le sel et le poivre. Mijoter 4 heures. Battre le jaune d'œuf dans ½ tasse de lait. Verser dans la soupe. Ajouter du lait jusqu'à la consistance désirée. Battre le blanc d'œuf en neige et l'incorporer à la soupe juste avant de servir.

Soupe aux petites fèves jaunes

8 tasses de bouillon
2 c. à soupe de beurre ou de graisse de rôti
1 oignon haché
3 tasses de petites fèves coupées
sel et poivre
1/2 tasse de ciboulette hachée fin
1/2 tasse de vermicelle

Mettre tous les ingrédients dans un chaudron à soupe et faire bouillir pendant une heure. Ajouter le vermicelle dix minutes avant la fin de la cuisson. Garnir de ciboulette.

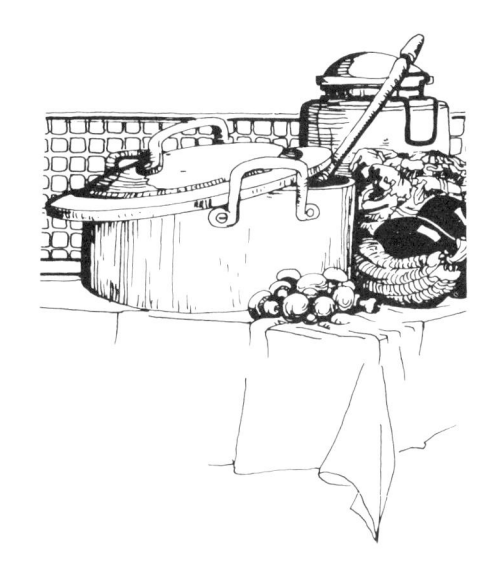

Soupe aux fèves au lard

3 tasses de fèves au lard cuites et froides
1 1/2 pinte d'eau
2 tranches minces de citron
1 1/2 tasse de tomates en conserve défaites en morceaux
2 c. à soupe de graisse
2 c. à soupe de farine
1 c. à thé de vinaigre
sel et poivre au goût

Mettre les fèves, l'eau, le citron et les tomates dans un chaudron à soupe. Amener à ébullition et mijoter 30 minutes. Passer au tamis. Assaisonner et lier avec la farine. Ajouter la graisse et servir.

Soupe aux gourganes

1 os de bœuf
1 lb de lard salé entrelardé coupé en morceaux
3 pintes d'eau froide
2 tasses de gourganes
¼ tasse d'orge
1 oignon haché
1 tasse de carottes coupées en dés
1 tasse de chou de Siam coupé en dés
1 feuille de chou coupée fin
2 c. à soupe d'herbes salées
poivre

Faire tremper les fèves 12 heures. Couper le lard. Mettre l'os de bœuf et le lard dans un chaudron à soupe. Couvrir d'eau froide et mijoter. Ajouter les gourganes et l'orge. Hacher les légumes et les ajouter à la soupe en même temps que les herbes salées. Mijoter 3 heures. Poivrer au goût.

Soupe à l'ivrogne

J'ai retrouvé partout cette soupe à l'ivrogne, ce qui en dit peut-être plus long qu'on pense sur nos habitudes traditionnelles ! La grand-mère d'une amie avait même inscrit la mention suivante dans son cahier de recettes : « La soupe à l'ivrogne pour Alphonse. » J'ignore s'il en a mangé souvent...

3 ou 4 tranches de pain coupées en dés
2 c. à soupe de gras
1 oignon haché
1 pinte d'eau
1 c. à soupe d'herbes salées
sel et poivre

Couper le pain, hacher l'oignon. Mettre le pain, le gras, l'oignon et l'eau dans un chaudron à soupe. Mijoter 10 minutes. Saler et poivrer. Mijoter 1 heure.

« Si on ne met pas les herbes salées et une tasse de lait pour trois tasses d'eau, on fait la soupe des « quêteux ». Ce qui en dit peut-être long sur les vertus des quêteux ! Quant à la recette originale, les plus tolérants l'appelaient tout simplement « la Soupe au Pain ».

Soupe aux légumes

3 lb de jarret de bœuf
2 1/2 pintes d'eau froide
4 onces de lard salé entrelardé coupé en morceaux
1 c. à soupe d'herbes salées
1 gros oignon haché
1 tasse de carottes coupées en dés
1 tasse de navets coupés en dés
1 tasse de patates coupées en dés
1/2 tasse de céleri haché
1 petit chou coupé fin
1 panais
2 tasses de tomates en conserve ou de tomates fraîches pelées et coupées en morceaux
1 c. à thé comble de sucre
1 feuille de laurier
2 clous de girofle
1 c. à thé de sarriette
1/2 c. à thé de moutarde sèche
1/4 c. à thé d'anis
1/2 tasse d'orge, de vermicelle, de nouilles ou de riz
sel et poivre
persil

Défaire la viande des os et la couper en petits morceaux. Mettre les os et la viande dans un chaudron à soupe et porter à ébullition. Écumer en même temps. Couper le lard salé, l'ajouter. Hacher et couper les légumes et les ajouter à la soupe en même temps que les herbes salées et le sucre. Assaisonner. Mijoter 3 heures. Ajouter l'orge, le vermicelle, les nouilles ou le riz 20 minutes avant la fin de la cuisson. Saler et poivrer au goût. Servir garni de persil haché fin.

Soupe aux navets blancs

2 tasses de navets blancs coupés en dés
3 c. à soupe de graisse de rôti
1 1/2 pinte de bouillon
2 tasses de pain rassis
sel et poivre

Peler et couper les navets. Faire bouillir à l'eau salée 10 minutes. Égoutter. Faire revenir les navets dans la graisse de rôti jusqu'à ce qu'ils soient bien cuits. Mettre le pain rassis au fond de la soupière ; ajouter les navets. Couvrir de bouillon ; saler et poivrer.

Soupe à l'oignon

3 tasses d'oignons coupés en rondelles
3 c. à soupe de beurre ou de graisse de rôti
1 1/2 pinte de bouillon
3 tasses de pain rassis
sel et poivre

Faire dorer les oignons dans le gras. Mettre le pain rassis au fond de la soupière. Ajouter les oignons. Couvrir de bouillon. Saler et poivrer.

Cette recette comme celle de la soupe aux navets blancs est très ancienne. Elle s'est transformée à la mesure des disponibilités. Saupoudrée de fromage cheddar et gratinée au four à partir du moment où on le fabrique ici. Puis on en est venu aux préparations de bouillon commerciales.

Soupe à l'orge

1 carcasse de poule ou de dinde
1/2 lb de lard salé coupé en morceaux
eau froide
1 oignon haché
1 tasse de carottes en rondelles
1 tasse de navets en morceaux
1/2 tasse de céleri haché
1/2 tasse d'orge
1 c. à thé de sarriette
sel et poivre

Couper le lard salé. Mettre la carcasse de volaille et le lard salé dans un chaudron à soupe et couvrir d'eau froide. Mijoter. Hacher et couper les légumes ; les ajouter. Ajouter l'orge et la sarriette. Mijoter 3 heures. Saler et poivrer.

Soupe à l'orge à l'ancienne

1 os de gigot d'agneau
1 os de bœuf
1 pied de porc
3 pintes d'eau froide
1 tasse d'orge
1 c. à soupe de gros sel
2 carottes en rondelles
1 gros oignon haché
1 branche de céleri coupé en dés
1 panais en rondelles
1 bonne tranche de navet coupé en dés
1 c. à thé de sarriette
1 c. à soupe de vinaigre
sel et poivre

Mettre les os de viande et le gros sel dans un chaudron à soupe, couvrir d'eau froide. Mijoter 1 heure en écumant au besoin. Couper et hacher les légumes. Ajouter l'orge ; porter à ébullition et écumer. Ajouter les légumes, la sarriette et le vinaigre. Mijoter 3 heures. Saler et poivrer.

Soupe à l'oseille

3 c. à soupe de beurre ou de graisse de rôti
2 1/2 tasses d'oseille
2 pintes d'eau chaude
2 lb de pommes de terre
1 c. à soupe de sel
1/2 c. à thé de poivre
1 œuf
2 c. à soupe de crème

Faire chauffer le beurre dans le chaudron à soupe. Hacher l'oseille, l'ajouter au beurre et mijoter 10 minutes. Peler et trancher les pommes de terre. Ajouter l'eau et les pommes de terre ; saler et poivrer. Mijoter, couvert, pendant 1 heure. Passer à la passoire et mettre en crème. Battre l'œuf avec la crème et ajouter 1 cuillerée de soupe chaude. Verser dans la soupe en brassant sans arrêt. Ne plus laisser bouillir. « Mettre sur le fond du poêle. »

Soupe aux patates

(pommes de terre)

6 pommes de terre moyennes
4 tasses d'eau bouillante
4 tasses de lait
1 oignon haché
2 c. à soupe de beurre
2 c. à soupe de farine
sel et poivre
1/4 c. à thé de sarriette

Cuire les pommes de terre et les écraser dans une passoire. Faire revenir l'oignon dans le beurre. Délayer la farine dans un peu de lait froid. Ajouter l'eau, le lait, l'oignon, la farine délayée, le sel, le poivre et la sarriette. Mijoter 5 minutes.

Soupe aux pois

1 lb de pois
1 c. à thé de soda à pâte
1 lb de lard salé
3 pintes d'eau
2 oignons hachés
2 carottes coupées en dés ou
2 tranches de navet coupées en dés
3 c. à soupe de feuilles de céleri hachées
1 c. à soupe de persil
1 c. à soupe de sarriette
sel et poivre

Laver les pois, les tremper dans l'eau froide et le soda toute une nuit. Les interprétations varient : certains cuisent les pois dans l'eau de trempage, d'autres la jettent et cuisent les pois dans de l'eau claire. Mettre tous les ingrédients au feu et porter à ébullition. Mijoter 3 heures. Saler et poivrer. Mijoter 1 heure. On peut remplacer les feuilles de céleri, le persil et la sarriette par une c. à soupe d'herbes salées. Dans la région de la Gatineau on remplaçait le lard salé par un os de jambon. À la fin de la cuisson on ajoutait une pomme de terre en purée pour donner meilleure consistance à la soupe. Dans la Beauce et dans les Cantons de l'Est on ajoutait souvent une poignée d'orge à la soupe aux pois.

Soupe aux poireaux

3 poireaux
3 pommes de terre moyennes
3 c. à soupe de beurre
2 pintes d'eau
1 tasse de crème ou de lait
sel et poivre

Couper les poireaux en rondelles fines. Faire dorer les poireaux dans le beurre. Couper les pommes de terre en dés ; ajouter aux poireaux. Couvrir d'eau ; cuire à feu doux 1 heure. Écraser les légumes. Ajouter la crème ou le lait. Saler et poivrer.

Soupe aux pois cassés

1 tasse de pois cassés secs
2 1/2 pintes d'eau froide
1 oignon
1/2 lb de lard salé coupé en cubes
1 os de jambon
1 c. à thé de sarriette
1 feuille de laurier
1 branche de persil
2 c. à soupe de farine
sel et poivre

Faire tremper les pois toute une nuit. Égoutter. Mettre les pois dans un chaudron à soupe avec l'os de jambon, le lard et l'oignon. Couvrir d'eau froide. Ajouter la sarriette, le laurier et le persil. Mijoter quatre heures ; les pois seront cuits et mous. Passer au tamis. Mélanger la farine dans un peu d'eau froide. Ajouter à la soupe. Mijoter 5 minutes en remuant constamment. Saler et poivrer.

Soupe à la queue de bœuf

1 queue de bœuf coupée en morceaux
farine
3 c. à soupe de beurre ou de graisse de rôti
1 oignon
2 clous de girofle
8 tasses de bouillon
1 feuille de laurier
1 c. à thé de sarriette
1 tasse de navets coupés en dés
1 tasse de carottes coupées en dés
1 tasse d'oignons hachés
1/2 tasse de céleri haché
pain rassis

Ébouillanter la queue de bœuf coupée en morceaux, égoutter et essuyer. Mettre le beurre ou la graisse et l'oignon piqué de clous de girofle dans un chaudron à soupe. Rouler les morceaux de queue dans la farine et les frire dans le gras jusqu'à ce qu'ils soient bruns. Saler et poivrer. Ajouter le bouillon et la sarriette, mijoter 2 heures. Couper et hacher les légumes ; les ajouter à la soupe. Mijoter 1 heure. Mettre une tranche de pain rassis au fond de chaque assiette à soupe.

Soupe aux tomates

8 tasses d'eau
4 c. à soupe de graisse de rôti ou de beurre
1 oignon haché
1 poireau haché
2 pommes de terre coupées en dés
2 tasses de lait
2 tasses de tomates en conserve
1 c. à soupe de fécule de maïs
1/2 c. à thé de sucre
1 c. à thé de cerfeuil
sel et poivre

Faire fondre le gras dans le chaudron à soupe. Faire revenir l'oignon et les pommes de terre. Ajouter l'eau, les tomates, le sucre et le sel. Mijoter 20 minutes. Délayer la fécule de maïs dans un peu de lait ; ajouter graduellement la fécule de maïs délayée et le reste du lait en brassant sans arrêt. Mijoter 5 minutes. Ajouter le cerfeuil. Saler et poivrer.

Soupe aux tomates vertes

3 tasses de tomates vertes pelées, en morceaux
1 oignon haché
4 tasses d'eau
sel et poivre
¼ c. à thé de cannelle
1 pincée de clous de girofle moulus
1 c. à thé de sucre
1 c. à thé de soda à pâte
2 c. à soupe de beurre
2 c. à soupe de farine
4 tasses de lait

Mettre les tomates, l'oignon, le sel et le poivre, la cannelle, le clou de girofle, le sucre et l'eau dans un chaudron à soupe. Bouillir 20 minutes, les tomates seront en compote. Ajouter le soda. Fondre le beurre ; y glisser la farine et l'incorporer. Ajouter le lait et cuire en brassant et tournant sans arrêt jusqu'à ce que le mélange devienne crémeux. Mêler les tomates vertes. Saler et poivrer.

Les soupes au poisson

Soupe aux coques

(Palourdes de la Gaspésie)

2 tasses de coques ouvertes
4 pommes de terre coupées en dés
1 oignon haché
1 c. à soupe de beurre
5 tasses de lait chaud
sel et poivre
persil

Verser un peu d'eau dans le fond d'un chaudron. Faire bouillir. Y placer les coques qui s'ouvriront d'elles-mêmes. Détacher la chair et la membrane de la coquille. Couper en morceaux. Réserver les coques. Cuire les pommes de terre dans l'eau qui a servi à ouvrir les coques. Ajouter l'oignon et le beurre. Ajouter les coques quand les pommes de terre seront cuites. Ajouter le lait chaud à la soupe. Saler et poivrer au goût. Saupoudrer de persil haché.

Soupe aux crevettes

1 lb de crevettes
1/2 lb de saumon
1/2 lb de morue filetée
1 oignon haché
1/2 tasse de céleri haché
1 carotte coupée en dés
4 tasses d'eau
3 onces de vin blanc
1/2 tasse de crème
1 pincée de graines de fenouil
1 pincée de muscade

Mettre les poissons, les légumes et l'eau dans un chaudron à soupe. Cuire 20 minutes. Retirer les poissons et les légumes ; égoutter. Passer au hachoir. Réintégrer dans le bouillon et chauffer. Assaisonner. Ajouter la crème.

Soupe aux huîtres

3 tasses de lait
2 branches de céleri
1 oignon entier
1 feuille de laurier
sel et poivre
1 c. à soupe de farine
1/2 tasse de crème
1 tasse d'huîtres dans leur eau
2 c. à soupe de beurre

Mijoter à feu très lent le lait, le céleri, l'oignon, le laurier, le sel et le poivre, 30 minutes. Retirer les légumes et la feuille de laurier. Délayer la farine dans un peu de crème ; réserver. Chauffer le reste de la crème et ajouter la farine délayée ; bien incorporer et verser dans le premier mélange. Incorporer les huîtres et leur eau dans la soupe. Ne pas laisser bouillir. Couvrir et retirer du feu. Incorporer le beurre.

Soupe aux langues de morue

2 douzaines de langues fraîches
6 onces de lard salé coupé fin
2 pintes d'eau chaude
1 oignon haché
1/4 c. à thé de sarriette
sel et poivre
farine

Faire fondre le lard salé dans un chaudron à soupe. Ajouter l'oignon haché et faire dorer. Ajouter l'eau chaude. Laver et sécher les langues ; les rouler dans la farine. Ajouter en même temps que la sarriette, le sel et le poivre. Mijoter 30 minutes. Si la soupe épaissit trop, ajouter un peu d'eau chaude.

Soupe à la morue (Quiaule)

Morue fraîche
3 tasses de pommes de terre tranchées
6 onces de lard salé
1 gros oignon haché
2 tasses d'eau chaude
3 tasses de lait
1/2 c. à thé de sarriette
sel et poivre au goût

Couper le lard salé et le faire fondre dans un chaudron à soupe. Ajouter l'oignon haché et le faire dorer ; ajouter les pommes de terre tranchées et l'eau bouillante. Mijoter 15 minutes. Ajouter le poisson et mijoter 15 minutes. Ajouter le lait et les assaisonnements. Ramener à sa chaleur et servir.

Soupe aux têtes de morue

1/2 lb de lard salé, entrelardé
6 têtes de morue
8 pommes de terre
2 oignons émincés
poivre au goût

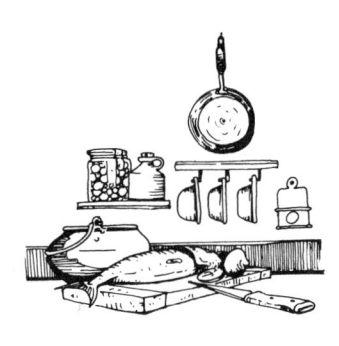

Couper le lard salé en dés ; faire fondre dans une marmite. Désosser les têtes de morue. Peler et couper les pommes de terre en dés. Quand le lard salé est bien doré, ajouter en rangs la moitié des têtes de morue désossées, la moitié des pommes de terre et la moitié des oignons. Poivrer au goût. Ajouter le reste des ingrédients dans le même ordre. Poivrer au goût. Couvrir d'eau et mijoter 2 heures.

LA CHARCUTERIE

Faire boucherie

Lorsque l'automne arrivait chez les « habitants », l'on « faisait boucherie ». Le porc, toutefois, était différent. L'on ne perdait rien de la bête, et la saignée était une tâche qui devenait presque une fête. Les hommes, les femmes et les enfants de la parenté proche, les voisins et les voisines venaient en spectateurs et en participants, à ce qui devenait une cérémonie du solstice d'automne. Il n'y a pas si longtemps même, alors que la coutume persistait dans le Bas de Québec et au Lac-Saint-Jean, le violon et la guitare venaient accompagner les gigues de fin de journée.

C'était alors que, au tôt-matin, le cochon engraissé l'année durant et porté à ses trois ou quatre cents livres, était palanté au linteau de la porte de grange, saigné et débité. L'on pouvait rêver de jambon, de boudin, de rôti de porc frais, de saucisse, de fumage et de salage. Jusqu'à la vessie du cochon que le grand-père se réservait pour sa nouvelle « blague à tabac ».

Quant aux femmes, elles pouvaient rêver, elles, de blanc saindoux avec lequel cuire du pain d'exposition, et des pâtisseries à la succulente finesse.

Le boudin

À la saignée, pendant que mourait lentement l'animal, le sang coulait dans un vaisseau par terre. L'important était de fabriquer le boudin avant que ne coagule ce sang.

Chaque ménagère avait sa propre recette, et la renommée cantonale en suivait l'excellence.

Un cochon bien saigné donnait deux pintes de sang. On brassait le sang sans arrêt, qu'il ne coagule pas. Arrivé à la maison, on le coulait puis on lui ajoutait une pincée de gros sel, toujours pour l'empêcher de coaguler.

8 tasses de sang
2 tasses de lait
2 lb de gras de panne haché fin
2 tasses d'oignons hachés fin
1 c. à thé de clou
cannelle au goût
sel et poivre au goût
1 couenne de lard

Incorporer tous les ingrédients. Verser dans les tripes de porc bien grattées et lavées. Mettre la couenne de lard dans l'eau, amener l'eau au point d'ébullition. Retirer du feu. Verser le boudin. Cuire 1 heure dans l'eau chaude sans laisser bouillir. Sortir de l'eau. Refroidir. Quand on n'avait pas de tripes, on versait le sang dans une lèchefrite bien graissée et on cuisait au bain-marie 2 heures. On sert ce boudin tranché, revenu dans le beurre ou le saindoux.

La fonte du saindoux

En faisant boucherie du cochon gras, il était important que l'on procède à la fonte du saindoux. On n'y gagnait pas seulement le gras à faire le pain, à frire au besoin, ou à faire de la pâtisserie fine, mais le sous-produit de la fonte — on ne le dit pas assez — c'était bien les cretons canadiens.

La fonte du saindoux n'était pas forte tâche, mais il y avait des précautions à prendre. Dans le procédé québécois, tout le gras récupérable était employé. Cela signifiait fouiller les coins les plus inaccessibles de la carcasse, tout autant que le dos, le cou et le devant des épaules.

L'important était de fondre cette graisse le plus tôt possible. Certains gras — ceux du cou par exemple — étaient fondus à part, le saindoux étant moins blanc et plus grossier.

L'opération se faisait dans une grande marmite. Si par bonheur l'on possédait un thermomètre de cuisson, l'on veillait à ce que la température n'aille point au-delà de 212 degrés F (100° C). Au début, il est bien certain que nos trisaïeules avaient des moyens du bord, car les thermomètres étaient rares en nos campagnes. J'ai ouï dire qu'elles savaient tremper une laine dans le gras chaud, dont le degré de « frémissement » au sortir de la marmite donnait une indication fort précise.

Revenons aux 212 degrés F (100° C). Le lard à fondre avait été réduit en dés, et le réchauffement devait se faire très graduellement, en brassant constamment, n'ajoutant les dés de gras que peu à la fois, en gestes très doux ; pendant que montait lentement la température. Lorsqu'elle atteignait 250° F (120° C) on la retirait du feu. Il était très important de bien surveiller la fonte et de brasser sans arrêt. Les derniers résidus de chair calaient au fond, le gras était coulé dans un coton et les résidus mis en bols ou en moules. On ajoutait 14 cuillerées à thé de soda à pâte au saindoux coulé pour le blanchir avant de le mettre en moules.

Quand est apparu le saindoux du magasin, en contenants de carton ciré, il était inscrit « Saindoux », côté français, et « Pure Lard » côté anglais. Cela explique peut-être que le mot « Pure Lard », désignant la graisse purifiée, ou saindoux, est employé par beaucoup de ménagères québécoises qui ne s'adaptent pas facilement à la langue anglaise.

Cretons canadiens

version « citadine et contemporaine »

5 livres de panne de porc
sel et poivre

Suivre la recette de la fonte du saindoux en omettant le soda.

Cretons français

2 lb de panne
3 lb de porc maigre
3 oignons
4 rognons de porc
sel et poivre au goût
1 gousse d'ail écrasée
cannelle, clou, muscade au goût
4 tasses d'eau

Couper la panne en morceaux et suivre la recette de la fonte du saindoux en omettant le soda. Nettoyer les rognons. Passer le porc, les oignons et les rognons au hache-viande. Verser dans une casserole ; couvrir d'eau, mijoter 2 heures en brassant de temps à autre. Ajouter les épices, la graisse de panne et ses résidus, l'ail, le sel et le poivre. Mijoter encore une heure en surveillant la cuisson. Verser dans des moules passés à l'eau froide. Faire prendre au froid.

Cretons de grand-mère Charron

2 lb de porc maigre
2 lb de porc gras
1 lb de panne
1 lb de veau
2 oignons
2 tasses d'eau
sel et poivre
1/2 c. à thé de clous de girofle moulus
1/4 c. à thé de cannelle
1 c. à thé de gingembre
2 gousses d'ail écrasées

Couper la panne en morceaux fins et suivre la recette de la fonte du saindoux en omettant le soda. Hacher ensemble les viandes et l'oignon. Verser dans une casserole ; couvrir d'eau. Mijoter en brassant jusqu'à ce qu'il ne reste plus d'eau. Ajouter les épices, la graisse de panne et ses résidus. Mijoter 30 minutes. Verser dans des moules passés à l'eau froide. Faire prendre au froid.

Cretons maigres de Janine

2 lb de porc dans le soc
1 gros oignon
sel et poivre
clou et cannelle au goût
ail au goût
1 oignon émincé

Couper la viande en cubes. Déposer dans une casserole, couvrir d'eau. Saler et poivrer. Mijoter une heure. Retirer la viande; la passer au hachoir, couler le bouillon. Émincer l'oignon. Retourner la viande, l'oignon et le bouillon au feu. Mijoter 45 minutes ou jusqu'à ce qu'il ne reste presque plus de bouillon. Ajouter le clou, la cannelle et l'ail. Remettre à mijoter. Laisser évaporer le bouillon complètement. Fouetter un peu avant de verser dans des moules passés à l'eau froide. Laisser prendre au froid.

Cretons de panne

2 lb de panne
2 lb de porc haché maigre
2 c. à thé de sel
1 c. à thé de poivre
1 oignon râpé
2 gousses d'ail écrasées
épices au goût
farine

Couper la panne en morceaux et suivre la recette de la fonte du saindoux en omettant le soda. Couvrir d'eau le fond d'une casserole. Y verser le porc haché et l'oignon râpé. Saupoudrer de farine. Cuire une heure en brassant. Ajouter la graisse de panne et les résidus écrasés ; mélanger et mijoter 15 minutes. Verser dans des moules passés à l'eau froide. Faire prendre au froid.

Cretons traditionnels

1 lb de porc haché gras
1 tasse de mie de pain rassis
1 oignon râpé
sel et poivre
1 gousse d'ail écrasée
1/4 c. à thé de cannelle
1/4 c. à thé de muscade
1 pincée de clous de girofle
1 tasse de lait

Tremper la mie de pain dans le lait. Mélanger tous les ingrédients, mettre au feu. Couvrir et mijoter 1 heure. Surveiller la cuisson. Brasser au besoin. Verser dans des moules passés à l'eau froide. Faire prendre au froid.

Foie gras

1/2 lb de foie de veau, de poulet, de bœuf ou de porc coupé en morceaux
1/2 lb de porc gras coupé en dés
1 tasse d'eau froide
2 gousses d'ail
1 oignon haché
1 feuille de laurier
1 branche de thym
2 branches de persil
1 pincée de sarriette
sel et poivre

Mettre les herbes dans un coton à fromage. Déposer tous les ingrédients dans une casserole ; mijoter 1 heure. Laisser tiédir. Retirer les herbes. Passer au hachoir. Verser dans des moules passés à l'eau froide. Faire prendre au froid.

GRAISSE DE RÔTI

Pour réussir la graisse de rôti aussi bien que nos grands-mères, il faut mettre à cuire une pièce de porc avec sa couenne. On peut aussi substituer une patte de porc à la couenne.

Cuire votre rôti de porc selon vos préférences. La cuisson terminée, retirer le rôti et ajouter 1 tasse d'eau au jus de cuisson. Bouillir 10 minutes en raclant bien le fond de la casserole. Couler dans des bols. Faire prendre au froid.

Pâté de foie gras

2 lb de foie de veau ou foie de volaille
1 lb de porc frais moitié gras, moitié maigre
3 œufs
1/2 tasse de mie de pain rassis
1 c. à soupe de beurre
1 petit oignon finement haché
1/2 branche de céleri finement haché
1/2 tasse de champignons hachés
1/2 c. à thé de clous de girofle
1/4 c. à thé de cannelle
1/4 c. à thé de muscade
1 c. à soupe de persil haché
3 feuilles de laurier
2 gousses d'ail
bardes de lard frais
sel et poivre

Dégorger le foie dans l'eau froide. Faire revenir l'oignon, le céleri, le persil et les champignons dans le beurre. Passer le foie et le porc au hachoir ; mélanger les deux préparations et repasser au hachoir. Tremper la mie de pain dans les œufs ; incorporer aux viandes en battant. Assaisonner de clou, de cannelle et de muscade. Bien mêler. Couvrir une lèchefrite avec de minces bardes de lard ; y déposer la viande. Mettre le laurier et l'ail sur le dessus. Chauffer le four à 300° F (150° C). Couvrir et cuire au bain-marie 2 heures à 300° F (150° C). Découvrir 30 minutes avant la fin de la cuisson. Refroidir dans le moule.

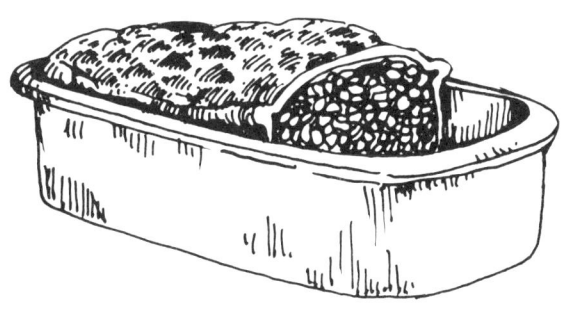

Saucisses maison

2 lb de porc maigre
2 lb de veau maigre
2 lb de suif
1 noix de muscade râpée
¾ c. à thé de zeste de citron
1 c. à thé de poivre noir
1 c. à thé de poivre de Cayenne
5 c. à soupe de sel
1 c. à thé de marjolaine
1 c. à thé de sauge
le jus d'un citron

Passer les viandes au hachoir. Avec les mains, bien mélanger le reste des ingrédients à la viande. Former en saucisses ou en boulettes, introduire dans des boyaux ou dans des morceaux de coiffe. Faire bouillir, puis faire dorer dans le beurre, à feu moyen, 30 minutes.

Saucisses de porc

5 lb de porc frais mi-maigre ou moitié porc et moitié bœuf
1½ c. à soupe de sel
1 c. à soupe de poivre
2 c. à soupe de sauge
1 c. à soupe de sarriette
1 c. à soupe de thym

Passer la viande au hachoir. Avec les mains, bien mélanger le reste des ingrédients à la viande. Former en saucisses ou en boulettes. Introduire dans des boyaux ou des morceaux de coiffe. Faire bouillir, puis faire dorer dans le beurre, à feu moyen, 30 minutes.

Tête fromagée

1 tête de porc
1 patte de porc
2 gousses d'ail
1 oignon haché
2 carottes râpées
1 feuille de laurier
2 c. à soupe de feuilles de céleri hachées
6 clous de girofle
1 c. à soupe de cannelle
1 c. à soupe d'épices mélangées
sel et poivre

Faire préparer la tête par le boucher, à moins qu'il ne vous enchante d'enlever vous-même les yeux, le museau, l'oreille interne, les dents et le poil. On peut aussi couper la tête en morceaux et l'envelopper dans un coton à fromage pour la cuisson. Nettoyer la patte. Mettre la viande dans une marmite; couvrir d'eau. Ajouter tous les ingrédients, sauf les épices mélangées. Mijoter 3 heures; la viande se détachera des os. Laisser la viande tiédir dans son bouillon. Retirer la viande, couper en petits morceaux ou passer au hachoir. Couler le bouillon. Vérifier les assaisonnements; ajouter les épices mélangées et bouillir 15 minutes. Ajouter la viande et mijoter 30 minutes. Verser dans des moules passés à l'eau froide. Faire prendre au froid.

Tête fromagée sans tête

4 pattes de porc
2 lb de porc dans l'épaule*
1 oignon
6 clous de girofle
1 c. à soupe de cannelle
ail au goût
1/2 tasse de vin rouge
sel et poivre

Nettoyer les pattes; mettre au feu et couvrir d'eau. Ajouter l'oignon piqué de clous de girofle, la cannelle, l'ail, le sel et le poivre. Mijoter jusqu'à ce que la viande se détache des os. Retirer la viande, la couper en petits morceaux. Couler le bouillon. Retourner au feu avec la viande et le vin rouge. Vérifier les assaisonnements. Verser dans des moules passés à l'eau froide. Faire prendre au froid.

* Certaines recettes plus modernes remplacent le porc dans l'épaule par du veau.

Baloney ancien aux patates

Il faut vous procurer des tripes à saucisses. Votre boucher vous dira où il s'en vend. Ces tripes sont habituellement conservées dans la saumure et vous devrez les rincer à grande eau.

Couper la tripe en sections d'environ 15 à 20 pouces. Puis aborder la préparation des ingrédients suivants.

10 lb de pommes de terre crues
1 oignon au choix
3 lb de bœuf haché
3 lb de saucisse en coiffe
1 once de sel de mer
1 c. à thé de tout-épices
1 c. à thé de poivre noir moulu

Cuire les patates et les drainer. Hacher grossièrement au moulin les patates et l'oignon ; y ajouter les assaisonnements et incorporer le tout aux viandes. Rien n'empêche d'user des herbes ou des épices de son choix, pourvu que les proportions et la nature du sel et du poivre soient maintenues. Fourrer le mélange final dans les segments de tripe, les placer dans un chaudron et couvrir d'eau. Il faut faire brouillir doucement et gentiment sans couvercle pendant une quarantaine de minutes. Si l'on attache les bouts avant de cuire, percer souvent d'une aiguille pendant la cuisson pour que sorte la vapeur. Sinon, les tripes fendront. Par contre, si on ne les attache pas, la cuisson se fera sans que la viande fourrée ne sorte et, semble-t-il qu'il en résulte une meilleure saveur. La cuisson complétée, laisser refroidir. C'est un délice dont vous maîtrisez vous-même l'assaisonnement, et qui s'inscrit bien dans les menus des Fêtes.

L'AGNEAU

Agneau braisé aux pois verts

1 morceau d'agneau dans l'épaule (4-5 lb)
3 gousses d'ail (ou moins au goût)
4 onces de lard salé coupé en dés
2 c. à soupe d'huile d'olive
3 c. à soupe de purée de tomates
1 tasse d'eau ou de bouillon
½ c. à thé de basilic
¼ c. à thé de romarin
1 c. à thé de sel
¼ c. à thé de poivre
1 boîte de pois en conserve, ou des pois frais.

Fondre et dorer le lard salé dans une marmite épaisse. Ajouter l'huile d'olive. Y déposer l'agneau que vous avez piqué d'ail, laisser dorer de tous les côtés. Ajouter la purée de tomates, l'eau ou le bouillon, le basilic, le romarin, le sel et le poivre. Couvrir et mijoter 2 heures ou jusqu'à cuisson parfaite de l'agneau. Si vous employez des pois frais, les ajouter à la dernière demi-heure de cuisson. Ajouter les pois en conserve en fin de cuisson.

Carré d'agneau

1 carré d'agneau (environ 3 lb)
2 c. à soupe de beurre
1 gousse d'ail émincée
½ c. à thé de basilic
¼ c. à thé de romarin
1 pincée de moutarde sèche
sel et poivre au goût

Mélanger l'ail, le basilic, le romarin et la moutarde au beurre. Frotter le carré d'agneau de ce mélange. Saler et poivrer. Rôtir à 400° F (205° C), 15 minutes par livre, arroser souvent avec son jus.

Le crapaud dans son trou

2 tasses de farine
1 œuf
assez de lait pour faire une pâte à crêpes
sel et poivre au goût
4 côtelettes d'agneau
2 c. à soupe de gras de bacon ou de beurre

Chauffer le four à 350° F (175° C). Faire dorer les côtelettes dans le gras de bacon. Graisser une lèchefrite ; y placer les côtelettes. Ajouter un soupçon d'eau dans le fond de la lèchefrite. Saler et poivrer. Mélanger l'œuf, le lait et la farine en pâte à crêpes. Verser sur les côtelettes. Cuire au four, à découvert, 1 heure, à 350° F (175° C).

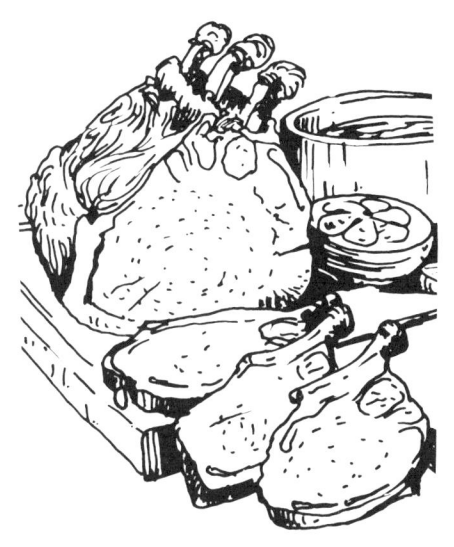

Gigot d'agneau bouilli

1 gigot d'agneau
1/4 de tasse de poivre en grains
1 c. à soupe de graines de moutarde
1 c. à soupe de gros sel
10 gousses d'ail pelées
15 baies de genièvre que vous vous serez procurées chez le pharmacien

Enlever le surplus de gras au gigot. Envelopper le gigot dans un coton à fromage et coudre très serré. Mettre le gigot dans un grand chaudron à soupe ; couvrir d'eau. Ajouter le reste des ingrédients. Couvrir le chaudron et mijoter bien lentement. Compter 20 minutes de cuisson par livre de viande. Retirer de l'eau. Libérer la viande du coton à fromage. Servir chaud ou froid.

Gigot d'agneau bouilli

(de ma mère)

1 gigot d'agneau de 5-6 lb
8 tasses d'eau chaude
6 oignons moyens, coupés en deux
6 carottes moyennes coupées en deux
1 petit navet coupé en quatre
1 feuille de laurier
1 c. à soupe de sel
1 c. à thé de poivre
3 c. à soupe de farine
3 c. à soupe de beurre
1 c. à soupe de jus de citron
2 c. à soupe de cornichons hachés

Nettoyer le gigot et l'envelopper dans un linge. Mettre la viande dans une marmite épaisse et couvrir d'eau chaude. Ajouter les légumes, la feuille de laurier, le sel et le poivre. Couvrir et mijoter $2^{1}/_{2}$ heures. Retirer la viande de son bouillon, la débarrasser de son linge et servir sur un plat chaud. Couler 3 tasses de bouillon ; et faire une sauce avec la farine, le bouillon et le beurre. Quand la sauce est bien lisse, y mettre le jus de citron et les cornichons hachés. Napper le gigot et servir avec des pommes de terre bouillies.

Gigot d'agneau rôti

1 gigot d'agneau de 4-6 lb
2 c. à soupe d'huile d'olive
1 c. à soupe de moutarde sèche
1 c. à thé de basilic
$^{1}/_{2}$ c. à thé de romarin
1 pointe de menthe pulvérisée
1 c. à thé de sel
$^{1}/_{2}$ c. à thé de poivre
2 gousses d'ail écrasées et émincées
$^{1}/_{4}$ de tasse de persil émincé

Nettoyer le gigot. Bien mélanger l'huile d'olive, la moutarde sèche, le basilic, le romarin, la menthe, l'ail, le sel et le poivre ; en frotter tout le gigot. Couvrir et laisser reposer au froid toute une nuit. Chauffer le four à 325° F (165° C). Placer le gigot en rôtissoire, le gras par-dessus. Enfourner, à découvert, et cuire pendant $3^{1}/_{2}$ heures. Arroser pendant la cuisson. Servir très chaud, dans des assiettes préchauffées. Garnir de persil.

Ragoût d'agneau

4 lb d'agneau dans l'épaule
3 pintes d'eau chaude
5 petits oignons
1/2 tasse de feuilles de céleri
3 carottes moyennes coupées grossièrement
1/2 c. à thé de moutarde sèche
1/2 c. à thé de thym
1/4 c. à thé de clous de girofle
1 c. à soupe de gros sel
1/4 c. à thé de poivre

Couper la viande en morceaux. Mettre dans une marmite et porter à ébullition. Ajouter tous les autres ingrédients. Couvrir et mijoter 2 heures. Ajouter, au goût, des carottes, des pommes de terre et des oignons entiers. Mijoter 1 heure.

Ragoût d'agneau aux pois verts

4 lb d'agneau à bouillir
5 c. à soupe de farine
3 c. à soupe de gras de bacon ou de beurre
3 carottes coupées en rondelles épaisses
2 oignons hachés
1 tasse de céleri coupé en dés
2 branches de persil
1 feuille de laurier
1/2 c. à thé de moutarde sèche
1/2 c. à thé de thym
1 pinte d'eau chaude
2 tasses de petits pois verts

Couper la viande en morceaux ; les rouler dans la farine et les faire dorer dans le gras chaud. Ajouter le reste de la farine pour le colorer. Ajouter l'eau, les carottes, les oignons, le céleri et les assaisonnements. Couvrir et mijoter lentement, pendant 1 1/2 heure. Ajouter les petits pois verts à la fin de la cuisson.

LE BŒUF

Bœuf à la « canadienne »

4 lb de bœuf
1 1/2 lb de lard salé, entrelardé
1 oignon tranché
1 c. à thé de moutarde sèche
1 pincée de thym
1 pincée de sarriette
1/4 c. à thé de clous de girofle
1 feuille de laurier
poivre

Couper le bœuf en cubes et le lard en dés. Passer ensemble au poêlon jusqu'à ce qu'ils soient bien dorés. Ajouter l'oignon tranché, la moutarde, le thym, la sarriette et le poivre. Incorporer. Placer dans une jarre de grès ; couvrir d'eau. Ajouter la feuille de laurier. Mettre au four que vous chaufferez à 350° F (175° C). Cuire 3 heures.

Bœuf à la mode

4 lb de bœuf
1 lb de lard salé
2 oignons hachés
1 feuille de laurier
1 pincée de clous de girofle
1/2 c. à thé de sarriette
sel et poivre
eau

Couper le bœuf en bons cubes. Couper le lard salé en petits cubes. Mettre le bœuf, le lard et les oignons dans une marmite. Couvrir d'eau. Assaisonner. Cuire 5 à 6 heures à feu lent.

Bœuf à la mode de ma grand-mère

2 lb de bœuf
farine
2 oignons hachés
4 c. à soupe de graisse de rôti ou de beurre
6 onces de lard salé
1 feuille de laurier
1 c. à thé de sarriette
1/2 c. à thé de clous de girofle
1 tomate pelée, coupée en morceaux
sel et poivre
3 carottes
1 tasse de navet en morceaux
3 pommes de terre

Faire fondre le gras dans une marmite ; y dorer les oignons hachés. Trancher le lard salé ; ajouter. Couper le bœuf en morceaux ; les saupoudrer de farine et faire prendre couleur dans le gras et les oignons. Couvrir d'eau tiède. Assaisonner. Mijoter 1 heure en brassant de temps à autre. Ajouter la tomate. Saler et poivrer. Ajouter les légumes. Mijoter 1 heure.

Bœuf à la mode Lanaudière

2 lb de bœuf
2 lb de porc
2 oignons coupés en rondelles
poivre
3 c. à soupe d'herbes salées
1 c. à thé de cannelle
1/2 c. à thé de clous de girofle
1 feuille de laurier
1/2 c. à thé de sarriette
eau

Couper le bœuf et le porc en tranches minces. Alterner, dans la marmite, les tranches de bœuf, celles de porc et les rondelles d'oignons. Poivrer ; assaisonner. Couvrir d'eau. Frémir au moins 6 heures.

Bœuf braisé

½ lb de lard salé
4 lb de bœuf dans la palette
3 oignons émincés
4 carottes coupées en rondelles
1 feuille de laurier
½ c. à thé de thym
1 pincée de clous de girofle
1 gousse d'ail écrasée
2 c. à soupe de persil
sel et poivre

Chauffer le four à 250° F (120° C). Couper le lard salé en dés ; faire revenir dans une casserole à fond épais. Ajouter la viande et saisir parfaitement. Ajouter les oignons, les carottes, le laurier, le thym, le clou, l'ail et le persil. Couvrir et cuire au four à 250° F (120° C), 4 heures. Saler et poivrer vers la fin de la cuisson.

Bœuf en sauce

3 c. à soupe de beurre
2 c. à soupe de farine
1 c. à soupe de sucre
3 tasses de bouillon
1 lb de restes de bœuf
1 oignon haché
1 c. à soupe de beurre
5 pommes de terre moyennes, tranchées

Faire fondre le beurre dans une casserole. Ajouter le sucre et la farine en brassant sans arrêt, jusqu'à ce que le mélange atteigne un beau brun. Ajouter peu à peu le bouillon en brassant sans arrêt. Ajouter les pommes de terre tranchées à la sauce et assez d'eau pour couvrir. Mijoter 30 minutes. Ajouter les restes de bœuf coupés fin, vers la fin de la cuisson.

Bœuf en chemise

1 steak de ronde entier
1 tasse de panure
2 gros oignons émincés
3 c. à soupe de beurre ou de graisse de rôti
3 carottes râpées
1/4 de tasse de céleri émincé
1/2 tasse de beurre fondu
1 c. à thé de sel
1/2 c. à thé de graines de céleri
1/4 c. à thé de poivre
1 c. à thé de moutarde sèche
1/2 c. à thé de clous de girofle
1 c. à thé de cannelle
2 c. à thé de gros sel

Enlever le gras et les os de la viande. Rôtir les oignons émincés dans la graisse de rôti ou le beurre. Apprêter une farce avec la panure, les oignons rôtis, les carottes râpées, le céleri émincé, le beurre fondu, le sel, les graines de céleri, le poivre, la moutarde sèche, le clou de girofle et la cannelle. Bien incorporer et étendre sur la viande. Rouler bien serré sur un coton, bien envelopper et coudre serré. Placer dans une marmite, couvrir d'eau bouillante et mijoter 4 heures. Le gros sel doit être ajouté après 2 heures de cuisson. Retirer la pièce de l'eau, mettre dans un plat sous une pesée. Laisser refroidir à la température de la pièce. Réfrigérer. Déshabiller et trancher au service.

Bœuf salé au chou (Corned beef)

4 lb de bœuf salé
2 oignons moyens
8 clous de girofle
1 feuille de laurier
2 gousses d'ail
1/4 de c. à thé d'anis
1 branche de persil
1 branche de céleri
1 chou vert moyen coupé en huit

Mettre la viande en marmite et couvrir d'eau. Mijoter 10 minutes; vider l'eau. Couvrir encore d'eau. Piquer les oignons de clous de girofle. Ajouter les oignons, le laurier, l'ail, l'anis, le persil et le sel. Mijoter 3 1/2 heures, jusqu'à ce que la viande soit à point. Ajouter le chou 30 minutes avant la fin de la cuisson.

Bouilli de légumes

3 lb de bœuf dans la poitrine
1 lb de lard salé entrelardé
3 pintes d'eau froide
sel et poivre
1 feuille de laurier
1 branche de sarriette
1 branche de thym
1 pointe de moutarde sèche
1 petit chou vert coupé en quatre
1 petit navet coupé en quatre
5 branches de céleri coupées en morceaux
4 oignons moyens coupés en deux
ou 8 petits oignons entiers
8 pommes de terre
$1/2$ lb de haricots jaunes
$1/2$ lb de haricots verts
10 carottes coupées en morceaux
6 épis de maïs

Couper la viande en morceaux ; la déposer dans une grande marmite. Couvrir d'eau. Ajouter le sel, le poivre, le laurier, la sarriette, le thym et la moutarde. Mijoter 2 heures. Ajouter tous les légumes sauf les pommes de terre et le maïs, et assez d'eau pour couvrir les légumes. Mijoter 1 heure. Ajouter les pommes de terre et le maïs. Mijoter 45 minutes.

Bouilli d'automne

3 lb de bœuf à bouillir
$1/2$ lb de lard salé entrelardé
3 oignons coupés en quatre
sel et poivre
1 c. à thé de graines d'anis
1 feuille de laurier
1 c. à soupe de vinaigre de cidre
1 chou rouge coupé en huit
6 carottes coupées en morceaux
1 navet coupé en quatre
3 panais coupés en morceaux
2 branches de céleri coupées en morceaux
6 pommes de terre

Couper la viande en morceaux ; la déposer dans une grande marmite. Couvrir d'eau. Saler et poivrer. Ajouter l'anis, le laurier et le vinaigre de cidre. Mijoter deux heures. Blanchir le chou. Ajouter tous les légumes, sauf les pommes de terre, et assez d'eau pour couvrir les légumes. Mijoter 1 heure. Ajouter les pommes de terre. Mijoter 1 heure.

Bouilli d'hiver

2 lb de bœuf
2 lb de veau
1 lb de lard salé entrelardé
3 oignons
8 carottes coupées en morceaux
2 petits navets coupés en quatre
1 chou moyen coupé en huit
3 panais coupés en morceaux
3 branches de céleri coupées en morceaux
8 pommes de terre
eau
sel et poivre
1 feuille de laurier
1 pointe de moutarde sèche
2 branches de sarriette

Couper la viande en morceaux ; la déposer dans votre plus grande marmite. Couvrir d'eau. Ajouter le sel, le poivre, le laurier, la moutarde sèche, la sarriette et les oignons. Mijoter 2 heures au moins. Ajouter les légumes, sauf les pommes de terre, et assez d'eau pour les couvrir. Mijoter 1 heure. Ajouter les pommes de terre. Mijoter $1/2$ heure.

Cervelle de bœuf

1 cervelle de bœuf
2 pintes d'eau
2 c. à soupe de vinaigre
1 c. à thé de sel
1 œuf
1 tasse de farine
bière d'épinette
huile
persil haché fin

Nettoyer et laver la cervelle à l'eau froide. Déposer dans une marmite. Couvrir d'eau. Ajouter le vinaigre et le sel. Mijoter 15 minutes. Retirer de l'eau, égoutter et laisser refroidir. Faire une pâte à beignets avec l'œuf, la farine et assez de bière d'épinette pour lier la pâte et lui donner la consistance d'une crème épaisse. Tremper les morceaux de cervelle dans la pâte, frire à l'huile et égoutter. Garnir de persil au goût.

Cervelle de bœuf à l'ancienne

1 cervelle de bœuf
1 oignon
1/2 c. à thé de sarriette
1 pincée de clous de girofle
sel et poivre

Dégorger la cervelle dans l'eau froide additionnée de vinaigre. Nettoyer et laver à l'eau froide. Déposer dans une marmite. Ajouter l'oignon, la sarriette et le clou de girofle. Saler et poivrer. Couvrir d'eau. Mijoter 1 heure. Égoutter. Servir entourée de pommes de terre en purée.

Cigares au chou

1 chou
1 c. à thé de sel
1/2 tasse de graisse de rôti ou de beurre
3/4 tasse de riz cuit
1 gros oignon haché
1/2 tasse de céleri haché fin
1 c. à thé de menthe
1 c. à thé de paprika
1/2 c. à thé de basilic
2 c. à soupe de purée de tomates
1 c. à soupe de zeste de citron râpé
2 c. à soupe de jus de citron
3/4 lb de bœuf haché
3/4 lb de porc haché
4 tranches de bacon
1 tasse de jus de tomates
1/2 c. à thé de sucre
sel et poivre

Blanchir le chou dans de l'eau additionnée de sel, 10 minutes ; égoutter et laisser refroidir. Faire fondre le gras ; y frire les oignons hachés. Ajouter le riz et le faire dorer. Ajouter la purée de tomates, la menthe, le paprika, le basilic, le zeste et le jus de citron. Mélanger et ajouter le bœuf et le porc. Cuire à feu vif. Saler et poivrer au goût. Séparer les feuilles de chou et placer une cuillerée de farce sur chaque feuille. Rouler et replier les bouts. Graisser une casserole, placer au fond quelques feuilles de chou et déposer dessus les cigares. Recouvrir avec le bacon ; ajouter le jus de tomates et le beurre. Mettre un poids (une assiette) sur les cigares pour qu'ils restent en place et mijoter à feu lent 2 1/2 heures.

Cœur de bœuf braisé

- 1 cœur de bœuf
- 1/2 tasse de mie de pain sec coupée en dés
- 4 onces de lard salé
- 1 c. à soupe de persil
- 1 c. à thé de basilic
- 1 pincée de clous de girofle moulus
- 2 c. à soupe de jus de citron
- 1 c. à soupe de zeste de citron
- sel et poivre
- 1 œuf battu
- 1 barde de lard
- 5 c. à soupe de graisse de rôti ou de beurre
- 1 tasse de farine grillée
- 1 tasse de lait
- 1 tasse d'eau

Chauffer le four à 350° F (175° C). Faire tremper le cœur à l'eau froide additionnée de vinaigre, 2 heures. Égoutter et couper aux ciseaux les membranes intérieures. Mélanger ensemble la mie de pain, le lard salé, le persil, le basilic, le clou de girofle, le jus, le zeste de citron et l'œuf. Saler et poivrer. Farcir le cœur de ce mélange ; fermer l'ouverture avec une barde de lard. Coudre l'ouverture sans trop serrer. Fondre le gras. Rouler le cœur dans la farine grillée et le faire dorer parfaitement. Ajouter le lait et l'eau. Cuire au four, à couvert, 3 heures à 350° F (175° C).

Cœur de bœuf farci

- 2 oignons hachés
- 3 tasses de riz cuit
- 2 œufs
- 3/4 tasse feuilles de céleri hachées
- 1/4 tasse de ciboulette hachée
- sel et poivre au goût
- 1 c. à thé de persil
- 1/2 c. à thé de sarriette
- 1/4 c. à thé de muscade
- 1/4 tasse de gras
- 1 tasse de bouillon
- 1 tasse de tomates en conserve
- 5 tranches de bacon

Chauffer le four à 325° F (165° C). Faire tremper le cœur à l'eau froide additionnée de vinaigre, 2 heures. Égoutter et couper aux ciseaux les membranes intérieures. Faire rôtir les oignons dans un peu de gras. Retirer du feu. Préparer une farce avec le riz, les œufs, les feuilles de céleri, le sel, le poivre, le persil, la sarriette, la muscade et les oignons rôtis. Farcir le cœur de ce mélange ; coudre l'ouverture sans trop serrer. Faire fondre le gras dans une casserole et faire dorer le cœur. Mettre les tranches de bacon sur le cœur. Ajouter les tomates en conserve et le bouillon. Cuire au four à couvert, 3 heures, à 325° F (165° C).

Cœur de bœuf farci de tante Blanche

1 cœur de bœuf
2 oignons hachés
4 tasses de pain rassis en dés
2 œufs
4 onces de lard salé coupé en dés
1/2 tasse d'oseille hachée
1/4 tasse de ciboulette hachée
1 c. à thé de sarriette
1/4 c. à thé de muscade
1/4 c. à thé de clous de girofle moulus
1/4 tasse de graisse de rôti
2 tasses de bouillon
1 barde de lard

Chauffer le four à 325° F (165° C). Faire tremper le cœur à l'eau froide additionnée de vinaigre, 2 heures. Égoutter et couper aux ciseaux les membranes intérieures. Faire rôtir les oignons dans un peu de gras. Retirer du feu. Préparer une farce avec le pain, les œufs, le lard salé, l'oseille, la ciboulette, la sarriette, la muscade, le clou de girofle et les oignons. Farcir le cœur de ce mélange ; fermer l'ouverture avec une barde de lard. Coudre l'ouverture sans trop serrer. Faire fondre la graisse de rôti dans une casserole et faire dorer le cœur. Ajouter le bouillon. Cuire au four à couvert, 3 heures, à 325° F (165° C).

Cœur de bœuf aux légumes

1 cœur de bœuf
4 onces de lard salé
1 gros oignon haché
1 gousse d'ail écrasée
sel et poivre au goût
1 feuille de laurier
1 c. à soupe de persil
1/2 c. à thé de basilic
2 pommes de terre moyennes
2 grosses carottes
1 petit navet

Faire tremper le cœur de bœuf à l'eau froide additionnée de vinaigre, 2 heures. Égoutter. Couper en gros morceaux et enlever les membranes intérieures qui sont dures. Couper le lard salé en quatre. Déposer les morceaux de cœur et le lard salé dans une marmite. Ajouter l'oignon, l'ail, le sel, le poivre, le laurier, le persil et le basilic. Couvrir d'eau et mijoter 2 1/2 heures. Couper les légumes en dés grossiers. Ajouter et mijoter 1 heure.

Fricassée de bœuf

3 c. à soupe de gras de viande
1 gros oignon, coupé en deux et tranché
3 tasses de pommes de terre, coupées en dés grossiers
1/2 c. à thé de sarriette
1 pincée de clous de girofle moulus
3 tasses de viande cuite, coupée en dés grossiers
sel et poivre
Reste de sauce

Fondre le gras, y faire revenir l'oignon. Ajouter les pommes de terre, la sarriette, le clou et la viande. Retourner un peu. Ajouter la sauce ; saler et poivrer. Couvrir d'eau. Mijoter à couvert 30 minutes. Remuer en cours de cuisson.

Langue de bœuf aux légumes

4 onces de lard salé
1 langue de bœuf
2 oignons hachés
1 gousse d'ail
1 feuille de laurier
1/2 c. à thé de clous de girofle
2 c. à soupe de feuilles de céleri
sel et poivre
1 tasse de carottes coupées en dés
1 tasse de navet coupé en dés
1 tasse de pommes de terre coupées en dés

Macérer la langue dans l'eau vinaigrée, environ 3 heures. Trancher le lard. Mettre la langue et le lard dans une marmite et couvrir d'eau chaude. Mijoter 2 heures. Retirer la langue de l'eau et lui enlever la peau. Ajouter les oignons hachés, l'ail, le laurier, le clou, les feuilles de céleri, le sel, le poivre et la langue. Mijoter 1 heure. Ajouter les légumes. Mijoter 40 minutes.

Langue de bœuf fermière

1 langue de bœuf
1 feuille de laurier
6 grains de poivre
1 c. à thé de graines de moutarde
3 clous de girofle
3 oignons coupés en quatre
2 c. à soupe de feuilles de céleri
1 poireau émincé

Macérer la langue dans l'eau vinaigrée, environ 3 heures. Mettre la langue et tous les ingrédients dans une marmite. Couvrir d'eau et mijoter 3 heures. Retirer la langue de son bouillon et lui enlever la peau avant de servir.

Pâté chinois classique

- 2 c. à soupe de beurre ou de gras de viande
- 2 oignons hachés
- 2 tasses de restes de bœuf cuit, haché
- ou 1 lb de bœuf haché
- sel et poivre au goût
- 1 boîte de maïs en crème
- Pommes de terre en purée

Chauffer le four à 375° F (190° C). Fondre le gras, y faire revenir les oignons. Ajouter la viande, la sarriette, le sel et le poivre et cuire quelques minutes. Graisser un plat à gratin ; verser la viande. Verser le maïs sur la viande et recouvrir de purée de pommes de terre. Parsemer de dés de beurre et cuire au four à 375° F (190° C), 20 minutes.

Le pâté chinois d'Hélène

À la recette classique, Hélène ajoute du fromage gruyère râpé ; 1½ tasse. Elle cuit les oignons et la viande comme dans la recette classique. Elle graisse son plat à gratin ; y verse la viande, puis la purée de pommes de terre et le maïs sur les pommes de terre. Elle verse ensuite le fromage gruyère râpé sur le dessus du pâté chinois et fait cuire au four à 375° F (190° C), 20 minutes.

Le pâté chinois

(le mien)

- 3 c. à soupe de beurre ou de gras de viande
- 4 ou 5 oignons hachés
- 2 lb de bœuf haché
- sel et poivre au goût
- ¼ c. à thé de poivre rouge
- 1 c. à thé de sarriette
- ½ c. à thé de clou
- 1 pincée de macis et de muscade
- ¼ c. à thé de basilic
- ¼ c. à thé de thym
- 3 c. à soupe de sauce anglaise (pour ne pas dire de catsup Heinz)
- 1 boîte de maïs en crème
- 1 petite boîte de maïs en grains
- purée de pommes de terre
- 2 c. à soupe de ciboulette

Chauffer le four à 375° F (190° C). Fondre le gras ; y faire revenir les oignons. Retirer 1 c. à soupe d'oignons et réserver. Ajouter la viande et tous les assaisonnements. Cuire 10 minutes et remuer de temps à autre. Ajouter la sauce anglaise en fin de cuisson. Bien mélanger. Le bœuf est assez gras (surtout de nos jours) qu'il n'est pas nécessaire de graisser le plat à gratin. Verser la viande dans un plat à gratin, puis le maïs en crème. Égoutter le maïs en grains ; l'étendre sur le maïs en crème. Préparer la purée de pommes de terre avec lait, sel et poivre ; ajouter 1 c. à soupe d'oignons revenus au beurre et la ciboulette. Étendre sur le maïs. Parsemer de dés de beurre et cuire au four, à 375° F (190° C), 45 minutes.

Queue de bœuf Saguenay

- 1 queue de bœuf coupée en petits morceaux
- 2 c. à soupe de graisse de rôti ou de beurre
- 3 c. à soupe de farine
- 1 petit navet coupé en quatre
- 4 oignons moyens entiers
- 4 petites carottes entières
- 1 c. à thé de sel
- 1/4 c. à thé de poivre
- 1/2 c. à thé de thym
- 1/2 c. à thé de moutarde sèche
- 2 tasses d'eau ou de jus de tomates
- 2 c. à soupe de farine grillée
- 2 c. à soupe d'eau froide

Enfariner les morceaux de viande. Fondre le gras dans une casserole, y faire brunir la viande. Ajouter les légumes, le sel, le poivre, le thym et la moutarde. Ajouter l'eau ou le jus de tomates. Mijoter 2 heures. Délayer la farine grillée dans l'eau froide et verser dans le ragoût en brassant pour épaissir.

* La queue de bœuf en ragoût se sert réchauffée.

Ragoût de bœuf

- 2 lb de boeuf à bouillir
- 3 c. à soupe de farine
- 3 c. à soupe de gras
- sel et poivre
- 1 tasse d'oignons hachés
- 2 tasses d'eau chaude
- 3 clous de girofle
- 1 feuille de laurier
- 1/4 c. à thé de romarin
- 5 carottes, coupées en morceaux
- 1 tasse de céleri coupé en dés
- 5 pommes de terre moyennes coupées en morceaux ou grands-pères*

Couper la viande en cubes ; passer la viande à la farine. Saler et poivrer. Fondre le gras dans une marmite. Faire revenir la viande jusqu'à ce qu'elle soit bien dorée. Ajouter l'oignon haché. Assaisonner. Ajouter l'eau et frémir 2 1/2 heures. Surveiller la cuisson, brasser de temps à autre. Ajouter les légumes, couvrir et mijoter 1 heure.

* Si vous préférez servir le ragoût avec des grands-pères plutôt que des pommes de terre, vous référer à la table des matières.

Ragoût de bœuf et de rognons

2 lb de bœuf à bouillir
2 rognons de bœuf
3 c. à soupe de farine
3 c. à soupe de gras
4 onces de lard salé
1 tasse d'oignons hachés
eau bouillante
sel et poivre
2 clous de girofle
4 carottes tranchées épais
5 pommes de terre en morceaux

Couper le bœuf en cubes. Couper et préparer les rognons qui auront trempé 30 minutes dans l'eau froide salée. Fondre le gras dans une marmite ; passer les viandes à la farine et brunir de tous les côtés. Ajouter l'oignon ; le faire dorer. Ajouter les morceaux de lard salé. Couvrir d'eau bouillante. Mijoter 2 1/2 heures, à couvert. Assaisonner 1/2 heure avant la fin de la cuisson. Cuire séparément et dans très peu d'eau les pommes de terre et les carottes. Ajouter au ragoût les légumes cuits et leur eau.

Rosbif

4 à 6 lb de boeuf de surlonge
2 c. à soupe de beurre
1 c. à soupe de farine
2 c. à thé de sel
1/2 c. à thé de poivre
1/2 c. à thé de sucre
1 c. à soupe de moutarde sèche
2 gousses d'ail
1 feuille de laurier
1 branche de thym
1 oignon en rondelles

Laisser reposer la viande à la température de la pièce 30 minutes. Défaire le beurre en crème et ajouter la farine, le sel, le poivre, le sucre et la moutarde. Piquer le rôti d'ail ; l'enduire de la préparation. Déposer la viande dans une lèchefrite. Entourer de rondelles d'oignons. Placer la feuille de laurier et la branche de thym sur le rôti. Chauffer le four à 375° F (190° C). Cuire à découvert et compter 30 minutes par livre.

Rosbif de ma grand-mère

C'est la même recette que la précédente. Ma grand-mère cuisait son rosbif 30 minutes à découvert. Puis elle ajoutait des oignons, un peu d'eau pour couvrir le fond de la casserole et cuisait à couvert pendant 3 heures.

LE VEAU

Cervelles de veau

1 1/2 lb de cervelles
1 c. à soupe de vinaigre
1 oignon
1 feuille de laurier
1 c. à thé de sel
1/4 c. à thé de poivre
1/4 c. à thé de moutarde sèche
2 c. à thé de vinaigre
2 tasses d'eau
2 c. à soupe de persil haché

Tremper les cervelles à l'eau froide, 30 minutes. Égoutter et enlever la membrane. Puis tremper dans de l'eau froide additionnée de vinaigre, 15 minutes. Le vinaigre garde la viande blanche et ferme. Couper l'oignon en deux. Égoutter les cervelles ; les déposer dans une casserole. Ajouter l'eau, l'oignon, le laurier, le sel, le poivre, la moutarde sèche et le vinaigre. Mijoter 15 minutes. Égoutter. Servir arrosées de beurre fondu ou de beurre noir. Garnir de persil.

Cœur de veau bouilli

2 cœurs de veau
1 feuille de laurier
1/2 c. à thé de moutarde sèche
sel et poivre
1/2 citron tranché
2 c. à soupe de farine
2 c. à soupe de beurre

Laver les cœurs à l'eau tiède additionnée de vinaigre et enlever les veines, les artères et le sang. Placer les cœurs dans une casserole et couvrir d'eau. Mijoter 1 1/2 heure sans assaisonnement. Retirer de l'eau, enlever la graisse et laisser refroidir. Couper le maigre en petits morceaux. Retourner au feu avec le laurier et la moutarde sèche. Couvrir d'eau. Saler et poivrer. Mijoter 10 minutes. Mélanger le beurre et la farine, les ajouter à la viande. Trancher le citron ; ajouter. Brasser sans arrêt 5 minutes et servir.

Cœur de veau braisé

1 cœur de veau
¼ tasse de mie de pain
1 c. à soupe de lard salé cuit émincé
1 gousse d'ail émincée
½ c. à thé de zeste de citron
¼ c. à thé de basilic
1 pincée de moutarde sèche
sel et poivre
1 œuf battu
1 barde de lard
farine, sel et poivre
4 c. à soupe de graisse de rôti ou de beurre

Chauffer le four à 375° F (190° C). Laver le cœur à l'eau tiède additionnée de vinaigre et enlever les veines, les artères et le sang. Faire une farce avec l'œuf, la mie de pain, le lard salé, l'ail, le zeste de citron, le basilic, la moutarde sèche, le sel et le poivre. Farcir le cœur ; barder l'ouverture et ficeler solidement. Saler et poivrer la farine ; y rouler le cœur farci. Fondre le gras dans une casserole épaisse ; y faire dorer parfaitement le cœur. Ajouter à peine assez d'eau pour couvrir le fond de la casserole et couvrir. Cuire au four, 1 heure à 375° F (190° C).

Croquettes de veau

3 c. à soupe de gras
3 c. à soupe de farine
1 tasse de bouillon
2 c. à soupe de jus de citron
½ tasse de crème
sel et poivre
2 jaunes d'œufs
2 tasses combles de veau cuit passé au hachoir
¼ tasse d'oignons émincés
½ c. à thé de basilic

Fondre le gras dans une casserole. Ajouter la farine, le bouillon, le jus de citron, la crème, le sel et le poivre. Cuire en remuant jusqu'à consistance de crème épaisse. Ajouter les jaunes d'œufs, le veau haché, les oignons et le basilic. Bien incorporer. Laisser refroidir. Couper en carrés et former en croquettes. Frire au beurre.

Épaule de veau farcie

1 épaule de veau désossée de 5 à 6 lb
1 tasse de mie de pain
1/2 tasse de bouillon
1/2 tasse de céleri émincé
1 gousse d'ail émincée
1/2 tasse d'oignons émincés
1/2 lb de porc haché
sel et poivre
1 pincée de muscade
1 c. à thé de moutarde sèche
1 c. à soupe de cassonade
1 c. à thé de sarriette
2 c. à soupe d'huile d'olive
2 c. à soupe de jus de citron
1/4 c. à thé de thym
1 feuille de laurier
1 gousse d'ail
Bardes de lard

Chauffer le four à 300° F (150° C). Faire une farce avec la mie de pain, le bouillon, le céleri, l'ail, l'oignon, le porc haché, la muscade, le sel et le poivre. Farcir l'intérieur de l'épaule de veau. Fermer l'ouverture avec une barde de lard et ficeler. Mélanger la moutarde, la cassonade, la sarriette, l'huile d'olive, le jus de citron et le thym. Barder le fond de la lèchefrite ; y déposer l'épaule farcie. Verser la sauce d'assaisonnement. Barder le dessus de l'épaule ; déposer la gousse d'ail et la feuille de laurier. Cuire au four, à couvert, à 300° F (150° C), 4 heures.

Foie de veau à la crème

1 lb de foie de veau tranché mince
1 lb de lard salé
sel et poivre
4 onces de crème fraîche
Persil

Trancher le lard salé en grillades et cuire à la poêle. Cuire le foie de veau dans les grillades en prenant soin de ne retourner qu'une fois. Ajouter la crème fraîche et chauffer. Assaisonner. Garnir de persil.

Langues de veau marinées

2 langues de veau
4 grains de poivre
6 clous de girofle
2 feuilles de laurier
5 graines de moutarde
2 c. à thé de gros sel
½ tasse de vinaigre

Déposer les langues dans une marmite, couvrir d'eau chaude et mijoter 1 heure. Ajouter les autres ingrédients ; couvrir et mijoter 1 heure. Laisser refroidir dans leur bouillon. Retirer les langues et les débarrasser de leur peau. Couper les langues en morceaux. Mettre dans des pots stérilisés. Dégraisser le bouillon et le couler. Porter le bouillon à ébullition et le verser bouillant sur les langues. Fermer les pots hermétiquement. Conserver au réfrigérateur.

Veau dans le chaudron

4 lb de veau (épaule)
3 c. à soupe de graisse de rôti ou de beurre
3 gousses d'ail
1 c. à thé de sarriette
1 feuille de laurier
¼ c. à thé d'estragon
sel et poivre
12 petites pommes de terre
12 petits oignons entiers
12 petites carottes entières

Piquer le veau de gousses d'ail. Fondre le gras dans une casserole épaisse. Déposer le veau dans le gras, couvrir la casserole et cuire à feu doux, 30 minutes. Retourner alors la viande, ajouter la sarriette, le laurier, l'estragon, le sel et le poivre. Couvrir la casserole et cuire à feu doux encore 30 minutes. Continuer la cuisson encore deux heures. Ajouter les légumes. Cuire 45 minutes.

Rognons de veau de ma grand-mère

4 rognons de veau
3 c. à soupe de beurre
farine pour enrober
2 oignons hachés
4 pommes de terre coupées en morceaux grossiers
4 carottes coupées en morceaux grossiers
½ c. à thé de zeste de citron
½ c. à thé de thym
½ tasse de bouillon
sel et poivre
2 c. à soupe de persil haché

Couper les rognons en deux dans le sens de la longueur. Dégorger dans l'eau froide additionnée de vinaigre, 1 heure. Égoutter, assécher. Rouler dans la farine. Fondre le gras ; y faire dorer les rognons ; les retirer. Ajouter les oignons, les carottes et les pommes de terre au gras fondu. Faire prendre couleur. Ajouter le zeste de citron et le thym ; incorporer. Ajouter les rognons et le bouillon. Saler et poivrer. Mijoter 30 minutes, en brassant de temps à autre.

Rognons de veau en casserole

3 rognons de veau
2 c. à soupe de beurre
½ lb de porc maigre
1 oignon haché
4 pommes de terre moyennes
½ c. à thé de sarriette
2 c. à soupe de persil haché
sel et poivre
eau

Chauffer le four à 350° F (175° C). Couper les rognons en deux dans le sens de la longueur. Dégorger dans l'eau froide additionnée de vinaigre, 1 heure. Couper le porc maigre en dés ; réserver. Fondre le beurre ; y faire revenir les oignons. Couper les pommes de terre en dés. Ajouter les rognons, le porc et les pommes de terre et faire revenir quelques minutes. Déposer dans une casserole, couvrir le fond d'eau. Ajouter la sarriette, le sel et le poivre. Cuire au four, 30 minutes à 350° F (175° C).

LE PORC

Boudin en sauce

1 c. à soupe de graisse de rôti ou de beurre
2 oignons hachés
2 c. à soupe de farine
2 tasses de lait
1 lb de boudin
1/4 c. à thé de clous de girofle moulus
sel et poivre

Enlever la peau du boudin. Écraser en purée la moitié du boudin ; couper le reste en morceaux grossiers. Fondre le gras dans un poêlon ; y faire revenir l'oignon. Saupoudrer la farine et incorporer parfaitement. Verser le lait et cuire en brassant sans arrêt, 10 minutes. Retirer du feu ; ajouter le boudin en purée et le clou ; bien incorporer. Ajouter le boudin en morceaux. Remettre sur le feu ; chauffer un peu.

Chiard du pêcheur

1 lb de lard salé
1 c. à thé de cassonade
2 gros oignons
4 pommes de terre moyennes
eau
sel et poivre au goût
1/2 c. à thé de sarriette

Pour dessaler le lard, le faire tremper une nuit dans l'eau froide ou le faire bouillir 5 minutes. Trancher le lard dessalé et faire dorer. Trancher les oignons et les ajouter avec la cassonade ; laisser dorer. Trancher les pommes de terre, les ajouter et couvrir d'eau. Ajouter la sarriette et mijoter au moins 1 heure. Saler et poivrer au goût.

On me raconte que ce « chiard » était servi — croyez-le ou non — accompagné de grillades de lard salé.

Cochon de lait farci

1 cochon de lait
farce
1/2 tasse de beurre
1 c. à soupe de moutarde
bardes de lard

Farce :
6 pommes de terre moyennes
1 tasse d'oignons émincés
foie et cœur du porcelet
1/2 lb de porc haché
1/2 tasse de beurre
1 c. à soupe de sel
1/2 c. à thé de poivre
1 c. à thé de sarriette
1/2 c. à thé de sauge

Chauffer le four à 350° F (175° C). Cuire les pommes de terre et les écraser. Passer ensemble au hachoir, le foie et le cœur, les oignons et le porc haché. Faire revenir dans le beurre et ajouter aux pommes de terre. Assaisonner et incorporer parfaitement. Nettoyer le porcelet avec un linge trempé dans le vinaigre. Bien nettoyer l'intérieur. Saler et poivrer l'intérieur du porcelet. Farcir et fermer l'ouverture avec des bardes de lard. Ficeler solidement. Porter sur une rôtissoire dont vous aurez graissé le gril. Envelopper les oreilles et la queue de papier brun huilé pour empêcher de brûler. Mélanger la moutarde et le beurre ; en badigeonner le porcelet. Cuire au four à découvert, 3 heures, à 350° F (175° C). Couvrir le porcelet d'un papier brun huilé pendant la première heure de cuisson pour l'empêcher de brunir trop vite. Arroser souvent. Poser le cochon de lait sur un plat chaud, l'entourer de persil ou de cresson et lui mettre une pomme dans la gueule.

Côtelettes à la poêle

6 côtelettes de porc
farine
3 oignons tranchés
sel et poivre
2 c. à soupe de gras
Persil haché

Chauffer le poêlon sur un feu doux. Ajouter le gras. Enfariner les côtelettes et les faire rôtir lentement en ne les tournant qu'une fois. Ajouter les oignons tranchés et faire dorer. Saler et poivrer. Garnir de persil.

Côtelettes de porc à la crème

6 côtelettes de porc
farine
2 gousses d'ail émincées
6 pommes de terre tranchées
3 oignons tranchés
2 tasses de crème sure
½ c. à thé de moutarde sèche
¼ c. à thé de sauge
sel et poivre

Chauffer le four à 350° F (175° C). Enlever le gras des côtelettes et faire fondre dans un poêlon. Ajouter l'ail. Enfariner les côtelettes et les faire dorer au poêlon. Saler et poivrer. Graisser un plat à gratin ; y placer les pommes de terre, puis les côtelettes et couvrir de tranches d'oignons. Mélanger la crème sure, la moutarde et la sauge et verser sur les oignons. Ne pas brasser. Cuire au four, 2 heures à 350° F (175° C).

Côtelettes de porc garnies

6 côtelettes de porc
1 oignon émincé
1½ tasse de mie de pain
2 c. à soupe de gras de porc haché
1 œuf
½ c. à thé de sarriette
¼ tasse d'eau chaude
sel et poivre

Chauffer le four à 350° F (175° C). Mélanger l'oignon, la mie de pain, le gras, la sarriette et l'œuf ; y rouler les côtelettes. Étendre les côtelettes dans une lèchefrite moyenne. Ajouter un peu d'eau pour couvrir le fond et le reste de la garniture. Saler et poivrer. Cuire au four, 1 heure, à 350° F (175° C).

Côtelettes de porc Rougemont

6 côtelettes de porc épaisses
1 c. à soupe de farine grillée
1 gousse d'ail émincée
1 c. à soupe de cassonade
1 c. à thé de moutarde sèche
1 c. à thé de persil
2 oignons tranchés
1¼ tasse de cidre sec
sel et poivre

Chauffer le four à 350° F (175° C). Enlever le gras des côtelettes et le faire fondre dans un poêlon. Ajouter l'ail. Enfariner les côtelettes et les dorer au poêlon. Saler et poivrer. Graisser un plat à gratin ; y placer les côtelettes et couvrir de tranches d'oignons. Mélanger la cassonade, la moutarde et le persil ; en saupoudrer les oignons. Ajouter le cidre. Cuire au four, 2 heures, à 350° F (175° C).

Épaule de porc braisée

5 lb d'épaule de porc
4 carottes moyennes râpées
5 oignons moyens hachés
2 gousses d'ail émincées
1 feuille de laurier
1 c. à thé de thym
¼ c. à thé de clous de girofle moulus
sel et poivre

Chauffer le four à 325° F (165° C). Enlever le gras du rôti et faire fondre dans un chaudron de fonte. Dorer la viande de tous côtés. Ajouter les autres ingrédients. Saler et poivrer. Couvrir et porter au four. Cuire 3 heures, à 325° F (165° C).

Épaule de porc farcie

5 lb d'épaule de porc désossée
1 couenne
2 tasses de mie de pain
2 c. à thé de sel
3 c. à soupe d'oignon râpé
1 tasse de maïs en grains
4 c. à soupe de beurre
2 œufs battus
1 feuille de laurier
1 oignon
3 clous de girofle
1 c. à thé de sariette
2 c. à thé de moutarde
sel et poivre

Mélanger la mie de pain, le sel, l'oignon, le maïs, le beurre et les œufs. Farcir la cavité laissée par l'os et ficeler. Mélanger la sariette, la moutarde, le sel et le poivre ; en frotter le rôti. Placer la couenne dans un chaudron de fonte ; côté gras sur le fond. Déposer le rôti sur la couenne. Ajouter les feuilles de laurier et l'oignon piqué de clous de girofle. Couvrir. Cuire au four 3 heures, à 325° F (165° C).

Filets de porc en chemise

2 filets de porc, coupés sur la longueur
1 gousse d'ail
6 pommes de terre moyennes
1 c. à thé de sariette
1 c. à soupe de persil
2 oignons
1 c. à soupe de graisse de bacon ou de beurre
sel et poivre
1 c. à thé de moutarde sèche
¼ tasse d'eau chaude

Chauffer le four à 350° F (175° C). Cuire les pommes de terre et les mettre en purée. Hacher les oignons et les frire. Ajouter les oignons frits, la sariette et le persil à la purée. Saler et poivrer. Refroidir. Frotter les filets avec la gousse d'ail. Étendre la purée de pommes de terre sur un des filets et la recouvrir de l'autre. Attacher aux deux bouts et au milieu. Étendre la graisse de bacon ou de beurre sur le filet du dessus. Saupoudrer de moutarde, saler et poivrer. Placer dans un récipient allant au four et ajouter ¼ tasse d'eau chaude. Cuire 1 heure, à découvert, dans un four à 350° F (175° C). Arroser de temps à autre.

Filets de porc au chou

½ lb de lard salé
5 lb de filets de porc
2 gousses d'ail
1 chou vert haché
2 oignons tranchés
½ c. à thé de sarriette
1 petite pomme entière
sel et poivre
½ tasse d'eau

Trancher finement les gousses d'ail et en piquer la viande. Trancher le lard salé et fondre dans une casserole épaisse ; y dorer le rôti de tous côtés. Ajouter le chou et les oignons, saler et poivrer. Ajouter la sarriette, la petite pomme et l'eau. Couvrir et mijoter à feu moyen jusqu'à ce que la viande soit à point. Ajouter un peu d'eau en cours de cuisson, pour éviter de coller.

Filet de porc à la crème

1 filet de porc
1 gousse d'ail écrasée
4 c. à soupe de beurre
1 tasse de crème douce
½ c. à thé de sauge
sel et poivre

Faire fondre et dorer le beurre. Couper le filet en portions individuelles. Écraser la gousse d'ail ; l'ajouter au beurre. Faire revenir les portions de filet dans le beurre. Baisser le feu et cuire doucement, 20 minutes. Retirer la viande ; saler et poivrer. Gratter le fond du poêlon ; ajouter la crème et la sauce au beurre. Cuire juste assez pour réchauffer la crème. Verser sur la viande.

Langues de porc marinées

2 langues de porc
eau chaude
6 grains de poivre
6 clous de girofle entiers
6 graines de moutarde
2 c. à thé de sel
2 feuilles de laurier
½ tasse de vinaigre
½ tasse de sucre

Placer les langues dans une marmite, couvrir d'eau chaude et mijoter sans assaisonnements, 1 heure. Ajouter tous les autres ingrédients et mijoter jusqu'à ce que les langues soient tendres. Laisser refroidir dans leur bouillon. Retirer ; égoutter et enlever la peau. Couper en morceaux. Passer dans des pots stérilisés. Dégraisser le bouillon et le couler. Porter à ébullition et verser bouillant sur les langues. Fermer les pots hermétiquement. Conserver au froid.

Oreilles de cochon à la purée

12 oreilles de porc
2 oignons coupés en quatre
1 carotte coupée en morceaux
1 branche de thym
2 branches de persil
8 grains de poivre
1 c. à thé de gros sel
eau

Laver et gratter les oreilles. Mettre tous les ingrédients dans une marmite et couvrir d'eau. Mijoter à feu lent 1 heure ; les oreilles seront tendres. Laisser tiédir dans leur bouillon. Dresser sur un plat et masquer avec une purée de légumes.

Oreilles de cochon panées et grillées

Les apprêter comme les oreilles de cochon à la purée. Retirer les oreilles de leur bouillon et égoutter. Laisser refroidir. Tremper dans des œufs battus, rouler dans la chapelure et frire au beurre quelques minutes.

On peut aussi servir les oreilles de cochon froides, avec une sauce vinaigrette.

Pattes de porc au chou

5 lb de pattes de porc, coupées en morceaux
4 oignons coupés en quatre
1 c. à soupe de gros sel
1 feuille de laurier
1/2 c. à thé d'épices à marinades
1/2 c. à thé de sarriette
3 tasses d'eau
1 chou moyen coupé en quatre
6 carottes coupées en morceaux
6 pommes de terre

Mettre les pattes de porc dans une marmite ; ajouter l'eau, les oignons, le gros sel, les épices, le laurier et la sarriette. Couvrir et mijoter 2 heures. Ajouter le chou, les carottes et les pommes de terre 30 minutes avant la fin de la cuisson.

La Picoune

2½ lb de pommes de terre
1 lb de lard salé entrelardé
1 lb de foie de porc
3 oignons moyens
3 c. à soupe de beurre
3 c. à soupe de farine
½ tasse d'eau froide
½ c. à thé de sarriette
1 pincée de clous
sel et poivre

Trancher le lard salé et les oignons. Placer dans une casserole et couvrir d'eau. Mijoter 2 heures et ajouter de l'eau : maintenir l'eau à égalité. Trancher les pommes de terre et les ajouter. Mijoter 30 minutes. Épaissir la sauce avec 3 c. à soupe de farine délayée dans l'eau froide. Ajouter et assaisonner. Couper le foie de porc en morceaux grossiers et le faire revenir dans le beurre ; l'ajouter. Incorporer, sans les briser, les pommes de terre. Retirer du feu et laisser reposer quelques minutes.

Pieds de cochon à la Sainte-Menehould

J'ai retrouvé dans *Le Cuisinier européen*, cette recette dont parle Philippe Aubert de Gaspé dans les *Anciens canadiens* ; et je cite textuellement :

Pieds de cochon à la Sainte-Menehould

Fendez en deux, dans le sens de leur longueur, des pieds de cochon préalablement flambés, échaudés et soigneusement nettoyés. Entourez-les de ruban de fil, de manière à les empêcher de se déformer en cuisant. Mettez-les dans une marmite à braiser avec des tranches de lard, quelques morceaux de veau maigre, des carottes, des oignons piqués de clous de girofle, un bouquet garni, une bouteille de vin et autant de bouillon dégraissé. La quantité de liquide doit être proportionnée au nombre de pieds à faire cuire, parce que la cuisson doit durer vingt-quatre heures. Dans la cuisine de ménage, on ne prend pas la peine de veiller toute une nuit pour ne pas interrompre la cuisson des pieds de cochon ; on les laisse refroidir le soir, et on les remet sur le feu le lendemain matin. Quand la cuisson est complète, laisser refroidir les pieds de cochon, délier les cordons, trempez les pieds dans le beurre fondu, panez fortement avec de la mie de pain bien assaisonnée de sel et de poivre, et faites-leur prendre une belle couleur sur le gril. Les pieds de cochon à la Sainte-Menehould doivent être servis chauds et sans sauce.

Porc à la bière

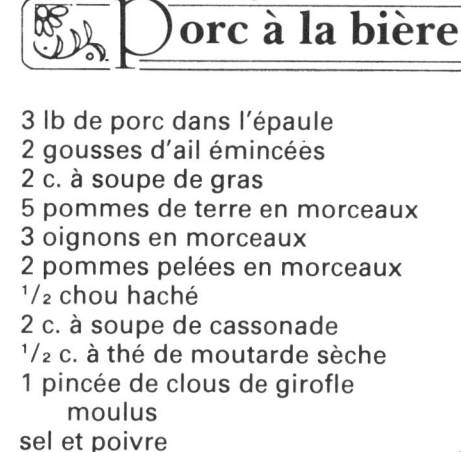

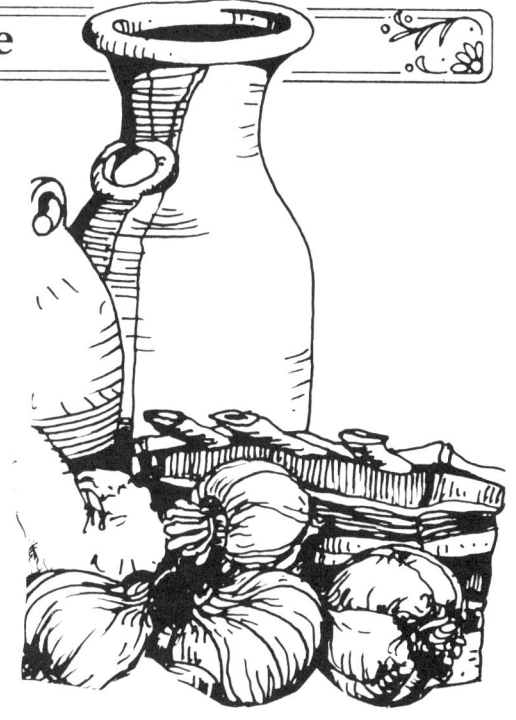

3 lb de porc dans l'épaule
2 gousses d'ail émincées
2 c. à soupe de gras
5 pommes de terre en morceaux
3 oignons en morceaux
2 pommes pelées en morceaux
½ chou haché
2 c. à soupe de cassonade
½ c. à thé de moutarde sèche
1 pincée de clous de girofle moulus
sel et poivre
2 tasses de bière

Chauffer le four à 325° F (165° C). Couper le porc en cubes. Fondre le gras dans un poêlon ; y faire rôtir les cubes de porc. Mélanger la cassonade, la moutarde, le clou de girofle, le sel et le poivre. Diviser tous les ingrédients en deux. Graisser un récipient allant au four et ajouter à la suite la moitié de la viande, des pommes de terre, des oignons, des pommes, du chou et des assaisonnements mélangés. Ajouter la seconde moitié des ingrédients dans le même ordre. Verser la bière. Couvrir et passer au four. Cuire une heure, à 325° F (165° C).

Queues de porc grillées

10 queues de porc
1 c. à soupe de gros sel
eau bouillante
1 œuf battu
2 c. à soupe d'eau
mie de pain grillée

Laver les queues de porc. Envelopper dans un coton à fromage. Déposer dans une marmite, ajouter le sel et couvrir d'eau bouillante. Mijoter, couvert, 2 heures. Laisser les queues de porc tiédir dans leur bouillon. Puis retirer du bouillon, enlever le coton à fromage ; dérouler et démêler les queues. Déposer dans un plat ; couvrir de bouillon et garder au froid. Pour les griller, les rouler dans l'œuf battu avec l'eau, puis dans la mie de pain grillée. Graisser une plaque à biscuits, y placer les queues et faire dorer au four à 475° F (240° C).

Ragoût beauceron

3 pattes de porc
abats de volaille
2 lb de bœuf en cubes
1 cœur de veau
1 langue de veau
3 oignons
1 feuille de laurier
6 clous de girofle
1 c. à thé de sarriette
1 pincée de gingembre
farine grillée pour épaissir

Ébouillanter la langue et lui enlever la peau. Placer dans un chaudron épais avec les abats, le bœuf, les pattes et le cœur. Ajouter les oignons, les épices, le sel et le poivre. Couvrir d'eau et mijoter au moins 2 heures. Épaissir avec de la farine grillée délayée dans un peu d'eau.

Ragoût de boulettes

2 lb de porc haché
1 oignon haché
1 gousse d'ail émincée
1 c. à soupe de gras
1/2 c. à thé de cannelle
1/4 c. à thé de moutarde sèche
1/4 c. à thé de clous de girofle moulus
1/4 c. à thé de muscade
sel et poivre
farine pour enrober
4 c. à soupe de gras
8 tasses d'eau bouillante ou de bouillon
1/2 tasse de farine grillée

Faire revenir l'oignon et l'ail dans le gras. Les ajouter à la viande hachée ainsi que la cannelle, la moutarde, le clou, la muscade, le sel et le poivre. Bien mélanger. Façonner en boulettes et les rouler dans la farine. Faire fondre le gras et y faire dorer les boulettes.

Ici les interprétations varient, certains, comme moi, font revenir les boulettes dans le gras, d'autres les enfarinent et les font pocher dans le bouillon. Placer les boulettes dorées dans une casserole; ajouter l'eau ou le bouillon. Couvrir et laisser mijoter 1 heure. Épaissir avec la farine grillée, délayée dans autant d'eau.

Ragoût de pattes

6 pattes de porc
2 gousses d'ail
farine
sel et poivre
1/2 c. à thé de cannelle
1/4 c. à thé de clous de girofle moulus
1 pincée de muscade
4 c. à soupe de gras
3 oignons
1/2 tasse de farine grillée
eau tiède

Nettoyer les pattes de porc. Trancher finement l'ail et en piquer les pattes. Mélanger le sel, le poivre, la cannelle, le clou de girofle et la muscade dans un peu de farine ; enfariner les pattes. Fondre le gras dans une casserole épaisse ; y faire dorer les pattes. Ajouter les oignons et assez d'eau tiède pour couvrir. Ajouter le reste de farine et d'épices. Mijoter 3 heures. Épaissir avec la farine grillée délayée dans autant d'eau.

On peut ajouter des pommes de terre coupées en morceaux grossiers, 30 minutes avant la fin de la cuisson. On peut aussi servir le ragoût de pattes avec des poutines ou des grands-pères. Vous référer à la table des matières pour les recettes de poutines et de grands-pères.

Ragoût de pattes et de boulettes

3 pattes de porc
2 c. à soupe de gras
2 lb de porc haché
1 gousse d'ail émincée
1 oignon émincé
1/2 c. à thé de cannelle
1/4 c. à thé de moutarde sèche
1/4 c. à thé de clous de girofle moulus
1/4 c. à thé de muscade
sel et poivre
farine pour enrober
2 c. à soupe de gras
1/2 tasse de farine grillée

Fondre le gras dans un chaudron épais ; y faire dorer les pattes. Couvrir d'eau et mijoter 2 heures. Au porc haché ajouter l'ail, l'oignon, la cannelle, la moutarde, le clou, la muscade, le sel et le poivre. Incorporer parfaitement et façonner en boulettes. Les enfariner et faire dorer dans 2 c. à soupe de gras. Ajouter aux pattes et mijoter encore 1 heure. Épaissir avec la farine grillée, délayée dans autant d'eau.

Rôti de fesse de porc frais

1 fesse de porc frais avec sa couenne
1 gousse d'ail
½ c. à thé de thym
½ c. à thé de sauge
1 c. à thé de gros sel
½ c. à thé de poivre
1 feuille de laurier
1 oignon
2 clous de girofle

Chauffer le four à 325° F (165° C). Tailler le dessus de la couenne en diagonale et former des losanges. Trancher finement la gousse d'ail et en piquer la viande. Mélanger le thym, la sauge, le gros sel et le poivre et en frotter le rôti. Mettre le rôti dans une rôtissoire. Ajouter l'oignon piqué de clous de girofle et le laurier. Ne pas ajouter d'eau.

Cuire au four 45 minutes par livre, à 325° F (165° C). Retirer la viande et laisser reposer 15 minutes avant de servir.

Rôti de porc à l'ail

5 lb de porc dans la longe avec sa couenne
4 gousses d'ail
sel et poivre
1 c. à thé de sarriette
2 oignons coupés en quatre
1 tasse d'eau
pommes de terre
carottes

Chauffer le four à 325° F (165° C). Détacher la couenne de la longe et la placer dans un chaudron de fonte, côté gras sur le fond. Trancher finement les gousses d'ail et en piquer la viande. Déposer le rôti sur la couenne ; ajouter la sarriette et les oignons. Saler et poivrer. Cuire au four 3 heures, à 325° F (165° C). Après la première heure de cuisson, ajouter quelques pommes de terre et quelques carottes et un peu d'eau. Arroser souvent en cours de cuisson.

Rôti de porc à la crème sure

- 1/2 fesse de porc frais, avec sa couenne
- 1 gousse d'ail
- 1/2 c. à thé de thym
- 1/2 c. à thé de sauge
- 1 c. à thé de gros sel
- 1/2 c. à thé de poivre
- 1 feuille de laurier
- 1 tasse de vin blanc
- 15 petites pommes de terre
- 15 oignons moyens
- 1 1/2 tasse de crème sure

Chauffer le four à 325° F (165° C). Tailler le dessus de la couenne en diagonale et former des losanges. Trancher finement la gousse d'ail et en piquer la viande. Mélanger le thym, la sauge, le gros sel et le poivre et en frotter le rôti. Mettre le rôti dans une rôtissoire. Ajouter le laurier. Passer au four. Cuire à découvert 45 minutes par livre, dans un four chauffé à 325° F (165° C). Après une heure de cuisson, ajouter les légumes. Retourner les légumes une heure plus tard et ajouter le vin blanc. Passer le rôti entouré des légumes dans un plat de service réchauffé et garder au chaud. Dégraisser la sauce et retirer la feuille de laurier. Ajouter la crème sure froide à la sauce chaude. Remuer et gratter le fond juste assez pour chauffer la crème.

Rôti de porc au miel

- 5 lb de porc dans la longe avec sa couenne
- 3 c. à soupe de miel
- 1 c. à soupe de sarriette
- 1 c. à thé de moutarde sèche
- 1/2 c. à thé de clous de girofle moulus
- 1/2 tasse d'eau
- 1 gros oignon émincé
- 1 gousse d'ail émincée
- sel et poivre

Chauffer le four à 300° F (150° C). Détacher la couenne de la longe et la placer dans un chaudron de fonte, côté gras sur le fond. Déposer le rôti sur la couenne. Mélanger tous les autres ingrédients et verser sur le rôti. Couvrir et cuire au four, 6 heures, à 300° F (150° C).

Rôti de porc aux patates jaunes

1 longe de porc de 5 lb, avec sa couenne
2 gousses d'ail
1 c. à thé de sarriette
1 c. à thé de moutarde sèche
½ c. à thé de sauge
¼ c. à thé de clous de girofle moulus
sel et poivre
2 tasses d'eau
15 petites pommes de terre

Chauffer le four à 325° F (165° C). Détacher la couenne de la longe et la placer dans un chaudron de fonte, côté gras sur le fond. Trancher finement les gousses d'ail et en piquer la viande. Mélanger la sarriette, la sauge, la moutarde et le clou; en frotter le rôti. Déposer le rôti sur la couenne ; saler et poivrer. Cuire au four, 3 heures, à 325° F (165° C). Après la première heure de cuisson, ajouter les pommes de terre et 2 tasses d'eau. Retourner les pommes de terre à la deuxième heure de cuisson. Arroser souvent.

Rôti de porc traditionnel

5 lb de longe de porc
3 gousses d'ail
2 c. à thé de moutarde sèche
1 c. à thé de sarriette
sel et poivre
1 couenne de porc

Chauffer le four à 325° F (165° C). Trancher finement les gousses d'ail et en piquer la viande. Mélanger la moutarde et la sarriette et en frotter le rôti. Mettre dans un chaudron de fonte. Placer la couenne autour du rôti ; saler et poivrer. Passer au four et cuire à découvert, 45 minutes par livre, à 325° F (165° C).

C'est une excellente recette pour réussir la graisse de rôti dont vous trouverez la recette au chapitre des charcuteries.

LE SALOIS

LE SALOIS

Du temps des premiers colons jusqu'à nos jours, la principale méthode de conservation des aliments fut le salage. Les premiers navires du Roy transportaient déjà du sel, et rarement l'on faillit à inscrire la précieuse denrée en tête de cargaison. Comme passe le temps, ce fut coutume transmise de mettre la plus grande partie des porcs de boucherie en salois.

Quant aux jambons, ils étaient marinés, puis fumés, ainsi que certaines parties du bœuf.

Les Indiens pratiquaient le braisage, et, curieusement, on a peine à retrouver l'indication que nos aïeux faisaient de même. Bien sûr, ils ne devaient pas ignorer le procédé, et peut-être le pratiquaient-ils plus qu'on ne peut le déceler aujourd'hui. Mais ce qui est resté semble le fumoir et le «salois», comme l'on disait alors.

Le braisage consistait à brûler carrément la surface d'un gros quartier de bœuf ou de gibier, jusqu'à le carboniser. Cela scellait tout passage d'air ambiant, et la viande se conservait pendant des mois.

Quant au fumoir, il était un abri souvent rudimentaire, dans lequel se trouvait un foyer où l'on brûlait du bois dont le choix était déterminé par la sorte de fumée qu'il dégageait en se consumant, sa quantité, sa saveur spéciale, sa persistance dans la chair de l'animal. Les pièces à conserver étaient accrochées aux poutres du toit, et l'on ne fumait jamais la nuit, de crainte d'incendie.

Il fallait au moins cinq jours, et jusqu'à quinze et plus selon la nature et le volume de la pièce à fumer. La viande rouge était longue à parfaire ; le poisson, par contre, se faisait rapidement.

L'on se mit à fumer outre le jambon, dans le porc, lorsque la conquête anglaise amena lentement le goût du bacon, qui était la panse fumée de la bête. Mais l'infiltration fut lente, et même au début du siècle on ne comptait que peu d'«habitants» qui fumaient la panse, hormis qu'ils aient, voisins ou clients anglais.

Ni pour le braisage ni pour le salage y a-t-il abondance de recettes. Il y a par contre, avant l'accrochage, nombre de procédés de marinage, qui sont conseillés pour tout ce qui va au fumoir.

Et cela s'appliquait au bœuf, au jambon, à la panse de porc, au soc, etc. Quant au poisson, le mariner est plus rare, mais ce n'est pas une méthode inconnue. Cela dépend beaucoup des variétés fumées. Le saumon, par exemple, s'attend à être mariné. Et la perche de mer ne le serait pas.

La conservation de la viande, en notre bout de Canada, tenait compte des hivers québécois, certes, mais songeait au dégel, aux printemps hâtifs, et se faisait pour pallier les imprévus, surtout dans les grosses familles, la règle plutôt que l'exception.

Pour fumer le jambon

100 lb de jambon
4 pintes de sel
1/2 lb de salpêtre ou de moutarde sèche
1 pinte de mélasse

Mélanger le sel, le salpêtre ou la moutarde et la mélasse. Frotter les jambons de ce mélange et déposer dans un baril. Verser le reste du mélange sur les jambons et laisser reposer 10 jours. Retourner et laisser reposer 20 jours. Envelopper les jambons dans du coton à fromage ; pendre et «boucaner» 15 jours.

Pour saler le porc

Couper la panse du porc en gros morceaux. Couvrir de gros sel le fond d'une grosse jarre de grès. Tasser un rang de panse et couvrir de gros sel. Répéter jusqu'à épuisement des ingrédients ; terminer par un rang de gros sel. Couvrir d'eau froide.

Saucisson de Bologne cuit et fumé

Incorporez bien et laissez bouillir douze heures : 5 lb de boeuf et 1 1/4 lb de porc finement hachés, 2 c. à thé de clous de girofle moulus, 1 c. à thé de macis en poudre, 1 1/4 once de poivre noir moulu, et du sel au goût. Ensachez dans un coton de huit ou dix pouces de long. Laissez de quatre à cinq jours dans une marinade à jambon, puis fumez pendant sept jours, et pendez dans un endroit sombre.

LE JAMBON

Bouilli de jambon et de légumes

½ jambon dans le jarret
2 gousses d'ail écrasées
5 grains de poivre
½ c. à thé de graines de céleri
3 clous de girofle entiers
10 petites pommes de terre
10 petites carottes
10 petits oignons
1 petit chou, coupé en six
sel au goût

Mettre le jambon dans une grande marmite ; ajouter l'ail, le poivre, la graine de céleri et les clous de girofle. Couvrir d'eau froide. Couvrir et frémir 4 heures. Ajouter les légumes 1 heure avant la fin de la cuisson.

Jambon à la bière

1 jambon de 10 lb
6 tasses d'eau
10 tasses de bière
2 carottes coupées en morceaux grossiers
4 oignons coupés en deux
2 gousses d'ail écrasées
2 feuilles de laurier
1 c. à thé de graines de céleri
10 grains de poivre
1 c. à soupe de graines de moutarde
1½ tasse de mélasse
4 clous de girofle entiers

Mettre tous les ingrédients dans une grande marmite, couvrir et frémir 5 heures. Laisser le jambon tiédir dans son bouillon. Retirer. Garnir de persil haché.

Jambon au grain

1 jambon de 10 lb
2 poignées de foin (vous lisez bien)
2 tasses de grains mélangés (avoine, maïs, orge)
10 tasses de bière
6 tasses d'eau
1½ tasse de mélasse
1 c. à soupe comble d'épices à marinades
10 grains de poivre
3 gousses d'ail écrasées
6 clous de girofle entiers

Couvrir de foin le fond d'une grande marmite et ajouter le grain mélangé. Ajouter le jambon et tous les autres ingrédients ; couvrir et frémir 5 heures. Laisser le jambon tiédir dans son bouillon. Retirer et servir.

Jambon bouilli

2 pintes d'eau
8 tasses de jus de pomme
2 carottes coupées en morceaux grossiers
4 oignons coupés en deux
2 gousses d'ail écrasées
2 branches de céleri
10 grains de poivre
1 c. à soupe de graines de moutarde
1 tasse de mélasse
8 clous de girofle entiers
1 jambon de 10 lb

Mettre tous les ingrédients, sauf le jambon, dans un chaudron à soupe et mijoter 30 minutes. Ajouter le jambon, couvrir et frémir 5 heures. Laisser le jambon tiédir dans son bouillon. Retirer. Garnir de persil haché.

Jambon de la cabane à sucre

1 jambon de 10 lb
12 tasses d'eau d'érable
2 tasses de raisins secs
2 tasses de sucre d'érable râpé
1 c. à thé de moutarde sèche
1/2 c. à thé de muscade
10 clous de girofle entiers

Chauffer l'eau d'érable dans une grande marmite ; y déposer le jambon. Couvrir et frémir au moins 3 heures. Laisser le jambon tiédir dans son bouillon. Réserver 1 tasse de bouillon. Retirer le jambon et enlever la couenne. Piquer de clous de girofle entiers. Mélanger le sucre d'érable, la moutarde et la muscade et en couvrir le gras du jambon. Déposer le jambon dans une lèche-frite ; ajouter les raisins secs et 1 tasse de bouillon. Cuire au four, 1 heure, à 300° F (150° C). Pour utiliser le jus de cuisson en sauce, ajouter un peu de farine grillée, délayée dans autant d'eau.

Jambon en croûte

1 jambon de 8 à 10 lb, bouilli
6 tasses de farine
1/4 tasse de graisse végétale
1/2 tasse de beurre
1 1/2 c. à thé de sel
1/4 c. à thé de sucre
1 c. à soupe d'oignon émincé
1 c. à thé de cannelle
1/2 c. à thé de thym
2 œufs
2/3 tasse d'eau froide

Faire bouillir un jambon selon votre recette préférée ; le laisser tiédir dans son bouillon. Retirer et enlever la couenne. Laisser refroidir. Mettre dans un bol la farine, la graisse végétale, le beurre, le sel, le sucre, l'oignon, la cannelle et le thym. Mélanger du bout des doigts jusqu'à consistance de grumeaux. Battre ensemble les œufs et l'eau froide ; ajouter. Bien mélanger et mettre la pâte en boule. Envelopper et réfrigérer 3 heures. Rouler la pâte et étendre dans le fond de la rôtissoire. Placer le jambon dessus et le recouvrir de pâte. Battre 1 jaune d'œuf avec 1 c. à thé d'eau froide ; utiliser pour sceller la pâte ; en badigeonner le dessus du pâté. Cuire au four, à découvert, à 375° F (190° C), jusqu'à ce que la pâte soit bien dorée. Refroidir complètement à la température de la pièce avant de réfrigérer.

Jambon glacé Richelieu

1 jambon bouilli
1 tasse de gelée de pommes
1/4 de tasse de sirop d'érable
1 tasse de chapelure
clous de girofle entiers

Chauffer le four à 300° F (150° C). Faire bouillir le jambon selon votre recette préférée ; le laisser tiédir dans son bouillon. Retirer et enlever la couenne. Piquer de clous de girofle. Mélanger la gelée de pommes et le sirop d'érable ; en badigeonner le jambon. Saupoudrer de chapelure et cuire au four, à découvert, à 300° F (150° C), 1 heure.

Jambon glacé traditionnel

1 jambon bouilli
1 **tasse de cassonade**
4 c. à soupe de mélasse
1 **tasse de chapelure**
6 clous de girofle entiers

Chauffer le four à 300° F (150° C). Faire bouillir le jambon selon votre recette préférée ; le laisser tiédir dans son bouillon. Retirer et enlever la couenne. Piquer de clous de girofle. Mélanger la cassonade et la mélasse ; en badigeonner le jambon. Saupoudrer de chapelure et cuire au four à découvert, à 300° F (150° C), 1 heure.

LES VOLAILLES

Le poulet

Bouilli de poule

1 poule de 5 à 6 lb
1/2 c. à thé de muscade
3 c. à thé de jus de citron
sel et poivre
1/2 c. à thé de thym
1 gousse d'ail écrasée
2 oignons hachés
1 1/2 lb de lard salé, entrelardé
1 c. à thé de sarriette
1 feuille de laurier
1/2 tasse de céleri coupé en dés
1 pincée de clous de girofle moulus
1 chou moyen coupé en morceaux
15 petites carottes entières
15 petits oignons entiers
15 pommes de terre nouvelles
1 lb de haricots frais
persil et ciboulette hachés

Nettoyer la poule et la débarrasser de son gras. Saler et poivrer l'intérieur ; saupoudrer de thym et y placer la gousse d'ail. Ficeler la poule et lui frotter la peau avec le jus de citron et la muscade. Fondre le gras de poule dans une casserole épaisse et y faire dorer la poule. Ajouter les oignons hachés et les faire dorer. Ajouter le lard salé, la sarriette, le laurier, le céleri et le clou de girofle ; couvrir d'eau. Mijoter à couvert, 2 heures. Ajouter les légumes ; vous aurez attaché les haricots en petits paquets avec du gros fil ou de la corde de boucher. Mijoter 1 heure. Garnir de persil et de ciboulette hachés.

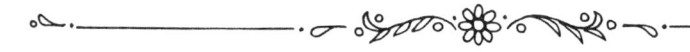

Fricassée de poule aux «grands-pères»

1 poule de 4 à 5 lb
2 c. à soupe de graisse de rôti ou de beurre
8 tasses d'eau chaude
sel et poivre
1 carotte, coupée en dés
1 oignon haché
1 feuille de laurier
2 clous de girofle
1/2 c. à thé de thym
1 gousse d'ail écrasée
persil haché

Couper la poule en portions individuelles. Fondre le gras dans une casserole et faire dorer la volaille. Ajouter l'eau et tous les autres ingrédients. Mijoter au moins deux heures. Préparer une recette de grands-pères*. Verser la pâte par cuillerées dans le bouillon chaud. Couvrir et mijoter 15 minutes. Garnir de persil.

* Vous référer à la table des matières pour la recette des « grands-pères ».

Fricassée de poulet à la sauce blanche

2 poulets en morceaux
farine pour enrober
1 gros oignon haché
1 c. à thé de persil haché
sel et poivre au goût
4 c. à soupe de gras
2 tasses d'eau
2 jaunes d'œufs
½ tasse de crème douce

Couper les poulets en morceaux et les enfariner. Fondre le gras et faire revenir jusqu'à ce qu'ils soient bien dorés. Ajouter le sel, le poivre, l'oignon et le persil. Ajouter l'eau et mijoter 45 minutes. Battre les jaunes d'œufs dans la crème et ajouter au moment de retirer du feu en brassant constamment.

Poulet bonne femme

1 poulet de 2 à 4 lb
3 onces de lard salé, coupé en dés
20 petits oignons blancs
½ c. à thé de thym
¼ c. à thé de sauge
20 petites pommes de terre nouvelles
persil et ciboulette hachés
sel et poivre

Nettoyer le poulet et le ficeler. Fondre le lard salé dans une casserole et dorer le poulet dans le gras fondu. Ajouter les oignons, le thym et la sauge. Saler et poivrer. Couvrir et cuire au four à 400° F (205° C), 30 minutes. Ajouter alors les pommes de terre nouvelles. Couvrir et cuire encore 30 minutes au moins. Garnir de persil et de ciboulette.

Poule bouillie

1 poule de 4 à 6 lb
6 tasses d'eau
6 onces de lard salé, coupé en dés
1 gros oignon émincé
1 c. à soupe de sel
10 grains de poivre
½ c. à thé de sarriette
¼ c. à thé de thym
1 feuille de laurier
2 gousses d'ail

Nettoyer et ficeler la poule. Fondre le lard salé dans une marmite ; y faire dorer la poule. Ajouter l'oignon et le faire dorer. Ajouter le sel, le poivre, la sarriette, le thym, le laurier et l'ail. Verser l'eau. Couvrir et mijoter au moins 2 heures. Laisser tiédir dans son bouillon.

Poulet à l'avoine

1 poulet de 3 lb
1 tasse d'avoine entière
2 carottes râpées
2 oignons émincés
eau chaude
1 feuille de laurier
1 gousse d'ail
1/2 c. à thé de sarriette
1/2 c. à thé de moutarde sèche
sel et poivre
3 c. à soupe de sauce Worcestershire
1/2 tasse de beurre fondu
1/2 c. à thé de basilic

Tremper l'avoine à l'eau froide pendant toute une nuit et rincer à l'eau courante avant de l'employer. Mettre le cou et les abats du poulet dans une casserole. Ajouter les carottes, les oignons, le laurier, l'ail, la sarriette et la moutarde sèche. Couvrir d'eau. Saler et poivrer. Mijoter 1 heure. Couler le bouillon et réserver. Couper le poulet en portions individuelles. Enduire chaque portion de sauce Worcestershire et faire dorer dans le beurre fondu. Déposer le poulet dans une lèchefrite. Ajouter 3 tasses de bouillon coulé, le basilic et la tasse d'avoine entière. Couvrir et porter au four. Cuire 1 heure, à 350° F (175° C).

Poule aux choux

1 poule de 5 lb
farine
1/2 lb de lard salé, coupé en dés
2 petits choux verts
6 oignons moyens coupés en tranches minces
1 c. à soupe de sucre
1/4 c. à thé de poivre
1/2 c. à thé de thym
1 pincée d'anis
1 tasse d'eau

Couper la poule en portions individuelles. Fondre le lard salé dans une casserole épaisse. Enfariner les morceaux de poule et les faire dorer dans le lard fondu. Retirer les morceaux de poule. Hacher grossièrement les choux et les jeter dans le gras de lard. Ajouter les oignons et cuire 15 minutes. Remuer souvent. Faire un nid dans le chou et les oignons et y placer les morceaux de poule. Ajouter le sucre, le poivre, le thym, l'anis et l'eau. Couvrir la casserole et cuire à feu très lent, 2 heures. Saler au goût.

Poulet au miel

1 poulet de 3 lb
1/4 tasse de miel
1/4 tasse de beurre
2 c. à soupe d'oignon émincé
1 c. à thé de thym
1 c. à soupe de sauce Worcestershire
sel et poivre

Chauffer le four à 350° F (175° C). Chauffer le miel et le beurre. Ajouter l'oignon émincé, le thym et la sauce. Couper le poulet en deux. Déposer le poulet dans un plat allant au four, côté peau sur le fond. Verser 1 c. à soupe de miel fondu sur chaque morceau de poulet. Couvrir et porter au four ; cuire 40 minutes, à 350° F (175° C). Découvrir et retourner le poulet. Verser le reste du miel fondu sur le poulet et cuire au moins 30 minutes. Saler et poivrer.

Poulet aux oignons

1 poulet de 5 à 6 lb
1/2 c. à thé de sarriette
1/2 c. à thé de gingembre moulu
1 pincée de macis
sel et poivre
6 oignons coupés en deux et tranchés
1/2 tasse de persil haché
1 tasse d'eau

Chauffer le four à 300° F (150° C). Couper le poulet en portions individuelles. Mélanger le sel, le poivre, le macis, le gingembre et la sarriette ; y rouler les morceaux de volaille. Déposer la moitié des oignons dans un plat à gratin. Coucher les morceaux de poulet sur les oignons. Ajouter le reste des oignons, l'eau et le persil. Couvrir et cuire au four 2 heures à 300° F (150° C).

Poulet à l'orge

1 poulet de 3 lb
1 tasse d'orge
3 carottes coupées en morceaux grossiers
3 pommes de terre coupées en morceaux grossiers
2 oignons hachés
1 feuille de laurier
1/2 c. à thé de thym
1 c. à thé de sauce Worcestershire
sel et poivre

1/2 tasse de pois verts en conserve

Couper le poulet en portions individuelles et les mettre dans une casserole. Ajouter les oignons, le laurier, le thym et la sauce Worcestershire. Saler et poivrer. Couvrir d'eau et mijoter 1 heure. Ajouter les légumes et mijoter 40 minutes. Ajouter les pois verts à la fin de la cuisson.

Poule au pot

1 poule de 4 à 5 lb
2 tasses de mie de pain
4 onces de jambon, coupé en dés
1 gousse d'ail, écrasée et émincée
2 œufs
½ c. à thé d'estragon
¼ c. à thé de thym
sel et poivre
8 tasses d'eau
1 feuille de laurier
8 onces de lard salé
½ c. à thé de thym
¼ c. à thé de poivre
1 navet coupé en morceaux grossiers
4 carottes coupées en morceaux grossiers
6 petits oignons entiers
1 petit chou coupé en quatre

Passer le foie, le cœur et le gésier de la poule au hachoir. Ajouter la mie de pain, le jambon, l'ail, les œufs, l'estragon et le thym. Saler et poivrer. Bien incorporer. Farcir la volaille de ce mélange et la ficeler. Déposer dans une casserole. Couper le lard salé en cubes et l'ajouter en même temps que l'eau, le laurier, le thym et le poivre. Couvrir et mijoter 2 heures. Ajouter les légumes et mijoter encore 1 heure. Garnir de persil.

Poulet rôti

1 poulet de 5 à 6 lb
3 c. à soupe de beurre
1 c. à soupe de moutarde sèche
2 petits oignons, coupés en deux
½ c. à thé de sarriette
¼ c. à thé de thym
1 gousse d'ail (facultatif)
sel et poivre

Nettoyer le poulet. Saler et poivrer l'intérieur ; y mettre les oignons, la sarriette, le thym et l'ail. Ficeler et porter dans une lèchefrite. Mélanger le beurre et la moutarde sèche ; en badigeonner le poulet. Rôtir au four, à 375° F (190° C), 3 heures.

Poulet rôti en cage

1 poulet de 4 lb
2 c. à soupe de beurre fondu
1 oignon entier
sel et poivre
½ c. à thé de thym
1 sac de papier brun

Chauffer le four à 350° F (175° C). Nettoyer le poulet. Saler et poivrer l'intérieur. Y mettre l'oignon entier et le thym. Ficeler. Badigeonner de beurre fondu l'extérieur de la volaille. Saler et poivrer au goût. Placer la volaille dans un sac de papier brun solide. Fermer et ficeler le sac. Placer sur une tôle ou dans une lèchefrite basse. Cuire ainsi au four 1½ heure, à 350° F (175° C).

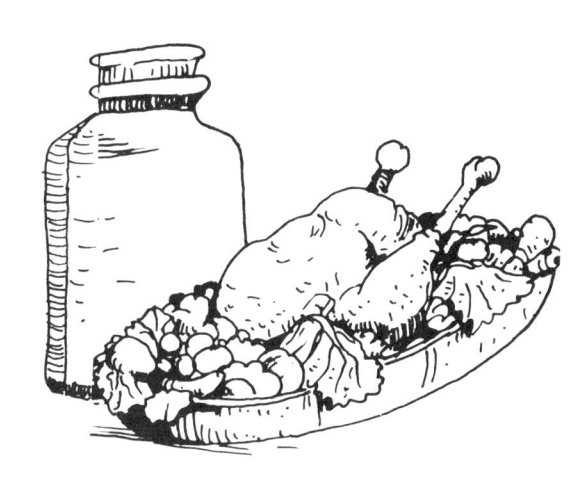

Poulet rôti farci

1 poulet de 5 à 6 lb
3 oignons
1 gousse d'ail émincée
4 c. à soupe de beurre fondu
4 tasses de pommes de terre en purée
1 c. à thé de persil haché
½ c. à thé de sarriette
½ c. à thé de sauge
sel et poivre au goût
3 c. à soupe de beurre
1 c. à soupe de moutarde sèche

Passer ensemble au hachoir les oignons, l'ail, le cœur, le gésier et le foie de poulet ; les faire revenir quelques minutes dans le beurre fondu. Ajouter aux pommes de terre en purée, en même temps que le persil, la sarriette et la sauge. Saler et poivrer au goût. Farcir le poulet de ce mélange et le ficeler. Porter dans une lèchefrite. Mélanger le beurre et la moutarde sèche ; en badigeonner le poulet. Rôtir au four, à 375° F (190° C), 3 heures.

Ragoût de poule et de boulettes

1 poule de 5 lb
4 c. à soupe de graisse de rôti ou de beurre
2 oignons hachés
8 tasses d'eau
sel et poivre
1 feuille de laurier
½ c. à thé de sarriette
1 pincée d'anis
1½ lb de porc haché
1 oignon haché
1 gousse d'ail écrasée et émincée
½ c. à thé de sarriette
¼ c. à thé de thym
¼ c. à thé de clous de girofle moulus
1 œuf battu
sel et poivre
2 c. à soupe de graisse de rôti ou de beurre
farine grillée

Couper la poule en portions individuelles. Fondre le gras dans une casserole épaisse et y faire dorer les morceaux de volaille. Ajouter l'oignon ; le faire revenir. Ajouter l'eau, le sel, le poivre, le laurier, la sarriette et l'anis. Mijoter 2 heures. Mélanger ensemble le porc haché, l'oignon, l'ail, la sarriette, le thym, le clou, l'œuf, le sel et le poivre et former en boulettes. Fondre le gras ; enfariner les boulettes et les faire dorer. Retirer la volaille de son bouillon et y jeter les boulettes. Mijoter 30 minutes. Désosser la volaille et remettre dans le bouillon. Épaissir en ajoutant un peu de farine grillée, délayée dans autant d'eau froide.

La dinde

Dinde rôtie

1 dinde de 8 à 15 lb
1/2 tasse de beurre mou
2 oignons entiers
1/2 c. à thé de thym
sel et poivre
1 branche de sarriette
1 feuille de laurier

Chauffer le four à 325° F (165° C). Laver l'intérieur et l'extérieur de la dinde avec un linge imbibé d'eau vinaigrée. Si vous ne deviez pas farcir la dinde ou si vous préférez cuire la farce en lèchefrite, saler et poivrer l'intérieur. Y placer 2 oignons, 1 branche de sarriette et 1 feuille de laurier. Fermer l'ouverture et brider. Frotter la dinde avec du beurre mou et saupoudrer de thym. Saler et poivrer. Recouvrir les cuisses de papier brun huilé. Mettre dans une lèchefrite. Cuire au four à découvert, sans ajouter d'eau, à peu près 4 1/2 heures, à 325° F (165° C). Si la volaille brunit trop vite, recouvrir de papier brun huilé.

Dinde rôtie en cage

1 dinde de 8 à 15 lb
1 gousse d'ail
1 demi-citron
2 oignons entiers
sel et poivre
1 branche de thym
1 feuille de laurier
4 c. à soupe de beurre fondu
2 c. à soupe de farine
1 c. à soupe de moutarde sèche

Chauffer le four à 375° F (190° C). Laver l'intérieur et l'extérieur de la dinde avec un linge imbibé d'eau vinaigrée. Saler et poivrer l'intérieur ; y placer les oignons, le thym et le laurier. Fermer l'ouverture et brider. Frotter la dinde avec la gousse d'ail et la moitié de citron. Mélanger le beurre, la farine et la moutarde ; en badigeonner la dinde. Glisser la dinde dans 2 gros sacs de papier brun. Fermer et attacher les sacs. Mettre dans une lèchefrite. Cuire au four à 375° F (190° C), en comptant 25 minutes par livre de volaille.

Farce aux cretons

1 lb de cretons ou de viande de saucisse
4 pommes de terre coupées en dés
2 carottes coupées en dés
1/2 tasse de céleri émincé
1/2 c. à thé de muscade
1/2 c. à thé de gingembre
1 pincée de clous de girofle moulus
1 gousse d'ail émincée
1 oignon émincé
1 c. à thé de sarriette
sel et poivre

Blanchir les carottes et les pommes de terre quelques minutes dans l'eau salée. Égoutter et laisser tiédir. Mélanger avec tous les autres ingrédients. Utiliser pour farcir une volaille ou mettre dans une lèchefrite graissée. Parsemer de dés de lard salé. Cuire au four à découvert, 1 heure, à 350° F (175° C).

* On pétrit une farce à la main ; c'est la seule façon d'obtenir un mélange parfait.

Farce au jambon

abats de volaille
1 lb de jambon cru
4 œufs
1 gros oignon émincé
1 gousse d'ail émincée
1/4 tasse de persil émincé
1 c. à thé d'estragon
1/2 c. à thé de muscade
1/4 c. à thé de moutarde sèche
sel et poivre
6 tasses de mie de pain
1/2 tasse de crème chaude

Passer les abats de volaille et le jambon au hachoir. Verser la crème chaude sur la mie de pain ; laisser imbiber quelques minutes. Mélanger l'oignon, l'ail, le persil, l'estragon, la muscade et la moutarde. Ajouter les viandes, les œufs et la mie de pain imbibée de crème. Bien mélanger. Utiliser pour farcir une volaille ou mettre dans une lèchefrite graissée. Parsemer de dés de lard salé. Cuire au four à découvert, 1 heure, à 350° F (175° C).

Farce aux oignons

1 tasse de beurre fondu
1 c. à soupe de sarriette
½ c. à thé de sauge
½ tasse de persil haché
1 tasse de céleri haché
3 tasses d'oignon haché
10 tasses de pain rassis, coupé en dés
sel et poivre

Ajouter au beurre fondu la sarriette, la sauge, le persil, le céleri et les oignons. Faire revenir quelques minutes en brassant bien. Verser sur le pain. Saler et poivrer. Bien mélanger. Utiliser pour farcir une volaille ou mettre dans une lèchefrite graissée. Parsemer de dés de lard salé. Cuire au four à découvert, 1 heure à 350° F (175° C).

Farce aux pommes

2 œufs
4 tasses de pommes en dés
4 tasses de pain rassis, coupé en dés
2 tasses de raisins secs
½ c. à thé de muscade
¼ c. à thé de clous de girofle moulus
3 tasses d'eau chaude
sel et poivre

Mélanger ensemble les pommes, les raisins secs, le pain, la muscade, le clou et l'eau. Battre les œufs et incorporer. Saler et poivrer. Bien mélanger. Utiliser pour farcir une volaille ou mettre dans une lèchefrite graissée. Parsemer de dés de lard salé. Cuire au four, à découvert, 1 heure, à 350° F (175° C).

Farce aux pommes de terre

2 oignons émincés
½ tasse de céleri émincé
¼ tasse de beurre
2 œufs battus
2 tasses de lait
4 tasses de pain rassis, coupés en dés
2 tasses de pommes de terre en purée
1 c. à soupe de sarriette
sel et poivre

Fondre le beurre, ajouter l'oignon et le céleri, faire revenir. Réserver. Battre les œufs et ajouter le lait. Verser sur le pain rassis. Ajouter les pommes de terre, l'oignon, le céleri et la sarriette. Saler et poivrer. Bien mélanger. Utiliser pour farcir une volaille ou mettre dans une lèchefrite graissée. Parsemer de dés de lard salé. Cuire au four, à découvert, 1 heure, à 350° F (175° C).

L'oie

L'oie rôtie à la canadienne

1 oie domestique
4 oignons hachés
1 c. à soupe de beurre
1 tasse de chapelure
2 c. à soupe de persil
2 c. à soupe de sauge
sel et poivre
2 tasses de jus de pommes
2 c. à soupe de miel
1/2 c. à thé de gingembre

Faire revenir les oignons dans le beurre fondu. Les ajouter à la chapelure, au persil et à la sauge. Saler et poivrer. Bien incorporer. En farcir l'oie. Ficeler et brider. Embrocher l'oie et rôtir en comptant 20 minutes par livre. Arroser souvent de jus de pommes additionné de miel et de gingembre.

L'oie aux marrons

1 oie domestique
2 lb de marrons
1 pinte de bouillon
1 gousse d'ail écrasée et émincée
½ c. à thé de sucre
½ lb de veau haché
½ lb de porc haché
4 onces de lard salé, coupé en dés fins
1 c. à thé de sauge
1 pincée de gingembre
jus de pommes ou cidre

Fendre l'écorce de la partie pointue du marron avec un couteau. Placer les marrons dans une assiette à tarte avec ½ tasse d'eau. Cuire au four, à 500° F (260° C), 10 minutes. Éplucher les marrons. Les placer dans le bouillon avec la gousse d'ail et le sucre. Mijoter 30 minutes et retirer du bouillon. Laisser tiédir et couper en morceaux. Hacher fin le foie de l'oie. Mélanger le veau, le porc et le lard salé. Ajouter le foie d'oie. Incorporer aux marrons. Ajouter la sauge et le gingembre. Saler et poivrer. Bien mélanger. En farcir l'oie, ficeler et brider. Mettre dans une rôtissoire et arroser d'un peu d'eau. Couvrir et rôtir au four à 350° F (175° C), 30 minutes par livre. Dégraisser tout au long de la cuisson. Découvrir la rôtissoire pendant la dernière heure de cuisson et arroser souvent de jus de pommes ou de cidre.

L'oie rôtie

1 oie domestique
sel et poivre
5 petites pommes entières
3 petites prunes entières
½ tasse de raisins secs
1 branche de thym
½ c. à thé de sauge
¼ c. à thé de gingembre
jus de pommes ou cidre

Laver l'intérieur et l'extérieur de l'oie avec un linge imbibé d'eau vinaigrée. Farcir avec la farce de votre choix ou saler et poivrer l'intérieur. Y placer les pommes, les prunes, les raisins secs, le thym, la sauge et le gingembre. Fermer l'ouverture et brider. Mettre dans une rôtissoire et arroser d'un peu d'eau. Couvrir et rôtir au four à 350° F (175° C), 30 minutes par livre. Dégraisser tout au long de la cuisson. Découvrir la rôtissoire pendant la dernière heure de cuisson et arroser souvent de jus de pommes ou de cidre.

Le canard

Canard au chou rouge

1 canard domestique
3 tasses de cidre
1 chou rouge haché
2 oignons hachés
3 pommes râpées
1 c. à thé de sarriette
1/2 c. à thé de clous de girofle moulus
1/2 c. à thé de cannelle
1/4 c. à thé de gingembre
bardes de lard ou tranches de lard salé
sel et poivre

Chauffer le four à 350° F (175° C). Laver l'intérieur et l'extérieur du canard avec un linge imbibé d'eau vinaigrée. Mettre le canard dans un grand bol ; arroser de cidre et laisser reposer 12 heures au frais. Couvrir de bardes de lard le fond d'un chaudron de fonte. Mélanger tous les autres ingrédients. En farcir le canard. Il en restera. Ficeler et brider. Placer le reste de la farce sur les barbes de lard ; y déposer le canard. Arroser de cidre. Couvrir et porter au four. Cuire 1 1/2 heure à 350° F (175° C). Découvrir et cuire encore 30 minutes.

Canard aux navets

1 canard domestique
sel et poivre
1 gousse d'ail
1 c. à thé de sauge
4 c. à soupe de beurre
4 tasses de navets en morceaux grossiers
1 c. à soupe de farine grillée
1 pinte de bouillon
1 feuille de laurier
1/2 c. à thé de basilic
persil haché

Laver l'intérieur et l'extérieur du canard avec un linge imbibé d'eau vinaigrée. Saler et poivrer l'intérieur. Saupoudrer de sauge. Placer la gousse d'ail et ficeler. Fondre le beurre dans une casserole ; y faire revenir le canard et les navets. Retirer du gras. Ajouter la farine et mélanger. Ajouter le bouillon et le canard, le laurier et le basilic. Mijoter 1 heure. Ajouter les navets et mijoter 30 minutes. Épaissir la sauce avec un peu de farine, délayée dans autant d'eau. Garnir de persil.

Canard rôti

1 canard domestique
3 pommes pelées coupées en quatre
1 c. à thé de moutarde sèche
1/2 c. à thé de cannelle
1/4 c. à thé de clous de girofle moulus
1/4 c. à thé de muscade
sel et poivre
bardes de lard
1 tasse de jus de pommes
1 oignon coupé en deux

Laver l'intérieur et l'extérieur du canard avec un linge imbibé d'eau vinaigrée. Saler et poivrer l'intérieur du canard. Mélanger la moutarde sèche, la cannelle, le clou de girofle et la muscade ; y rouler les quartiers de pommes. En farcir le canard ; ficeler. Barder la poitrine du canard et brider. Placer dans une lèchefrite. Ajouter l'oignon et le jus de pommes. Saler et poivrer. Cuire au four, à découvert, à 375° F (190° C), en comptant 45 minutes par livre. Arroser souvent.

Le pigeon

Pigeons à la broche

6 pigeons
12 feuilles de vigne
ou
12 feuilles de chou
bardes de lard salé
sel et poivre

Nettoyer les pigeons à l'eau additionnée de vinaigre. Saler et poivrer l'intérieur. Brider les pigeons en leur laissant les pattes sur le long. Envelopper chaque pigeon de deux feuilles de vigne ou de deux feuilles de chou. Barder, ficeler et embrocher. Cuire 45 minutes.

Pigeons à la canadienne

6 pigeons
bardes de lard
3 c. à soupe de saindoux
1 c. à soupe d'herbes salées
2 gousses d'ail
8 tasses de bouillon

Nettoyer les pigeons à l'eau additionnée de vinaigre. Barder et brider les pigeons. Porter le bouillon à ébullition dans une bonne casserole. Y jeter les pigeons et bouillir 10 minutes. Retirer les pigeons. Saler et poivrer. Fondre le saindoux ; y faire revenir les pigeons jusqu'à ce qu'ils soient bien dorés. Porter les pigeons dans le bouillon. Ajouter l'ail et les herbes salées. Mijoter 1 1/2 heure.

Pigeons en compote

6 pigeons
sel et poivre
4 c. à soupe de beurre
1/2 lb de lard salé, coupé en dés
2 c. à soupe de farine
6 tasses de bouillon
2 gousses d'ail
2 oignons hachés
1 feuille de laurier
1 c. à thé de basilic
1/4 c. à thé de clous de girofle moulus
sel et poivre

Nettoyer les pigeons à l'eau additionnée de vinaigre. Saler et poivrer l'intérieur ; y remettre le foie. Fondre le beurre dans une casserole ; y faire revenir les pigeons. Ajouter le lard salé en dés et le faire dorer. Retirer le lard et les pigeons. Ajouter la farine au gras ; mélanger et faire roussir. Ajouter le bouillon, les pigeons et le lard. Ajouter l'ail, les oignons, le laurier, le basilic et les clous de girofle. Mijoter 1 1/2 heure. Saler et poivrer. Épaissir la sauce avec un peu de farine grillée, délayée dans autant d'eau.

Pigeons aux petits pois

6 pigeons
1/2 lb de lard salé, coupé en dés
12 petits oignons entiers
1 c. à soupe de farine
4 tasses de bouillon
1 c. à thé de thym
1/4 c. à thé de sauge
1 pincée de muscade
2 lb de pois verts frais

Nettoyer les pigeons à l'eau additionnée de vinaigre. Faire fondre le lard salé ; y faire revenir les pigeons et les oignons. Les retirer du gras. Ajouter la farine et le bouillon et porter à ébullition en brassant constamment. Ajouter les pigeons et les oignons en même temps que le thym, la sauge et la muscade. Couvrir et mijoter 30 minutes. Ajouter les pois verts frais, couvrir et mijoter 30 minutes. Saler et poivrer au goût. Égoutter le ragoût et réduire la sauce, à feu vif, en brassant sans arrêt.

LE LAPIN

Lapin farci

1 gros lapin
½ lb de lard salé ou de bacon
bouillon
sel et poivre
2 tasses de mie de pain
¼ tasse d'oignon émincé
¼ tasse de céleri émincé
1 tasse de bouillon
1 jaune d'œuf
3 c. à soupe de crème douce
1 c. à soupe de sarriette
¼ c. à thé de muscade
sel et poivre

Chauffer le four à 350° F (175° C). Mélanger la mie de pain, l'oignon, le céleri, le bouillon, le jaune d'œuf, la crème douce, la sarriette, la muscade, le sel et le poivre. Nettoyer le lapin, le farcir et le ficeler. Trancher finement le lard salé ; en recouvrir le fond d'une casserole et y déposer le lapin. Ajouter assez de bouillon pour couvrir le fond de la casserole. Cuire 2 heures dans un four préchauffé à 350° F (175° C). Arroser souvent.

Lapin à la moutarde

1 lapin
3 c. à soupe de moutarde préparée
3 c. à soupe de beurre
$1/2$ c. à thé d'estragon
$1/4$ c. à thé de marjolaine
1 tasse de bouillon
sel et poivre
$1/2$ tasse de crème

Découper le lapin en portions individuelles et badigeonner de moutarde préparée. Fondre le beurre dans une casserole ; y faire dorer la viande. Ajouter l'estragon, la marjolaine, le bouillon, le sel et le poivre. Couvrir et frémir au moins 1 heure. Ajouter la crème en fin de cuisson ; ne pas porter à ébullition.

Lapin aux oignons

1 lapin
$1/2$ lb de lard salé
6 oignons moyens entiers
2 gousses d'ail
1 pincée de sarriette
sel et poivre

Nettoyer le lapin et le découper en portions individuelles. Couper le lard salé en dés ; le faire fondre dans un chaudron épais. Ajouter le lapin, l'ail, les oignons et la sarriette. Couvrir et mijoter 2 heures. Retourner les morceaux de viande de temps à autre. Saler et poivrer en fin de cuisson.

Ragoût de lapin aux « grands-pères »

1 gros lapin
farine grillée
1 gros oignon émincé
3 c. à soupe de gras
1 pinte d'eau
6 carottes tranchées
6 pommes de terre coupées en dés
1 tasse de céleri émincé
1 feuille de laurier
1 c. à thé de sarriette
1/2 c. à thé de thym
sel et poivre
1 tasse de maïs en grains
1 tasse de haricots verts ou jaunes
1 tasse de pois verts en conserve

Découper le lapin en portions individuelles et les enfariner. Fondre le gras dans une grande casserole ; y faire revenir le lapin et l'oignon émincé. Ajouter l'eau, les carottes, les pommes de terre, le céleri, le laurier, la sarriette et le thym. Saler et poivrer au goût. Mijoter 2 heures. Ajouter les légumes en conserve et mijoter quelques minutes. Pour épaissir la sauce, ajouter un peu de farine délayée dans autant d'eau. Servir, au choix, avec des « grands-pères ».

* Vous référer à la table des matières pour la recette des « grands-pères ».

Terrine de lapin

1 lapin
1/2 lb de porc frais haché
4 onces de lard salé haché
1/2 tasse de mie de pain
1/4 tasse de lait
2 œufs battus
1/2 c. à thé de thym
1/2 c. à thé de sarriette
1/4 c. à thé de marjolaine
1/4 c. à thé de muscade
1/4 c. à thé de clous de girofle moulus
3 c. à soupe de persil
1/4 c. à thé de poivre
1 c. à thé de sel
2 c. à soupe d'eau de vie
4 feuilles de laurier
bardes de lard

Chauffer le four à 325° F (165° C). Nettoyer le lapin ; détacher la chair des os. Passer ensemble au hachoir le foie, le cœur, les rognons et la chair du lapin. Ajouter le porc frais haché et le lard salé haché ; bien mélanger. Mouiller de lait la mie de pain ; mélanger et ajouter aux viandes. Battre les œufs avec le thym, la sarriette, la marjolaine, la muscade, le clou de girofle, le persil, le sel et le poivre. Ajouter aux viandes ainsi que l'eau de vie. Mélanger parfaitement. Graisser une terrine à pâté et la tapisser de bardes de lard. Y verser le mélange et le tasser dans la terrine. Placer les feuilles de laurier sur le dessus du pâté. Couvrir d'un papier brun huilé, retenu sur les côtés par une ficelle. Déposer la terrine dans une lèchefrite d'eau chaude. Cuire 2 1/2 heures dans un four préchauffé à 325° F (165° C). Refroidir à la température de la pièce sans découvrir. Réfrigérer au moins 2 jours avant de servir.

LE GIBIER

Dès les premiers temps de la colonie, alors que les colons devenaient des défricheurs et seraient désormais, mais lentement et péniblement, des agriculteurs, il est évident que, pour se nourrir, ils eurent recours plus à l'abondant gibier des forêts canadiennes qu'aux bestiaux ou volatiles d'élevage.

Que la poule ait un jour supplanté la perdrix ou la bécasse, l'oie sauvage ou la tourte, a signifié que l'on avait enfin mis sur pied un élevage. Il en est de même pour le bœuf ou le porc, qui remplacèrent le chevreuil ou l'orignal.

Mais cette habitude du gibier, pour nécessaire qu'elle ait été, ne fut pas entièrement abandonnée quand on a pu élever les animaux domestiques.

On n'avait plus le temps de s'adonner à la chasse. Les tâches du colon qui fait de la terre sont harassantes. Les élevages suffisaient. Mais, il y avait quand même le dimanche, où une excursion au bois pouvait se solder par une bonne provision de gibier. Le goût de cette viande était déjà acquis, et la chasse représentait une sérieuse épargne des troupeaux domestiques en épanouissement.

Il y avait, ce fut dit, une abondance de gibier. Dès le début, l'on mangeait volontiers de l'ours, du chevreuil, de l'orignal, du lièvre, du castor, du porc-épic, du rat musqué et de l'écureuil.

Et n'oublions pas la perdrix, la bécasse, la caille sauvage, la poule sauvage, le dindon sauvage, le pigeon sauvage, l'étourneau, la tourte et la corneille.

J'en passe ici, c'est sûr, mais c'est que le gibier, quatrupède ou ailé, était d'une abondance et d'une diversité aujourd'hui bien diminuées.

Il a constitué, en tout cas et pour très longtemps, un des aliments d'appoint très importants au Québec.

Il ne faut donc pas se surprendre que notre peuple ait gardé, pour le gibier, une prédilection qui ressemble fort à un plaisant souvenir atavique.

D'autant plus que, dès l'époque de la Nouvelle-France, la chasse en ce pays était libre. Pour les colons français, c'était presque le miracle. En France, même encore aujourd'hui, la chasse n'est pas libre. Et elle est élitiste. En effet, seuls les riches, ou ceux qui ont accès aux réserves de chasse des riches peuvent se permettre le sport.

Autrefois, tout était aux nobles, et rien n'était laissé aux petits, aux paysans, aux manants, aux pauvres.

La forêt ici, était immense, sans limites, sans morcellements, du moins à l'époque, et les limitations ou territoires d'aujourd'hui sont encore presque des pays, comparés aux réserves, petits boisés, savanes ou forêts domaniales de l'Europe. On imaginerait mal qu'un simple citoyen de Paris puisse partir, fusil dans sa voiture, un dimanche après-midi, et s'en aller chasser.

À moins qu'il n'ait obtenu le privilège, qu'il détienne un coûteux permis, qu'il soit membre d'une association de chasse, ou alors qu'il soit l'invité du propriétaire privé d'un domaine de chasse.

Cela même, de se voir invité par un tel homme, et dans un tel endroit, n'est certes pas donné à un simple fonctionnaire ou même à un cadre inférieur.

Nous ne faisons que commencer à sentir des restrictions au Québec. Et encore elles sont mineures.

Tout citoyen peut, s'il le veut, aller tenter d'abattre son orignal ou son chevreuil. Rien ne l'en empêche. Rien ne l'a jamais réellement empêché depuis la découverte du Canada par Jacques Cartier.

Le gibier reste donc accessible à tous, il peut être sur n'importe quelle table, il plaît à presque tous. Voici quelques recettes, transmises de génération en génération, depuis fort longtemps au Québec.

Canard sauvage aux pommes

2 canards sauvages
sel et poivre
1 c. à thé de romarin
1 miche de pain ronde
4 tasses de pommes tranchées
1 c. à thé de cannelle
$1/4$ c. à thé de clous de girofle moulus
$1/4$ c. à thé de muscade
2 c. à soupe de cassonade ou de sucre d'érable
1 tasse de crème

Nettoyer les canards. Saler et poivrer. Saupoudrer de romarin. Déposer dans une lèchefrite et cuire au four, à découvert, $1^{1}/_{2}$ heure à 425° F (215° C). Piquer les cuisses des canards en cours de cuisson pour les dégraisser. Retirer les canards cuits de la lèchefrite et les découper en portions individuelles. Garder au chaud. Verser les pommes dans la graisse de cuisson, ainsi que la cannelle, le clou de girofle, la muscade et le sucre d'érable. Mijoter jusqu'à ce que les pommes soient tendres. Couper une tranche sur le dessus du pain et en retirer la mie. Mettre la moitié des pommes dans la croûte évidée ; y déposer les morceaux de canards et recouvrir de pommes. Chauffer la crème sans porter à ébullition et verser sur les pommes. Remettre la tranche de pain sur la miche ainsi fourrée et réchauffer au four à 325° F (165° C), 30 minutes.

Canard sauvage farci

1 canard sauvage
1 carotte
2 tasses de pommes de terre en purée
1 oignon émincé
abats émincés
1 c. à thé de sauge
sel et poivre
2 c. à soupe de gelée de gadelles ou de pommes

Le canard sauvage a tendance à goûter le poisson. Pour en éliminer le goût, le blanchir dix minutes en prenant soin d'ajouter une carotte pelée. Jeter l'eau et la carotte et laisser reposer le canard dans de l'eau fraîche au moins 30 minutes avant de l'apprêter. Bien mélanger les pommes de terre, l'oignon, les abats, la sauge, le sel et le poivre et en farcir le canard. Ficeler et brider. Cuire au four à découvert, à 350° F (175° C), au moins 1½ heure. Arroser souvent en cours de cuisson. Vers la fin de la cuisson, ajouter 2 c. à soupe de gelée de gadelles ou de pommes au fond de cuisson et en arroser le canard.

Civet de lièvre

1 lièvre
sel et poivre
1 feuille de laurier
1 c. à thé de thym
1 oignon émincé
1 carotte râpée
1 tasse de vin
¼ de tasse d'huile
1 pomme pelée
3 clous de girofle entiers
½ lb de lard salé
2 oignons hachés
2 gousses d'ail écrasées
2 c. à soupe de cassonade
farine
¼ tasse de crème

Nettoyer le lièvre et le découper en portions individuelles. Réserver le foie. Placer les morceaux de lièvre dans un grand bol ; saler et poivrer. Ajouter le laurier, le thym, l'oignon, la carotte, le vin, l'huile et la pomme piquée de clous de girofle. Mariner au frais, 12 heures. Couper le lard salé en dés et le faire fondre dans un chaudron épais. Ajouter les oignons et les faire dorer. Retirer les morceaux de lièvre de la marinade. Jeter la pomme. Éponger la viande et l'enfariner. Faire dorer complètement. Ajouter l'ail, la cassonade, la marinade et assez d'eau pour couvrir. Couvrir et mijoter 2 heures. Ajouter un peu d'eau au lièvre. Écraser le foie de lièvre dans la crème et incorporer au civet en fin de cuisson.

Lièvre à l'indienne

1 lièvre
sel et poivre
sapinage

Creuser un bon trou dans le sable. Placer des roches au fond et tout autour du trou. Faire un bon feu de bois sur les roches et le laisser réduire en braise. Préparer un lièvre et le nettoyer. Saler et poivrer et envelopper complètement de sapinage. Déposer sur la braise. Couvrir complètement de terre glaiseuse et laisser cuire ainsi 3 heures.

Lièvre farci

1 lièvre
bardes de lard
sel et poivre
1 c. à thé de sauge
1 c. à thé de moutarde sèche
farce de votre choix
3 oignons moyens entiers

Chauffer le four à 325° F (165° C). Nettoyer le lièvre. Saler et poivrer l'intérieur, farcir et ficeler. Mélanger la sauge et la moutarde ; en frotter toute la surface du lièvre. Couvrir de bardes de lard le fond d'une casserole allant au four ; y déposer le lièvre et le couvrir de bardes de lard. Saler et poivrer. Ajouter à peine assez d'eau pour couvrir le fond de la casserole et déposer les oignons entiers autour du lièvre. Couvrir et porter au four. Cuire 2 heures à 325° F (165° C).

Lièvre et chevreuil en casserole

½ lb de lard salé tranché
1 lb de porc frais haché
1 lièvre
2 lb de chevreuil
2 oignons tranchés
4 tasses de bouillon
1 c. à thé de sarriette
sel et poivre

Chauffer le four à 350° F (175° C). Couvrir le fond d'une bonne casserole de tranches de lard salé. Ajouter la moitié du porc frais haché, les oignons et la sarriette. Saler et poivrer. Couper le lièvre en portions individuelles, les placer sur les oignons. Ajouter le reste du porc frais haché et la viande de chevreuil coupée en gros cubes. Ajouter le bouillon. Couvrir et porter au four. Cuire 2 heures à 350° F (175° C). Retirer du four et dégraisser. Remettre le bouillon ; ajouter un peu d'eau au besoin. Cuire encore une heure à 300° F (150° C).

Marmite de lièvre et de perdrix

1 lièvre
1 perdrix
½ lb de lard salé, tranché
1 oignon entier
2 pintes d'eau
2 oignons hachés
1 feuille de laurier
thym, sel et poivre au goût
farine

Déposer le lièvre, la perdrix, le lard salé et l'oignon entier dans une marmite. Couvrir d'eau. Mijoter 1½ heure. Retirer les viandes du bouillon et l'oignon. Désosser. Ajouter au bouillon les oignons hachés, le laurier, le thym, le sel et le poivre, en même temps que les viandes. Mijoter encore 1 heure. Pour épaissir, ajouter un peu de farine délayée dans autant d'eau.

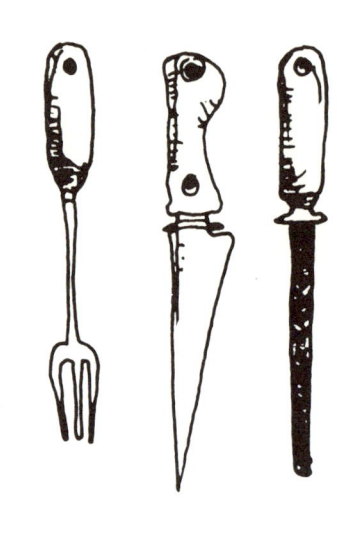

Ragoût de lièvre aux « grands-pères »

1 lièvre
½ lb de lard salé
1 oignon entier
1 feuille de laurier
poivre au goût
eau
¼ c. à thé de clous de girofle moulus
1 pincée de cannelle
1 pincée de muscade
farine grillée

Nettoyer le lièvre et le couper en deux. Couper le lard salé en cubes. Déposer le lièvre et le lard salé dans une marmite. Ajouter l'oignon et le laurier. Poivrer au goût. Couvrir d'eau et mijoter 1½ heure. Retirer le lièvre de son bouillon et le désosser. Épaissir le bouillon en ajoutant un peu de farine délayée dans autant d'eau froide ; brasser jusqu'à épaississement. Ajouter la viande et les assaisonnements et mijoter 15 minutes. Ajouter les « grands-pères » en fin de cuisson.

* Vous référer à la table des matières pour la recette des « grands-pères ».

Perdrix au chou

2 perdrix
1 lb de saucisse tranchée
1/2 lb de lard salé tranché
4 c. à soupe de beurre
farine pour enrober
1 chou vert haché
2 oignons hachés
1 c. à thé de moutarde sèche
1 c. à thé de thym
1/2 c. à thé de sarriette
sel et poivre
1 tasse de bouillon ou de jus de pommes

Chauffer le four à 350° F (175° C). On peut, au choix, farcir les perdrix. Utiliser alors une farce au pain ; farcir et ficeler. Mélanger la farine, la moutarde sèche, le thym, la sarriette, le sel et le poivre. Y rouler les perdrix. Fondre le beurre et y faire dorer les perdrix ; retirer du feu. Blanchir le chou dans l'eau bouillante, 10 minutes ; égoutter. Couvrir le fond d'un chaudron de tranches de lard salé. Ajouter la moitié du chou ; y placer les perdrix et les oignons. Couvrir du reste du chou et de quelques tranches de lard salé. Ajouter le bouillon ou le jus de pommes. Couvrir et porter au four. Cuire 1 1/2 heure à 350 (175° C). Faire dorer la saucisse et ajouter aux perdrix 30 minutes avant la fin de la cuisson.

Perdrix rôties

2 perdrix
2 c. à soupe de beurre
2 c. à thé de moutarde sèche
1/2 c. à thé de muscade
sel et poivre
lard salé tranché mince
1 oignon coupé en rondelles
1 carotte coupée en rondelles
quelques feuilles de céleri
1 tasse d'eau ou de bouillon
1/4 tasse de gelée de pommes

Chauffer le four à 350° F (175° C). Mélanger le beurre, la moutarde et la muscade, en badigeonner les perdrix. Placer une petite tranche de lard salé à l'intérieur de chaque perdrix ; ficeler. Couvrir le fond d'une lèchefrite de quelques tranches de lard salé. Y déposer l'oignon, la carotte et les feuilles de céleri. Placer les perdrix sur le lit de légumes et les recouvrir de quelques tranches de lard salé. Couvrir et cuire au four à 350° F (175° C), 2 heures. Découvrir les perdrix 15 minutes avant la fin de la cuisson et verser la gelée de pommes. Terminer la cuisson à découvert et arroser une ou deux fois.

Ragoût de perdrix

3 perdrix
2 lb de bœuf
1/2 lb de lard salé
2 oignons hachés
1 navet coupé en morceaux grossiers
12 petites carottes
12 petites patates
1 feuille de laurier
1 c. à thé de sarriette
1/2 c. à thé de clous de girofle moulus
1 pincée de muscade
sel et poivre
farine

Couper en morceaux les perdrix et le bœuf ; enfariner. Couper le lard salé en dés ; fondre dans un chaudron épais. Y faire revenir les morceaux de viande jusqu'à ce qu'ils soient bien dorés. Ajouter les oignons, faire dorer. Couvrir d'eau et ajouter le laurier, la sarriette, le clou de girofle moulu et la muscade. Mijoter 1 1/2 heure. Ajouter les légumes et cuire encore 1 heure. Saler et poivrer. Pour épaissir le bouillon, ajouter un peu de farine délayée dans autant d'eau froide.

Outarde rôtie

1 outarde
farce de votre choix
ou pommes et raisins secs
sel et poivre
jus de pommes ou cidre

Chauffer le four à 350° F (175° C). Nettoyer l'outarde et la plonger dans l'eau bouillante. Bien couvrir d'eau et laisser bouillir 45 minutes.

Retirer de l'eau et égoutter. Farcir avec la farce de votre choix ou tout simplement avec des pommes et des raisins secs. Ficeler et brider. Déposer dans une rôtissoire et arroser d'un peu d'eau. Saler et poivrer au goût. Couvrir et rôtir au four à 350° F (175° C), 30 minutes par livre. Dégraisser tout au long de la cuisson. Découvrir la rôtissoire pendant la dernière heure de cuisson et arroser souvent de jus de pommes ou de cidre.

Outarde en ragoût

1 outarde
½ lb de lard salé
1 oignon haché
½ tasse de céleri coupé en dés
1 c. à thé de sauge
2 gousses d'ail émincées
eau
sel et poivre
farine
persil haché

Nettoyer l'outarde et la plonger dans l'eau bouillante. Bien couvrir d'eau et laisser bouillir 45 minutes. Retirer de l'eau et égoutter. Couper en portions individuelles. Couper le lard salé en dés ; fondre dans une marmite épaisse. Y faire dorer l'outarde. Ajouter l'oignon et le céleri et les faire dorer. Ajouter la sauge, l'ail et assez d'eau pour couvrir. Mijoter 2 heures. Dégraisser le bouillon. Saler et poivrer au goût. Épaissir le bouillon avec un peu de farine délayée dans autant d'eau froide. Garnir de persil haché.

Écureuil au beurre

4 écureuils
3 tasses de bouillon
1 oignon haché
1 c. à thé de sauge
1 feuille de laurier
1 pincée de muscade
1 c. à thé de sel
¼ c. à thé de poivre
2 œufs battus
1 tasse de chapelure
4 c. à soupe de beurre
2 gousses d'ail

Verser le bouillon dans une marmite avec l'oignon, la sauge, le laurier, la muscade, le sel et le poivre. Porter à ébullition. Nettoyer les écureuils, les laver à l'eau chaude et les découper en portions individuelles. Ajouter au bouillon assaisonné ; couvrir et mijoter 15 minutes. Retirer la viande du bouillon et égoutter. Laisser réduire le bouillon pendant encore 30 minutes ; réserver. Rouler les morceaux de viande dans les œufs battus, puis dans la chapelure. Laisser reposer quelques minutes et recommencer. Fondre le beurre dans un grand poêlon. Écraser les gousses d'ail et les faire dorer dans le beurre. Retirer l'ail et faire dorer les morceaux d'écureuils à feu très lent jusqu'à ce qu'ils soient tendres. En fin de cuisson, ajouter une tasse du bouillon que vous aurez réservé et mijoter un peu.

Ragoût d'écureuil aux « grands-pères »

2 écureuils
6 onces de lard salé
4 tasses d'eau
1 oignon entier
1 c. à thé de sauge
1 gousse d'ail
1 feuille de laurier
1 pincée de muscade
sel et poivre
farine grillée
persil haché

Nettoyer les écureuils ; les laver à l'eau chaude et les découper en morceaux. Couper le lard salé en dés. Déposer le lard salé et les morceaux d'écureuils dans une marmite. Ajouter l'oignon, la sauge, l'ail et le laurier. Couvrir d'eau et mijoter 2 heures. Retirer les morceaux d'écureuils du bouillon et désosser. Épaissir le bouillon en ajoutant un peu de farine délayée dans autant d'eau froide ; brasser jusqu'à épaississement. Ajouter la viande et la muscade. Saler et poivrer au goût et mijoter 15 minutes. Ajouter les « grands-pères » en fin de cuisson.

* Vous référer à la table des matières pour la recette des « grands-pères ».

Civet de « siffleux »

1 siffleux
$1/2$ lb de lard salé
2 oignons hachés
2 gousses d'ail écrasées
quelques feuilles de céleri émincées
1 feuille de laurier
1 c. à thé de thym
sel et poivre au goût

Nettoyer le siffleux et le débarrasser de sa graisse. Le déposer dans une casserole ; couvrir d'eau et mettre à bouillir 45 minutes, sans assaisonnement. Retirer de l'eau bouillante et égoutter. Couper le lard salé en dés et le faire fondre dans une marmite épaisse. Y faire dorer les oignons. Ajouter l'ail, le céleri, le laurier et le thym. Repousser les ingrédients vers les bords de la casserole et déposer le siffleux au centre. Ajouter assez d'eau pour empêcher de coller. Couvrir et mijoter au moins $1^{1}/_{2}$ heure ou jusqu'à ce que la viande se détache des os. Servir avec des légumes bouillis.

Ragoût de siffleux aux « grands-pères »

1 siffleux
1/2 lb de lard salé
1 oignon entier
1 feuille de laurier
poivre au goût
1/2 c. à thé de clous de girofle moulus
1 pincée de muscade
1 pincée de cannelle
farine grillée

Nettoyer le siffleux et le débarrasser de sa graisse. Le déposer dans une casserole ; couvrir d'eau et mettre à bouillir 45 minutes sans assaisonnement. Retirer de l'eau et égoutter. Découper le siffleux en deux. Couper le lard salé en cubes. Déposer le lard salé et le siffleux dans une marmite. Ajouter l'oignon et le laurier ; poivrer au goût. Couvrir d'eau et mijoter 1 1/2 heure. Retirer le siffleux de son bouillon et le désosser. Épaissir le bouillon en ajoutant de la farine grillée délayée dans autant d'eau froide ; brasser jusqu'à épaississement. Ajouter la viande et les assaisonnements et mijoter 15 minutes. Ajouter les « grands-pères » en fin de cuisson.

* Vous référer à la table des matières pour la recette des « grands-pères ».

Siffleux au four

1 siffleux
1/2 lb de lard salé coupé en dés
2 c. à thé de moutarde sèche
1 c. à thé de sarriette
1 pincée de clous de girofle moulus
1 feuille de laurier
1/2 tasse de céleri coupé en dés
1 gros oignon haché
1 tasse de carottes coupées en dés
1 tasse de navet coupé en dés

Chauffer le four à 350° F (175° C). Nettoyer le siffleux et le débarrasser de sa graisse. Le déposer dans une casserole ; couvrir d'eau et bouillir 45 minutes, sans assaisonnement. Retirer de l'eau bouillante et égoutter. Fondre le lard salé dans une casserole allant au four. Ajouter la moutarde sèche et incorporer au gras. Y faire dorer le siffleux. Ajouter les assaisonnements et assez d'eau pour couvrir. Porter au four et cuire 1 heure à découvert, à 350° F (175° C). Ajouter les légumes et un peu d'eau et cuire encore 30 minutes ou jusqu'à ce que les légumes soient tendres.

Rôti de porc-épic

1 porc-épic
lard salé tranché
2 oignons coupés en rondelles
2 gousses d'ail
1 c. à thé de thym
1 c. à thé de moutarde sèche
sel et poivre
eau

Chauffer le four à 350° F (175° C). Nettoyer et dégraisser le porc-épic. Le déposer dans une casserole ; couvrir d'eau et mettre à bouillir 30 minutes sans assaisonnement. Faire revenir quelques tranches de lard salé dans un chaudron épais. Ajouter les oignons et faire dorer. Déposer le porc-épic sur les oignons. Saupoudrer de thym et de moutarde sèche. Saler et poivrer au goût. Ajouter l'ail. Ajouter à peine assez d'eau pour couvrir le fond du chaudron. Couvrir et porter au four. Cuire à 350° F (175° C), en comptant 30 minutes par livre de viande.

Ragoût de rat musqué

1 rat musqué
1/4 tasse de beurre ou de graisse végétale
2 oignons hachés
farine
1/4 c. à thé de clous de girofle moulus
sel et poivre
1 tasse d'eau
3 pommes de terre bouillies coupées en morceaux grossiers

Nettoyer le rat musqué et le débarrasser de ses glandes ; elles se trouvent sous les pattes et entre les omoplates de l'animal. Découper le rat musqué en portions individuelles, couvrir d'eau salée et laisser reposer 12 heures. Égoutter et rincer à l'eau fraîche. Assécher. Mélanger la farine, le clou de girofle, le sel et le poivre. Enfariner les morceaux de viande. Fondre le gras dans un grand poêlon, y faire dorer la viande. Ajouter les oignons et faire dorer. Ajouter 1 tasse d'eau ; porter à ébullition et frémir 45 minutes. Ajouter alors les pommes de terre et un peu d'eau. Remuer et chauffer.

Castor rôti

1 morceau de castor de 10 lb environ
2 carottes pelées
6 oignons entiers
2 gousses d'ail
1 c. à thé de clous de girofle moulus
½ c. à thé de cannelle
sel et poivre
eau

Chauffer le four à 300° F (150° C). Faire bouillir le castor 30 minutes avec deux carottes pelées. Retirer et placer dans une lèchefrite. Saupoudrer de clous de girofle et de cannelle, saler et poivrer au goût. Entourer d'oignons et d'ail. Ajouter assez d'eau pour couvrir le fond de la lèchefrite. Porter au four. Cuire au moins 4 heures, à 300° F (150° C). Arroser souvent.

Queue de castor

1 queue de castor
2 c. à soupe de beurre ou de graisse végétale
quelques oignons tranchés
sel et poivre

Plonger la queue de castor dans l'eau bouillante quelques instants. La retirer, puis enlever la peau qui la recouvre. Fondre le gras, y faire revenir les oignons. Ajouter la queue de castor et frire avec les oignons. Saler et poivrer au goût.

Cœur d'orignal

1 cœur d'orignal
4 oignons hachés
4 tasses de pain rassis coupé en dés
2 œufs
4 onces de lard salé coupé en dés
1 c. à thé de sarriette
¼ c. à thé de muscade
¼ c. à thé de clous de girofle moulus
¼ tasse de graisse de rôti ou de beurre
2 tasses de bouillon
1 barde de lard

Chauffer le four à 350° F (175° C). Faire tremper le cœur à l'eau froide additionnée de vinaigre, 2 heures. Égoutter et couper aux ciseaux les membranes intérieures. Faire rôtir les oignons dans un peu de gras. Retirer du feu. Préparer une farce avec le pain, les œufs, le lard salé, la sarriette, la muscade, le clou de girofle et les oignons. Farcir le cœur d'orignal de ce mélange ; fermer l'ouverture avec une barde de lard. Coudre l'ouverture sans trop serrer. Fondre la graisse de rôti dans une casserole épaisse et faire dorer le cœur. Ajouter le bouillon. Cuire au four à couvert, 3 heures, à 350° F (175° C).

Langue d'orignal

1 langue d'orignal
4 onces de lard salé
2 oignons hachés
1 citron coupé en morceaux
1 gousse d'ail
1 feuille de laurier
1 c. à thé de gingembre
1 c. à thé de moutarde sèche
sel et poivre

Macérer la langue dans l'eau froide additionnée de vinaigre, 3 heures. Égoutter et mettre dans une marmite avec tous les autres ingrédients. Couvrir d'eau et mijoter 3 heures. Retirer la langue de son bouillon et lui enlever la peau. La laisser refroidir dans son bouillon.

Mufle d'orignal

1 mufle d'orignal
2 c. à soupe de beurre ou de graisse végétale
quelques oignons tranchés
sel et poivre

Plonger le mufle d'orignal dans l'eau bouillante quelques instants. Le retirer, puis enlever la peau qui le recouvre. Fondre le gras, y faire revenir les oignons. Ajouter le mufle d'orignal et frire avec les oignons. Saler et poivrer au goût.

Rôti d'orignal

5 à 6 lb de filet d'orignal
2 c. à soupe d'huile d'olive
1 c. à soupe de moutarde sèche
1 c. à soupe de sucre
1 c. à thé de romarin
sel et poivre
2 oignons coupés en rondelles
2 gousses d'ail

Chauffer le four à 375° F (190° C). Essuyer la viande avec un linge humide. L'enduire d'huile d'olive et la déposer dans une lèchefrite. Mélanger la moutarde sèche, le sucre, le romarin, le sel et le poivre. Saupoudrer sur la viande. Disposer l'ail et les oignons autour de la viande. Ajouter juste assez d'eau pour couvrir le fond de la lèchefrite. Porter au four à 350° F (190° C). Cuire à découvert et compter 30 minutes par livre. Arroser souvent.

Fesse d'ours rôtie

1 fesse d'ours
1 carotte pelée
tranches de lard salé
1 c. à soupe de moutarde sèche
1 c. à thé de sucre
1 c. à thé de sarriette
sel et poivre
1/2 citron coupé en rondelles
2 oignons coupés en rondelles
3 gousses d'ail

Chauffer le four à 350° F (175° C). Laver la fesse, l'essuyer et enlever tout le gras. La faire bouillir, 15 minutes, avec une carotte pelée ; la retirer et l'égoutter. Mélanger la moutarde sèche, le sucre, la sarriette, le sel et le poivre. Saupoudrer sur la viande. Placer quelques tranches de lard salé sur le fond d'une lèchefrite, y déposer la viande. Recouvrir de quelques tranches de lard salé et de rondelles de citron. Disposer l'ail et les rondelles d'oignons autour de la viande. Ajouter juste assez d'eau pour couvrir le fond de la lèchefrite. Couvrir et porter au four à 350° F (175° C). Compter 35 minutes par livre et arroser souvent.

Caribou des bûcherons

¼ tasse de gras
3 lb de caribou
4 carottes coupées en rondelles
3 oignons coupés en rondelles
3 pommes de terre coupées en rondelles
1 c. à soupe de persil haché
1 c. à thé de sauge
¼ c. à thé de sarriette
1 pincée de clous de girofle moulus
sel et poivre
1 boîte de tomates en conserve
1 c. à thé de sucre
¼ tasse de farine
eau bouillante

Chauffer le four à 325° F (165° C). Fondre le gras dans un chaudron épais. Couper la viande en morceaux ; la faire revenir dans le gras. Retirer du feu. Ajouter, à la suite, les carottes, les oignons et les pommes de terre. Ajouter le persil, la sauge, la sarriette, le clou de girofle, le sel et le poivre ; puis les tomates, le sucre et la farine. Laisser reposer 30 minutes. Couvrir d'eau bouillante et porter au four. Cuire 3 heures à 325° F (165° C).

Ragoût de caribou

3 lb de caribou
½ lb de lard salé
2 oignons hachés
1 feuille de laurier
½ c. à thé de clous de girofle moulus
½ c. à thé de sauge
1 pincée de cannelle
1 pincée de muscade
farine grillée
eau
sel et poivre
3 carottes coupées en morceaux grossiers
3 pommes de terre coupées en morceaux grossiers
1 navet coupé en morceaux grossiers

Couper la viande de caribou en morceaux et enrober de farine. Couper le lard salé en dés, le faire fondre dans un chaudron épais. Y faire dorer la viande. Ajouter les oignons et les faire dorer. Ajouter le laurier, le clou de girofle, la sauge, la cannelle, la muscade et assez d'eau pour couvrir. Mijoter 1½ heure. Ajouter les légumes et assez d'eau pour couvrir. Mijoter encore une heure. Saler et poivrer. Épaissir le bouillon en ajoutant un peu de farine délayée dans autant d'eau froide.

Rôti de caribou

1 fesse de caribou
1 carotte pelée
tranches de lard salé
2 c. à soupe d'huile d'olive
1 c. à soupe de moutarde sèche
1 c. à thé de sucre
1 c. à thé de sauge
1/2 c. à thé de romarin
sel et poivre
2 oignons coupés en rondelles
2 gousses d'ail

Laver la fesse, l'essuyer et enlever le gras. La faire bouillir, 15 minutes, avec une carotte pelée ; la retirer et l'égoutter. Mélanger l'huile d'olive, la moutarde, le sucre, la sauge, le romarin, le sel et le poivre. En frotter la viande. Couvrir et laisser reposer au froid toute une nuit. Chauffer le four à 325° F (165° C). Placer quelques tranches de lard salé sur le fond d'une lèchefrite ; y déposer la viande. Recouvrir de quelques tranches de lard salé. Disposer l'ail et les rondelles d'oignons autour de la viande. Ajouter juste assez d'eau pour couvrir le fond de la lèchefrite. Couvrir et porter au four à 325° F (165° C). Compter 35 minutes par livre et arroser souvent.

Civet de chevreuil

4 lb de chevreuil
sel et poivre
1 feuille de laurier
1 c. à thé de thym
1/2 c. à thé de romarin
1 oignon émincé
1 carotte râpée
1 tasse de vin
1/4 tasse d'huile
1 pomme pelée
3 clous de girofle entiers
1/2 lb de lard salé
2 oignons émincés
2 gousses d'ail écrasées
2 c. à soupe de cassonade
farine
1/4 tasse de crème

Découper la viande de chevreuil en portions individuelles ; les déposer dans un grand bol ; saler et poivrer. Ajouter le laurier, le thym, les oignons, la carotte, le vin, l'huile et la pomme piquée de clous de girofle. Mariner au frais, 12 heures. Couper le lard salé et le faire fondre dans un chaudron épais. Ajouter les oignons et les faire dorer. Retirer les morceaux de viande de la marinade ; jeter la pomme. Éponger la viande et l'enfariner. Faire dorer complètement. Ajouter l'ail et la cassonade ; la marinade et assez d'eau pour couvrir. Couvrir et mijoter 2 heures. Ajouter un peu d'eau au besoin. Incorporer la crème au civet en fin de cuisson.

Chevreuil braisé

5 lb de chevreuil dans l'épaule
½ lb de lard salé
¼ tasse de farine
sel et poivre
1 c. à thé de marjolaine
¼ c. à thé de romarin
1 pincée de clous de girofle moulus
¼ tasse de graisse de rôti ou de beurre
1 tasse de jus de pommes
1 c. à soupe de vinaigre
1 pomme râpée

Essuyer le chevreuil avec un linge imbibé de vinaigre. Trancher le lard salé ; barder la pièce de viande et ficeler. Mélanger la farine, le sel, le poivre, la marjolaine, le romarin et le clou de girofle ; en saupoudrer le chevreuil. Fondre le gras dans un chaudron épais ; y faire dorer parfaitement le rôti. Ajouter le jus de pommes, le vinaigre et la pomme râpée. Couvrir et mijoter 2 heures. Surveiller la cuisson et retourner la viande au besoin. Passer la sauce au tamis avant de servir.

Côtelettes de chevreuil

8 côtelettes
3 c. à soupe de beurre
sel et poivre
farine
1 c. à thé de moutarde sèche

Mélanger la farine, le sel, le poivre et la moutarde sèche. Fondre le beurre à feu vif. Enfariner les côtelettes et sauter. Servir avec une sauce au beurre.

Épaule de chevreuil farcie

1 épaule de chevreuil désossée
1 tasse de mie de pain
1/2 tasse de bouillon
1/2 tasse de céleri émincé
1 gousse d'ail émincée
1/2 lb de porc frais haché
sel et poivre
1/2 c. à thé de muscade
1 c. à thé de moutarde sèche
1 c. à soupe de cassonade
1 c. à thé de sarriette
2 c. à soupe d'huile d'olive
2 c. à soupe de jus de citron
1/4 c. à thé de thym
2 oignons tranchés
1 feuille de laurier
2 gousses d'ail
bardes de lard

Chauffer le four à 300° F (150° C). Nettoyer la viande avec un linge imbibé de vinaigre. Faire une farce avec la mie de pain, le bouillon, le céleri, l'ail, l'oignon, le porc haché, la muscade, le sel et le poivre. Farcir l'intérieur de l'épaule de chevreuil. Fermer l'ouverture avec une barde de lard et ficeler. Mélanger la moutarde, la cassonade, la sarriette, l'huile d'olive, le jus de citron et le thym. Barder le fond d'une lèchefrite ; y déposer l'épaule farcie. Verser la sauce d'assaisonnement. Barder le dessus de l'épaule. Disposer les oignons, le laurier et l'ail autour de la viande. Ajouter à peine assez d'eau pour couvrir le fond de la lèchefrite. Cuire au four, à couvert, à 300° F (150° C), 4 heures.

Fricassée de chevreuil

2 lb de viande de chevreuil
1/2 lb de lard salé
2 oignons
8 pommes de terre moyennes
1 c. à soupe de vinaigre
1 c. à thé de moutarde sèche
1 c. à thé de sarriette
1 pincée de clous de girofle moulus
poivre
eau chaude

Trancher le lard salé et le faire rôtir dans un chaudron épais. Trancher la viande de chevreuil et les oignons ; ajouter au lard salé. Faire dorer. Couper les pommes de terre en tranches épaisses ; ajouter. Ajouter le vinaigre, la moutarde sèche, la sarriette, le clou de girofle et le poivre. Couvrir d'eau chaude. Mijoter à couvert, au moins 2 heures.

Ragoût de chevreuil

3 lb de chevreuil
4 c. à soupe de farine
4 c. à soupe de gras
sel et poivre
1 tasse d'oignons hachés
½ c. à thé de clous de girofle moulus
¼ c. à thé de muscade
½ c. à thé de romarin
1 feuille de laurier
eau chaude
1 tasse de céleri coupé en dés
5 carottes coupées en morceaux
1 petit navet coupé en morceaux
5 pommes de terre coupées en morceaux

Couper la viande en cubes ; passer la viande à la farine. Saler et poivrer. Fondre le gras dans un chaudron épais ; y faire revenir la viande jusqu'à ce qu'elle soit bien dorée. Ajouter l'oignon haché et le faire dorer. Ajouter le clou de girofle, la muscade, le romarin et la feuille de laurier. Couvrir d'eau chaude et mijoter 2½ heures. Surveiller la cuisson : brasser de temps à autre. Ajouter les légumes, couvrir et mijoter une heure. Saler et poivrer au goût.

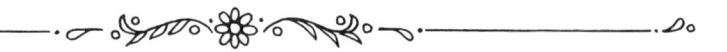

LES FÈVES AU LARD

Fèves au canard

4 tasses de fèves sèches
³/₄ lb de lard salé entrelardé
1 jeune canard
4 oignons moyens, entiers
1 c. à soupe de moutarde sèche
2 tasses de cassonade
1 tasse de mélasse
1 c. à thé de gros sel
½ c. à thé de poivre
1 c. à thé de sarriette

Trier et laver les fèves. Couvrir d'eau froide et les faire tremper 12 heures. Porter à ébullition et mijoter 1 heure. Couper le lard salé en gros cubes ; le déposer dans une jarre de grès. Égoutter les fèves ; jeter l'eau. Verser les fèves sur le lard salé. Nettoyer et assécher le canard ; le couper en portions individuelles. Ajouter en même temps que les oignons à travers les fèves. Mélanger le reste des ingrédients ; verser sur les fèves et mélanger un peu. Couvrir d'eau chaude. Fermer la jarre et cuire au four, à 325° F (165° C), 5 à 6 heures. Découvrir une heure avant la fin de la cuisson et ajouter un peu d'eau si les fèves sont sèches.

Fèves au chevreuil

2 lb de chevreuil
³/₄ lb de lard salé
4 tasses de fèves sèches
1 pinte de bière
1 feuille de laurier
1 grosse carotte, coupée en dés
6 oignons moyens, entiers
1 c. à soupe de moutarde sèche
1 c. à thé de gros sel
1 c. à thé de sarriette
½ c. à thé de poivre

Trier et laver les fèves. Couvrir d'eau froide et les faire tremper 12 heures. Porter à ébullition et mijoter 1 heure. Jeter l'eau. Déposer les fèves dans une jarre de grès. Couper le lard salé en gros dés et ajouter. Ajouter les oignons et la carotte, la bière, le laurier, la moutarde, le sel, la sarriette et le poivre. Mélanger un peu. Couvrir d'eau chaude. Fermer la jarre et cuire au four, à 325° F (165° C), 3 heures. Ajouter alors le chevreuil et mélanger. Refermer la jarre et cuire encore 3 heures. Découvrir une heure avant la fin de la cuisson et ajouter un peu d'eau si les fèves sont sèches.

Fèves au lard à l'ancienne

4 tasses de fèves sèches
1 1/2 lb de lard salé, entrelardé
2 oignons moyens, entiers
1 c. à soupe de moutarde sèche
2 tasses de cassonade
1 tasse de mélasse
1 c. à thé de gros sel
1/2 c. à thé de poivre
1 c. à thé de sarriette

Trier et laver les fèves. Couvrir d'eau froide et les faire tremper 12 heures. Porter à ébullition et mijoter 1 heure. Couper le lard salé en gros cubes ; en déposer la moitié dans une jarre de grès. Verser les fèves et leur eau sur le lard salé. Ajouter le reste du lard salé et les oignons à travers les fèves. Mélanger la moutarde, la cassonade, la mélasse, le sel, le poivre et la sarriette et verser sur les fèves. Mélanger un peu. Couvrir d'eau chaude. Fermer la jarre et cuire au four à 325° F (165° C), 5 à 6 heures. Découvrir une heure avant la fin de la cuisson et ajouter un peu d'eau si les fèves sont sèches.

Fèves au lard au catsup

4 tasses de fèves sèches
3/4 lb de lard salé
2 oignons moyens, entiers
1/2 tasse de cassonade
1/2 tasse de mélasse
1 c. à soupe de moutarde sèche
1/2 tasse de catsup
1/2 c. à thé de poivre
1 c. à soupe de gros sel

Trier et laver les fèves. Couvrir d'eau froide et les faire tremper 12 heures. Porter à ébullition et mijoter 1 heure. Jeter l'eau. Couper le lard salé en gros dés ; en déposer la moitié dans une jarre de grès. Verser les fèves et le reste du lard salé. Enfouir les oignons dans les fèves. Mélanger tous les autres ingrédients et verser sur les fèves. Couvrir d'eau chaude. Fermer la jarre et cuire au four, à 325° F (165° C), 5 à 6 heures. Découvrir une heure avant la fin de la cuisson et ajouter un peu d'eau si les fèves sont sèches.

Fèves au lard de ma grand-mère

4 tasses de fèves sèches
1 c. à thé de soda à pâte
1 lb de lard salé, gras
1 c. à thé de vinaigre
1 c. à soupe de moutarde sèche
1 oignon haché
sel et poivre

Trier et laver les fèves. Couvrir d'eau froide et les faire tremper 12 heures. Ajouter le soda et porter à ébullition. Mijoter 1 heure. Jeter l'eau et déposer les fèves dans une jarre de grès. Couper le lard salé en gros dés ; l'ajouter en même temps que le vinaigre, la moutarde sèche, l'oignon haché, le sel et le poivre, et assez d'eau pour couvrir. Fermer la jarre et cuire au four, à 325° F (165° C), 5 à 6 heures. Découvrir une heure avant la fin de la cuisson et ajouter un peu d'eau si les fèves sont sèches.

Fèves au lard au miel

4 tasses de fèves sèches
1 c. à thé de soda à pâte
1 lb de lard salé entrelardé
2 oignons entiers
1 tasse de miel
1 c. à thé de moutarde sèche
1/2 c. à thé de sarriette
1/4 c. à thé de poivre

Laver et trier les fèves. Couvrir d'eau froide et les faire tremper 12 heures. Ajouter le soda et porter à ébullition. Mijoter 1 heure. Jeter l'eau et déposer les fèves dans une jarre de grès. Couper le lard en gros dés ; l'ajouter en même temps que le miel, la moutarde sèche, la sarriette et le poivre. Ajouter assez d'eau pour couvrir. Fermer la jarre et cuire au four, à 325° F (165° C), 5 à 6 heures. Découvrir une heure avant la fin de la cuisson et ajouter un peu d'eau si les fèves sont sèches.

Fèves au lard du Québec

4 tasses de fèves sèches
1 lb de lard salé
2 oignons moyens, entiers
1 c. à soupe de moutarde sèche
1 tasse de mélasse
1/4 c. à thé de poivre

Laver et trier les fèves. Couvrir d'eau froide et les faire tremper 12 heures. Porter à ébullition et mijoter 1 heure. Déposer les fèves et leur eau dans une jarre de grès. Rouler les oignons dans la moutarde sèche et les ajouter en même temps que la mélasse et le poivre. Trancher le lard salé et l'ajouter à travers les fèves. Couvrir d'eau chaude. Fermer la jarre et cuire au four, à 325° F (165° C), 5 à 6 heures. Découvrir une heure avant la fin de la cuisson et ajouter un peu d'eau si les fèves sont sèches.

Fèves au lard de tante Blanche

4 tasses de fèves sèches
1 lb de lard salé
2 oignons moyens, entiers
1 c. à soupe de moutarde sèche
1 tasse de mélasse
1 c. à thé de sarriette
1/4 c. à thé de poivre
1 1/2 tasse de morceaux de pommes
1/2 tasse de beurre
1 tasse de sucre d'érable râpé ou de cassonade
1 pincée de muscade
1/4 tasse de rhum

Trier et laver les fèves. Couvrir d'eau froide et les faire tremper 12 heures. Porter à ébullition et mijoter 1 heure. Déposer les fèves et leur eau dans une jarre de grès. Rouler les oignons dans la moutarde sèche et les ajouter en même temps que la mélasse, le poivre et la sarriette. Trancher le lard salé et l'ajouter à travers les fèves. Couvrir d'eau chaude. Ajouter les morceaux de pommes sur le dessus des fèves et les tasser fermement. Mélanger le beurre, le sucre d'érable ou la cassonade et la muscade. Déposer sur les pommes. Cuire au four, à découvert, à 325° F (165° C), 5 à 6 heures. Ajouter un peu d'eau tout au long de la cuisson pour empêcher les fèves de sécher. Verser le rhum sur les pommes au moment de servir.

Fèves au lièvre et à la perdrix

4 tasses de fèves sèches
1 lb de lard salé
1 perdrix
1 lièvre
2 oignons moyens, entiers
1 c. à soupe de moutarde sèche
1 tasse de cassonade
½ tasse de mélasse
1 c. à thé de gros sel
½ c. à thé de poivre
1 c. à thé de sarriette
1 feuille de laurier

Trier et laver les fèves. Couvrir d'eau froide et les faire tremper 12 heures. Porter à ébullition et mijoter 1 heure. Couper le lard salé en gros cubes ; le déposer dans une jarre de grès. Égoutter les fèves ; jeter l'eau. Les verser sur le lard salé. Couper le lièvre en portions individuelles ; enfouir dans les fèves. Ficeler la perdrix ; enfouir dans les fèves en même temps que les oignons. Mélanger la moutarde, la cassonade, la mélasse, le sel, le poivre et la sarriette, verser sur les fèves. Ajouter la feuille de laurier. Couvrir d'eau chaude. Fermer la jarre et cuire au four, à 325° F (165° C), 5 à 6 heures. Découvrir une heure avant la fin de la cuisson et ajouter un peu d'eau si les fèves sont sèches.

LES PAINS DE VIANDE

Fricandeau

1 lb de veau haché
1 lb de porc haché
3/4 lb de lard salé, débarrassé de sa couenne et haché
1 oignon émincé
1 tasse de chapelure
2 œufs
1 gousse d'ail émincée
1/4 c. à thé de muscade
1/4 c. à thé de poivre
1 filet de porc

Chauffer le four à 350° F (175° C). Mélanger le veau, le porc, le lard salé, l'oignon, la chapelure, les œufs, l'ail, la muscade et le poivre. Graisser un moule à pain. Y déposer la moitié du mélange et le filet de porc. Recouvrir avec le reste du mélange. Cuire au four, 2 heures, à 350° F (175° C).

Pain de bœuf

2 lb de bœuf haché
1 tasse de mie de pain
3/4 tasse de jus de tomate
2 œufs
4 c. à soupe d'oignon émincé
1 1/2 c. à thé de sel
1/4 c. à thé de poivre
2 c. à soupe de persil haché
2 c. à soupe de céleri haché
1/2 c. à thé de marjolaine
1/2 c. à thé de clous de girofle moulus
2 c. à soupe de sauce anglaise (pour ne pas dire de catsup Heinz)

Chauffer le four à 325° F (165° C). Bien mélanger tous les ingrédients, sauf le catsup. Verser dans un moule à pain. Étendre le catsup sur le pain de bœuf. Cuire au four 2 heures, à 325° F (165° C).

Pain de bœuf et de jambon

3 lb de bœuf maigre
1/2 lb de jambon cru
2 oignons émincés
3 œufs battus
1/2 tasse de farine d'avoine
3 c. à soupe de crème
1 c. à thé de sarriette
1/2 c. à thé de clous de girofle moulus
sel et poivre

Chauffer le four à 300° F (150° C). Passer le bœuf et le jambon au hachoir. Ajouter le sel, le poivre, la farine d'avoine, la sarriette, le clou de girofle, la crème, les oignons et les œufs battus. Bien mélanger, de préférence avec les mains. Graisser un moule à pain ; y presser le mélange. Cuire au four, 1 1/2 heure, à 300° F (150° C).

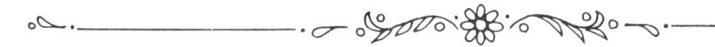

Pain de jambon

1 1/2 lb de jambon haché
1/2 lb de bœuf haché
2 œufs
1/2 tasse d'eau froide
1 tasse de lait évaporé
4 c. à soupe de sauce anglaise (pour ne pas dire de catsup Heinz)
1 tasse de farine d'avoine
1/2 c. à thé de sel
1/2 c. à thé de poivre
1/4 c. à thé de muscade
1/2 tasse de cassonade
1 c. à thé de clous de girofle moulus

Chauffer le four à 325° F (165° C). Battre les œufs, ajouter le lait, l'eau, le catsup, le sel, le poivre et la muscade. Ajouter la farine d'avoine et les viandes. Bien mélanger, de préférence avec les mains. Graisser un moule à pain. Mélanger le clou de girofle et la cassonade. Étendre sur le fond du moule. Ajouter le mélange et presser. Cuire au four, 1 1/2 heure, à 325° F (165° C).

Pain de poulet

³/₄ tasse de lait chaud
1 tasse de mie de pain
½ tasse de farine d'avoine
2 c. à soupe de beurre
2 œufs battus
1 c. à thé de sel
⅛ c. à thé de poivre
½ c. à thé de sarriette
2 c. à soupe de persil haché
2 tasses de poulet cuit, haché
¼ tasse de céleri émincé
1 oignon émincé

Chauffer le four à 375° F (190° C). Verser le lait chaud sur le pain et la farine d'avoine. Ajouter le beurre. Battre les œufs ; ajouter. Ajouter tous les autres ingrédients et bien mélanger, de préférence avec les mains. Graisser un moule à pain ; y presser le mélange. Cuire au four, au bain-marie, 45 minutes, à 375° F (190° C).

Pain de veau

3 lb de veau haché
¼ lb de lard salé, débarrassé de sa couenne
2 œufs battus
½ tasse de farine d'avoine
1 c. à thé de sel
1 c. à thé de poivre
1 petit oignon émincé
¼ c. à thé de sarriette
3 c. à soupe de crème
3 c. à soupe d'eau chaude.

Chauffer le four à 325° F (165° C). Hacher le lard salé ; mélanger au veau. Ajouter tous les autres ingrédients et bien mélanger, de préférence avec les mains. Graisser un moule à pain ; y presser le mélange. Cuire au four, 1½ heure, à 325° F (165° C).

Pain de viande

1 lb de bœuf haché
1/2 lb de porc haché
1/2 lb de veau haché
1/2 tasse d'oignons hachés
1 c. à thé de sel
1/4 c. à thé de poivre
1/2 c. à thé de sarriette
1 pincée de clous de girofle moulus
1/2 tasse de céleri émincé
2 œufs battus
3/4 tasse de farine d'avoine
1/2 tasse de jus de tomate
quelques tranches de bacon

Chauffer le four à 350° F (175° C). Bien mélanger tous les ingrédients, de préférence avec les mains. Réserver le bacon. Graisser un moule à pain ; y presser le mélange. Disposer les tranches de bacon sur le dessus. Cuire au four, 1 1/2 heure, à 350° F (175° C).

Pain de viande en cachette

1/4 tasse d'oignon émincé
1 c. à soupe de gras
1 1/4 lb de bœuf haché
3/4 lb de porc frais haché
1 c. à thé de sel
1/4 c. à thé de poivre
1/2 c. à thé de sarriette
1/2 tasse de mie de pain
1 œuf battu
2 tasses de pommes de terre pilées
1 petite boîte de soupe aux pois
1 œuf battu
sel et poivre

Chauffer le four à 350° F (175° C). Faire dorer l'oignon dans le gras. Mélanger le bœuf, le porc, le sel, le poivre, la sarriette, la mie de pain, l'œuf battu et les oignons. Bien mélanger. Étendre le mélange sur un papier ciré et disposer la viande en rectangle (un peu comme un gâteau roulé). Mélanger les pommes de terre pilées, la soupe aux pois, l'œuf battu, le sel et le poivre. Étendre sur le milieu du mélange de viande, et rouler. Placer dans un moule à pain graissé. Cuire au four, 1 1/2 heure, à 350° F (175° C).

Pain de viande à la sauce aux pommes

1 lb de bœuf haché
1 lb de porc haché
1 œuf battu
1 c. à thé de sel
¼ c. à thé de poivre
¼ c. à thé de clous de girofle moulus
1 pincée de muscade
1 tasse chapelure
1 œuf battu
1 c. à thé de poudre à pâte
1 petit oignon émincé
2 tasses de pommes de terre râpées
2 tasses de sauce aux pommes

Chauffer le four à 350° F (175° C). Bien mélanger tous les ingrédients, de préférence avec les mains. Graisser un moule à pain ; y déposer le mélange. Cuire au four, 1½ heure, à 350° F (175° C).

PÂTÉS DE VIANDE ET TOURTIÈRES

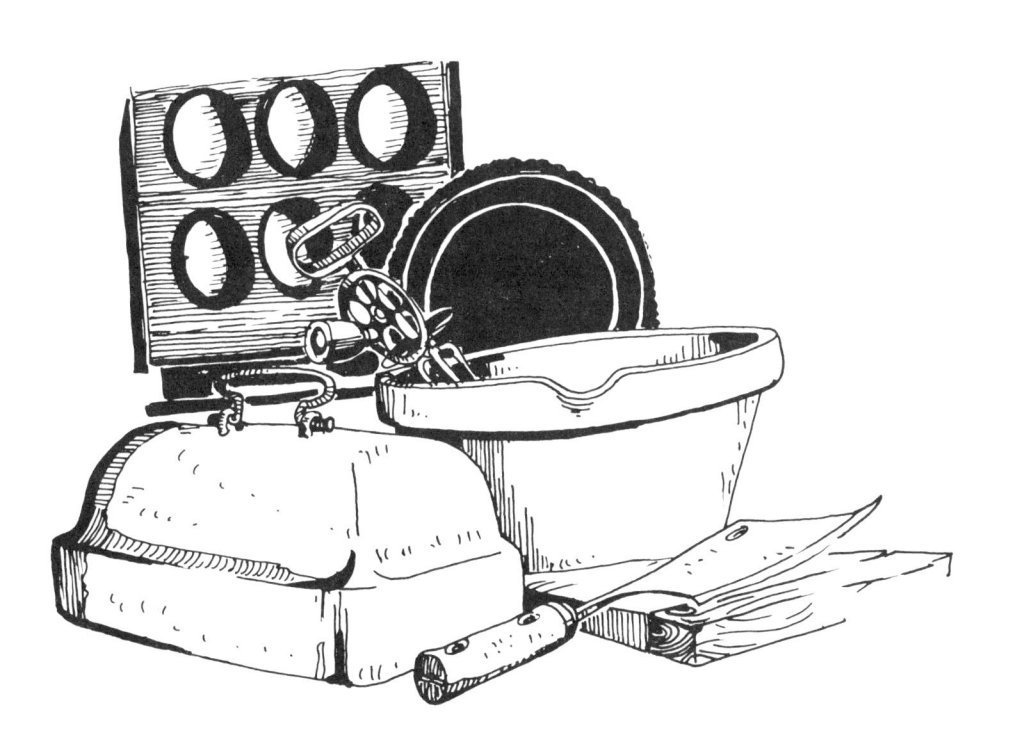

Bœuf en biscuit

1 lb de bœuf haché
2 oignons hachés
4 c. à soupe de beurre
1 gousse d'ail émincée
½ c. à thé de sarriette
1 pincée de clous de girofle moulus
3 c. à soupe de catsup maison
sel et poivre
½ tasse d'eau

Pâte à biscuits :
1 tasse de farine
1 c. à thé de poudre à pâte
1 c. à thé de sel
1½ c. à thé de graisse
2 c. à thé de persil émincé
et assez de lait pour faire une pâte épaisse

Faire dorer les oignons et l'ail dans le beurre. Ajouter le bœuf et mijoter un peu. Ajouter l'eau et les assaisonnements. Mijoter.

Déposer le bœuf haché assaisonné dans une casserole allant au four. Recouvrir de pâte. Cuire au four à 350° F (175° C), jusqu'à ce que la pâte soit bien dorée.

Casserole de bœuf

2 tasses de sauce aux tomates
1 lb de bœuf haché
3 c. à soupe de beurre
1 oignon haché
½ tasse de céleri émincé
½ c. à thé de thym
1 pincée de clous de girofle moulus
sel et poivre
1½ tasse de riz cuit
½ tasse de chapelure
1 tasse de fromage râpé

Faire dorer ensemble le bœuf, l'oignon et le céleri. Ajouter le thym, le clou de girofle, le sel et le poivre. Graisser une casserole allant au four ; étendre le riz, la sauce aux tomates et le bœuf assaisonné. Étendre la chapelure, puis le fromage râpé. Cuire au four, à 350° F (175° C), jusqu'à ce que le fromage soit doré.

Chaussons au bœuf

1 lb de bœuf haché
3 c. à soupe de beurre
1 petite carotte râpée
¼ tasse d'oignon haché
¼ tasse de céleri émincé
2 c. à soupe de catsup maison
½ c. à thé de sarriette
½ c. à thé de persil émincé
sel et poivre
votre recette de pâte à tarte préférée

Fondre le beurre. Faire dorer le bœuf, l'oignon et le céleri. Ajouter la carotte et les assaisonnements. Mijoter quelques instants. Laisser refroidir complètement avant d'utiliser. Abaisser la pâte ; couper en rondelles de la grosseur d'une soucoupe. Déposer 1 c. à soupe de bœuf assaisonné sur chaque rondelle. Mouiller les bords et refermer en pressant bien. Piquer à la fourchette le dessus de chaque chausson. Déposer sur une tôle à biscuits. Cuire au four à 375° F (190° C), jusqu'à ce que la pâte soit dorée.

Chaussons au poulet

2 tasses de poulet cuit
2 c. à soupe de beurre
½ tasse d'oignon haché
¼ tasse de céleri émincé
1 petite carotte râpée
1 c. à thé de persil haché
½ c. à thé de sauge
sel et poivre
1 c. à soupe de beurre
½ tasse d'eau
1½ c. à soupe de farine
votre recette de pâte à tarte préférée

Fondre le beurre ; faire revenir l'oignon, le céleri et la carotte râpée. Retirer du feu ; laisser tiédir. Incorporer au poulet. Fondre 1 c. à soupe de beurre, délayer la farine dans un peu d'eau. Ajouter la farine délayée et l'eau. Brasser jusqu'à épaississement ; assaisonner. Verser sur le poulet et les légumes ; bien mélanger. Laisser tiédir avant d'utiliser. Abaisser la pâte ; couper en rondelles de la grosseur d'une soucoupe. Déposer 1 c. à soupe de poulet assaisonné sur chaque rondelle. Mouiller les bords et refermer en pressant bien. Piquer à la fourchette le dessus de chaque chausson. Déposer sur une tôle à biscuits. Cuire au four à 375° F (190° C), jusqu'à ce que la pâte soit dorée.

Pâté de bœuf

1½ lb de bœuf dans la ronde
3 c. à soupe de beurre
1 oignon coupé en rondelles
½ c. à thé de thym
1 pincée de clous de girofle moulus
sel et poivre
¾ tasse d'eau
1½ c. à soupe de farine
votre recette de pâte à tarte préférée

Couper le bœuf en morceaux et le faire revenir dans le beurre avec l'oignon. Retirer le steak et l'oignon. Laisser tiédir. Couvrir de pâte le fond d'une casserole allant au four ; y verser le bœuf et les oignons. Délayer la farine dans un peu d'eau ; ajouter en même temps que l'eau. Brasser jusqu'à épaississement ; assaisonner. Jeter sur le bœuf. Couvrir de pâte, faire quelques incisions sur le dessus du pâté. Cuire au four, 1 heure, à 375° F (190° C).

Pâté de bœuf aux patates

(pommes de terre)

1 lb de bœuf cuit, haché
1 oignon émincé
3 c. à soupe de beurre
½ c. à thé de sarriette
1 pincée de muscade
sel et poivre
2 c. à soupe de farine
1½ tasse d'eau
pommes de terre pilées
1 blanc d'œuf

Fondre le beurre ; y faire revenir l'oignon. Ajouter la farine en brassant sans arrêt. Ajouter l'eau et les assaisonnements ; brasser jusqu'à épaississement. Mélanger à la viande. Verser dans une casserole allant au four. Battre le blanc d'œuf en neige ; incorporer aux pommes de terre pilées ; étendre sur la viande. Cuire au four, à 325° F (165° C), jusqu'à ce que les pommes de terre soient bien dorées.

Pâté de famille

1 tasse de bœuf cuit
3 pommes de terre
1 oignon émincé
4 c. à soupe de graisse de rôti ou de beurre
1/4 c. à thé de thym
1 pincée de muscade
sel et poivre
eau
2 abaisses non cuites (votre recette préférée)

Fondre le gras ; y faire revenir l'oignon. Couper les pommes de terre en dés ; ajouter. Couper la viande en cubes, ajouter. Couvrir d'eau et mijoter 15 minutes. Laisser tiédir. Couvrir de pâte le fond d'une assiette à tarte. Y verser le bœuf préparé. Couvrir de pâte, faire quelques incisions sur le dessus du pâté. Cuire au four, à 350° F (175° C), jusqu'à ce que le pâté soit bien doré.

Pâté marin du Vieux-Québec

1 lb de poulet
1 lb de porc
1 lb de bœuf
1 gros oignon
1 c. à thé de persil émincé
1/2 c. à thé de thym ou de sarriette
1 pincée d'anis
sel et poivre
eau bouillante
2 abaisses non cuites (votre recette préférée)

Couper la viande en cubes très fins. Trancher l'oignon très fin, mélanger aux viandes et assaisonner. Déposer la moitié de ce mélange dans le fond d'une casserole épaisse. Couvrir de pâte et faire une incision au centre. Déposer le reste du mélange et la deuxième abaisse ; faire une incision au centre. Y verser lentement de l'eau bouillante jusqu'à la surface de la pâte. Cuire au four à 400° F (205° C), 30 minutes. Réduire la température à 250° F (120° C), et cuire environ 5 heures.

Pâté au poulet

1 poulet
6 tasses d'eau
1 morceau de lard salé
1 gros oignon
8 grains de poivre
1/2 c. à thé de sarriette
1 feuille de laurier
1 gousse d'ail
sel au goût
3 c. à soupe de beurre
1/4 tasse d'oignon émincé
2 c. à soupe de farine
1 abaisse non cuite (votre recette préférée)

Nettoyer et ficeler le poulet. Déposer dans un chaudron épais avec le lard salé, l'oignon, le poivre, la sarriette, le laurier et l'ail. Couvrir d'eau et mijoter 1 1/2 heure. Retirer le poulet de son bouillon et le désosser. Passer le bouillon et réserver. Fondre le beurre ; y faire revenir les oignons et le poulet. Délayer la farine dans 1 tasse de bouillon et ajouter au reste du bouillon en brassant sans arrêt jusqu'à épaississement. Déposer le poulet et les oignons dans une casserole allant au four. Couvrir de bouillon épaissi. Couvrir de pâte ; faire quelques incisions sur le dessus du pâté. Cuire au four, à 350° F (175° C), jusqu'à ce que la pâte soit bien dorée.

Pâté de veau

1 tasse de veau cru, coupé en dés
4 c. à soupe de beurre
1/2 tasse de carottes, coupées en dés
1/2 tasse de pommes de terre, coupées en dés
1/4 tasse de céleri, coupé en dés
1/4 tasse d'oignon haché
2 1/2 tasses de bouillon
1 pincée de clous de girofle moulus
1/2 tasse de pois verts en conserve
sel et poivre
farine grillée
2 abaisses non cuites (votre recette préférée)

Fondre le beurre ; y faire dorer le veau, les carottes, les pommes de terre, le céleri et l'oignon. Ajouter le bouillon, le clou de girofle, le sel et le poivre. Mijoter 10 minutes. Ajouter, au goût, un peu de farine grillée délayée dans autant d'eau pour épaissir le bouillon. Saler et poivrer. Laisser tiédir avant d'utiliser. Ajouter les pois verts. Couvrir de pâte le fond d'une assiette à tarte. Y verser le veau préparé. Couvrir de pâte ; faire quelques incisions sur le dessus du pâté. Cuire au four, à 350° F (175° C), jusqu'à ce que la pâte soit bien dorée.

Pâté de veau de ma grand-mère

1 lb de veau haché
4 onces de lard salé, haché
1 petit oignon émincé
1 feuille de laurier
1 pincée d'anis
poivre au goût
1/2 tasse d'eau chaude
2 abaisses non cuites (votre recette préférée)

Verser l'eau chaude dans un poêlon. Ajouter le veau, le lard salé, l'oignon, le laurier et l'anis. Cuire en brassant constamment. Poivrer au goût. Retirer la feuille de laurier. Laisser tiédir avant d'utiliser. Couvrir de pâte le fond d'une assiette à tarte. Y verser le veau préparé. Couvrir de pâte, faire quelques incisions sur le dessus du pâté. Cuire au four, à 350° F (175° C), jusqu'à ce que la pâte soit bien dorée.

« Pelotes » au lard salé

2 pintes d'eau
2 c. à thé de sel
1 lb de lard salé
1 lb de bœuf haché maigre
2 oignons émincés
1/2 c. à thé de clous de girofle moulus
1 pincée de muscade
poivre au goût

3 tasses de farine
3 c. à soupe de poudre à pâte
1 c. à thé de sel
eau froide

Faire bouillir l'eau et le sel. Couper le lard salé en dés ; mélanger avec le bœuf haché, les oignons, le céleri, le clou, la muscade et le poivre. Mélanger la farine, la poudre à pâte, le sel et assez d'eau pour faire une pâte dure. Abaisser la pâte ; couper en rondelles de la grosseur d'une grosse soucoupe. Déposer 1 c. à soupe du mélange sur chaque rondelle. Mouiller les bords et refermer en pressant bien. Tourner les chaussons ainsi obtenus dans les mains et former des boules compactes. Plonger les boules dans l'eau bouillante. Couvrir. Cuire 20 minutes, sans ouvrir la marmite pour permettre à la pâte de bien lever.

Porc en biscuit

1 lb de porc en cubes
4 c. à soupe de beurre
2 oignons hachés
2 pommes de terre, coupées en gros dés
1 gousse d'ail
½ c. à thé de sarriette
1 pincée de clous de girofle moulus
2 c. à soupe de catsup maison
sel et poivre
1 tasse de bouillon

Pâte à biscuits :
1 tasse de farine
1 c. à thé de poudre à pâte
1 c. à thé de sel
1½ c. à thé de graisse
2 c. à thé de persil émincé
et assez de lait pour faire une pâte épaisse

Faire dorer le porc dans le beurre, ajouter les oignons et l'ail. Ajouter les pommes de terre, le bouillon et les assaisonnements, mijoter 30 minutes.

Déposer la viande et les pommes de terre dans une casserole allant au four. Recouvrir de pâte. Cuire au four à 350° F (175° C), jusqu'à ce que la pâte soit bien dorée.

Tourtière de ma grand-mère

2 lb de bœuf haché
1 lb de veau haché
1 lb de porc haché
2 oignons émincés
1 gousse d'ail émincée
1 c. à thé de sarriette
½ c. à thé de clous de girofle moulus
¼ c. à thé de muscade
¼ c. à thé de cannelle
pincée de sucre
sel et poivre au goût
8 abaisses non cuites (votre recette préférée)

Mélanger tous les ingrédients dans un chaudron épais ; ajouter de l'eau à la moitié du chaudron. Mijoter 1 heure en brassant souvent. Laisser tiédir avant d'utiliser. Couvrir de pâte le fond de 4 assiettes à tarte. Y verser la viande. Couvrir de pâte ; faire quelques incisions sur le dessus de chaque tourtière. Cuire au four, à 350° F (175° C), jusqu'à ce que la pâte soit bien dorée.

Tourtière au lard salé

1/2 lb de lard salé entrelardé
1 gros oignon émincé
3 tasses de pommes de terre tranchées
sarriette au goût
poivre au goût
2 abaisses non cuites (votre recette préférée)

Trancher finement le lard salé, le faire revenir au poêlon. Ajouter les oignons, les pommes de terre. Les faire dorer. Assaisonner. Laisser tiédir avant d'utiliser. Couvrir de pâte le fond d'une assiette à tarte. Y verser le mélange. Couvrir de pâte ; faire quelques incisions sur le dessus de la tourtière. Cuire au four, à 350° F (175° C), jusqu'à ce que la pâte soit bien dorée.

Tourtière maigre

2 lb de bœuf haché maigre
2 lb de veau haché maigre
2 oignons émincés
1 gousse d'ail émincée
1/2 c. à thé de sarriette
1/2 c. à thé de thym
1/2 c. à thé de clous de girofle moulus
1 pincée de muscade
1 pincée de gingembre
sel et poivre
8 abaisses non cuites (votre recette préférée)

Mélanger tous les ingrédients dans un chaudron épais. Ajouter de l'eau à la moitié du chaudron. Mijoter 1 heure en brassant souvent. Laisser tiédir avant d'utiliser. Couvrir de pâte le fond de 4 assiettes à tarte. Verser le mélange de viande. Couvrir de pâte. Faire quelques incisions sur le dessus de chaque tourtière. Cuire au four, à 350° F (175° C), jusqu'à ce que la pâte soit bien dorée.

Tourtière de ménage

3 lb de porc haché
1 lb de veau haché
2 oignons émincés
1 gousse d'ail émincée
1/2 c. à thé de clous de girofle moulus
1/4 c. à thé de muscade
1/4 c. à thé de cannelle
sel et poivre
8 abaisses non cuites (votre recette préférée)

Mélanger tous les ingrédients dans un chaudron épais. Ajouter de l'eau à la moitié du chaudron. Mijoter 1 heure en brassant souvent. Laisser tiédir avant d'utiliser. Couvrir de pâte le fond de 4 assiettes à tarte. Verser la viande. Couvrir de pâte. Faire quelques incisions sur le dessus de chaque tourtière. Cuire au four, à 350° F (175° C), jusqu'à ce que la pâte soit bien dorée.

Tourtière de ménage aux patates

(pommes de terre)

3 lb de porc haché
1 lb de veau haché
2 oignons émincés
1 gousse d'ail émincée
½ c. à thé de clous de girofle moulus
1 pincée de muscade
1 pincée de cannelle
2 tasses d'eau
sel et poivre
3 pommes de terre en purée
1 c. à thé de sarriette
8 abaisses non cuites (votre recette préférée)

Mélanger tous les ingrédients sauf les pommes de terre et la sarriette dans une grande marmite. Mijoter 1 heure en brassant souvent. Ajouter les pommes de terre et la sarriette, bien mélanger. Laisser tiédir avant d'utiliser. Couvrir de pâte le fond de 4 assiettes à tarte. Verser le mélange. Couvrir de pâte. Faire quelques incisions sur le dessus de chaque tourtière. Cuire au four, à 375° F (190° C), jusqu'à ce que la pâte soit bien dorée.

Tourtière aux patates

(pommes de terre)

5 pommes de terre
2 c. à soupe de beurre
lait
½ c. à thé de sarriette
sel et poivre
2 oignons émincés
1 c. à soupe de beurre
2 abaisses non cuites (votre recette préférée)

Faire bouillir les pommes de terre et les mettre en purée légère avec le beurre et un peu de lait. Ajouter la sarriette, le sel et le poivre. Faire fondre 1 c. à soupe de beurre. Y faire revenir les oignons. Ajouter à la purée de pommes de terre. Laisser tiédir avant d'utiliser. Couvrir de pâte le fond d'une assiette à tarte. Y verser la purée. Couvrir de pâte. Faire quelques incisions sur le dessus de la tourtière. Cuire au four, à 350° F (175° C), jusqu'à ce que la pâte soit bien dorée.

Tourtière traditionnelle

(Recette familiale)

5 lb de porc frais haché
3 oignons émincés
1 c. à thé de sarriette
1 c. à thé de clous de girofle moulus
1 feuille de laurier
1 tasse d'eau
sel et poivre
8 abaisses non cuites (votre recette préférée)

Mélanger tous les ingrédients dans un chaudron épais. Mijoter 1 heure en brassant souvent. Retirer la feuille de laurier. Laisser tiédir avant d'utiliser. Couvrir de pâte le fond de 4 assiettes à tarte. Y verser la viande. Couvrir de pâte. Faire quelques incisions sur le dessus de chaque tourtière. Cuire au four, à 350° F (175° C), jusqu'à ce que la pâte soit bien dorée.

Tourtière traditionnelle aux patates

(pommes de terre) (recette familiale)

4 lb de porc haché
3 oignons émincés
3 pommes de terre râpées
1 gousse d'ail émincée
1 c. à thé de sarriette
1 c. à thé de clous de girofle moulus
2 tasses d'eau
sel et poivre
8 abaisses non cuites (votre recette préférée)

Mélanger tous les ingrédients dans un chaudron épais. Mijoter 1 heure en brassant souvent. Laisser tiédir avant d'utiliser. Couvrir de pâte le fond de 4 assiettes à tarte. Y verser la viande. Couvrir de pâte. Faire quelques incisions sur le dessus de chaque tourtière. Cuire au four, à 350° F (175° C), jusqu'à ce que la pâte soit bien dorée.

Tourtière au canard

1 canard
2 oignons émincés
4 c. à soupe de lard salé, coupé en dés
2 tasses de bouillon de poulet
farine grillée
$1/2$ c. à thé de sarriette
1 pincée de clous de girofle moulus
1 pincée de muscade
sel et poivre
2 abaisses non cuites (votre recette préférée)

Nettoyer le canard, le désosser et couper la viande en petits morceaux. Fondre le lard salé dans un chaudron épais. Y faire revenir les oignons et la viande de canard. Ajouter le bouillon et assez d'eau pour couvrir. Mijoter 2 heures. Vérifier le niveau de l'eau tout au long de la cuisson. Couler le bouillon ; réserver le canard et les oignons. Mesurer 3 tasses de bouillon ; assaisonner. Ajouter un peu de farine grillée délayée dans autant d'eau, et brasser jusqu'à épaississement. Ajouter la viande ; mijoter quelques minutes. Laisser tiédir avant d'utiliser. Couvrir de pâte le fond d'une assiette à tarte. Y verser la viande. Couvrir de pâte. Faire quelques incisions sur le dessus de la tourtière. Cuire au four, à 350° F (175° C), jusqu'à ce que la pâte soit bien dorée.

LES CIPAILLES

Cipaille, ci-pâte, cipâte, cipâtre, six-pailles, et quoi d'autre encore ; quelle version ? Impossible de cerner chaque appellation selon une région définie. Toutes les appellations sont éparpillées à travers le Bas de Québec, la Gaspésie et le Saguenay. Comme si, à la fin, chaque grand-mère avait inventé son appellation à elle, peu souvent juste, mais, et elle était prête à défendre sa maîtrise de l'art jusqu'au sang, décrivant un mets délicieux.

Cipaille de gibier

½ lb de lard salé
2 lb de chevreuil cuit
2 lb d'orignal cuit
2 perdrix cuites et désossées
1 lièvre cuit et désossé
2 gros oignons, coupés en tranches minces
3 lb de pommes de terre crues
2 c. à thé de sarriette
½ c. à thé de cannelle
¼ c. à thé de clous de girofle moulus
1 c. à soupe de sel
½ c. à thé de poivre
bouillon
votre recette de pâte préférée

La veille, cuire les viandes et mettre le lard à dessaler dans l'eau froide pour la nuit. Désosser et couper les viandes en gros dés. Peler les pommes de terre et les couper en gros dés. Trancher les oignons. Couper le lard en tranches minces. Mélanger les assaisonnements. Couvrir le fond d'un chaudron épais de pâte. Placer un rang de chevreuil, et saupoudrer d'assaisonnements, un rang d'oignon, un rang de pommes de terre. Puis un rang d'orignal, un de perdrix et un de lièvre. Continuer ainsi jusqu'à épuisement des viandes. Terminer avec un rang de pommes de terre et de lard. Couvrir d'une abaisse de pâte épaisse. Faire un bon trou au centre de la pâte et y verser lentement le bouillon jusqu'à égalité de la pâte. Couvrir le chaudron et porter au four. Cuire 5 heures, à 250° F (120° C). Ajouter du bouillon chaud au besoin en cours de cuisson.

Cipaille de Noël

1 poule
1 perdrix
1 patte de porc
1 jarret de veau
1 carotte râpée
1 oignon émincé
3 clous de girofle
1 branche de céleri, coupée en dés
1 feuille de laurier
sel et poivre

2 lb de veau haché
2 lb de porc haché
2 c. à soupe de gras
1 oignon émincé
3/4 tasse de mie de pain
1 feuille de laurier
1/2 c. à thé de sarriette
1/4 c. à thé de clous de girofle moulus
sel et poivre
bouillon
votre recette de pâte préférée

Déposer dans un chaudron épais, la poule, la patte de porc et le jarret de veau. Ajouter la carotte râpée, l'oignon émincé, le céleri, le clou de girofle, le laurier, le sel et le poivre. Couvrir d'eau, mijoter 2 1/2 heures. Ajouter la perdrix, mijoter encore 45 minutes. Retirer les viandes du bouillon ; le passer, le dégraisser et réserver. Désosser et dégraisser le pied de porc. Désosser la perdrix et la poule et réserver séparément. Fondre le gras, y faire revenir l'oignon. Ajouter le veau et le porc haché ; les faire revenir quelques minutes. Ajouter le laurier, la sarriette, le clou de girofle, le sel et le poivre. Couvrir d'eau et mijoter 2 heures. Laisser refroidir avant d'utiliser. Ajouter la mie de pain et bien mélanger. Couvrir le fond d'une lèchefrite d'une abaisse épaisse. Y déposer le veau et le porc haché. Puis les morceaux de poule et de perdrix ; et enfin la viande du pied de porc. Couvrir d'une abaisse de pâte épaisse. Faire un trou au centre de la pâte, et y verser lentement le bouillon jusqu'à égalité de la pâte. Cuire au four, 5 heures à 250° F (120° C). Ajouter du bouillon chaud au besoin en cours de cuisson.

Cipaille du Québec

1 poulet
1 perdrix
1 canard
1 filet de porc
1 tasse de farine
sel et poivre
1 lb de lard salé gras tranché
3 gros oignons, émincés
2 c. à soupe de persil
1 c. à thé de sarriette
½ c. à thé de clous de girofle moulus
1 pincée de cannelle
sel et poivre
3 tasses de pommes de terre râpées
bouillon
votre recette de pâte préférée

Désosser et couper en petits morceaux le poulet, la perdrix et le canard. Réserver les viandes séparément. Saler et poivrer la farine. Fondre le lard salé et retirer les tranches à mesure qu'elles sont dorées ; réserver. Enfariner les morceaux de poulet ; les faire revenir dans le gras du lard. Retirer à mesure qu'ils sont dorés et réserver. Répéter l'opération pour les morceaux de perdrix et les morceaux de canard. Passer le filet de porc au hachoir. Faire revenir les oignons dans le gras fondu ; ajouter le filet de porc et les assaisonnements. Couvrir d'eau et mijoter 1 heure. Laisser refroidir avant d'utiliser. Couvrir le fond d'un chaudron d'une abaisse de pâte épaisse. Y déposer le filet de porc cuit et un peu de pommes de terre râpées. Couvrir d'une abaisse de pâte plus mince et faire un bon trou au centre de l'abaisse. Ajouter ensuite un rang de morceaux de poulet, quelques tranches de lard salé grillé, un peu de pommes de terre râpées et couvrir d'une abaisse de pâte que vous aurez trouée au centre. Répéter l'opération pour la perdrix et le canard, jusqu'à épuisement des ingrédients. Couvrir d'une abaisse de pâte épaisse. Faire un bon trou au centre de la pâte et y verser lentement le bouillon jusqu'à égalité de la pâte. Cuire au four, 5 heures, à 250° F (120° C). Ajouter du bouillon chaud au besoin en cours de cuisson.

Cipaille moderne

1 poulet
2 lb de bœuf
2 lb de porc
2 lb de veau
1/2 lb de lard salé gras
3 gros oignons, coupés en tranches minces
2 c. à thé de sarriette
1/2 c. à thé de cannelle
1/4 c. à thé de clous de girofle moulus
sel et poivre
bouillon
votre recette de pâte préférée

La veille, cuire les viandes et mettre le lard à dessaler pour la nuit. Désosser et couper les viandes en dés. Trancher les oignons. Couper le lard en tranches minces. Mélanger les assaisonnements. Couvrir le fond d'un chaudron d'une abaisse de pâte épaisse. Placer un rang de poulet, un rang d'oignons et saupoudrer d'assaisonnements. Couvrir d'une abaisse de pâte plus mince ; en trouer le centre. Répéter l'opération pour le bœuf, le porc et le veau jusqu'à épuisement des ingrédients. Terminer par un rang de tranches de lard salé. Couvrir d'une abaisse de pâte épaisse ; en trouer le centre. Y verser lentement le bouillon jusqu'à égalité de la pâte. Cuire au four 5 heures, à 250° F (120° C). Ajouter du bouillon chaud au besoin en cours de cuisson.

Cipaille moderne aux patates

Ajouter 3 pintes de pommes de terre coupées en dés à la recette du cipaille moderne, suivre la même méthode de préparation. Couvrir le fond d'un chaudron d'une abaisse de pâte épaisse ; y déposer le poulet, un rang de pommes de terre, un rang d'oignons et saupoudrer d'assaisonnements. Couvrir d'une abaisse de pâte plus mince et en trouer le centre. Répéter l'opération pour le bœuf, le porc et le veau jusqu'à épuisement des ingrédients. Couvrir d'une abaisse de pâte épaisse ; en trouer le centre. Y verser lentement le bouillon jusqu'à égalité de la pâte. Cuire au four, 6 heures, à 250° F (120° C). Ajouter du bouillon chaud au besoin en cours de cuisson.

Ci-pâte d'autrefois

2 lb de bœuf
2 lb de porc frais
6 tasses de pommes de terre
3 oignons hachés
1 c. à thé de sarriette
1 pincée de clous de girofle moulus
1 pincée de muscade
sel et poivre
eau bouillante
votre recette de pâte préférée

Couper le bœuf et le porc en gros cubes. Couper les pommes de terre en gros cubes. Mélanger les oignons hachés et les assaisonnements. Couvrir le fond d'un chaudron d'une abaisse de pâte épaisse. Y déposer un rang de bœuf, un rang de pommes de terre et un rang d'oignons assaisonnés. Couvrir d'une abaisse de pâte mince ; en trouer le centre. Répéter l'opération pour le porc et ainsi de suite jusqu'à épuisement des ingrédients. Couvrir d'une abaisse de pâte épaisse. Faire un bon trou au centre de la pâte et y verser lentement l'eau bouillante jusqu'à égalité de la pâte. Couvrir le chaudron et porter au four. Cuire 5 heures, à 250° F (120° C). Ajouter de l'eau bouillante au besoin en cours de cuisson.

Cipâte de ma grand-mère

2 lb de bœuf
2 lb de veau
2 lb de porc frais
2 lb de chevreuil ou d'orignal
1 poulet
1 perdrix
1 lièvre
6 oignons émincés
3 pintes de pommes de terre en dés
3 c. à soupe de persil
2 c. à thé de sarriette
1/2 c. à thé de clous de girofle moulus
1/4 c. à thé de cannelle
1 pincée de muscade
sel et poivre
1/2 lb de lard salé gras
bouillon
votre recette de pâte préférée

Désosser le poulet, la perdrix et le lièvre et couper toutes les viandes en cubes, sauf le lard salé. Mélanger les épices et les oignons. Ajouter aux viandes et bien mélanger. Couvrir et mariner au frais toute une nuit. Couper le lard salé en dés et le faire fondre dans un grand chaudron. Retirer du feu et déposer un rang de viande et d'oignons, puis un rang de pommes de terre. Couvrir d'une abaisse de pâte ; en trouer le centre. Répéter jusqu'à épuisement des ingrédients. Couvrir d'une abaisse de pâte épaisse ; en trouer le centre. Y verser lentement le bouillon chaud jusqu'à égalité de la pâte. Couvrir et porter au four. Cuire 7 heures, à 250° F (120° C). Ajouter du bouillon chaud au besoin en cours de cuisson.

Ci-pâte de porc et de poulet

½ lb de lard salé
3 lb de porc
1 poulet
6 tasses de pommes de terre en dés
2 gros oignons hachés
1 c. à thé de sarriette
½ c. à thé de clous de girofle moulus
1 pincée de cannelle
1 pincée de muscade
sel et poivre
*1 recette de galettes de sarrasin
1 abaisse non cuite
bouillon

La veille, cuire le porc et le poulet. Désosser en petits morceaux. Mettre le lard à dessaler pour la nuit. Hacher les oignons et y mélanger les épices. Peler les pommes de terre et les couper en dés. Préparer une recette de galettes de sarrasin ; les faire petites. Couper le lard en tranches minces et en couvrir le fond d'un chaudron épais. Y déposer un rang de viande, un rang d'oignons et un rang de pommes de terre. Disposer les galettes de manière à laisser un trou au centre. Répéter jusqu'à épuisement des ingrédients et terminer par une abaisse de pâte épaisse au lieu de galettes. En trouer le centre ; y verser lentement le bouillon chaud jusqu'à égalité de la pâte. Couvrir le chaudron et porter au four. Cuire 5 heures à 250° F (120° C). Ajouter du bouillon chaud au besoin en cours de cuisson.

* Vous référer à la table des matières pour la recette des galettes de sarrasin.

Six-pâtes au lièvre

2 lièvres
3 lb de bœuf
2 lb de porc frais
10 pommes de terre coupées en dés
2 gros oignons émincés
1 c. à thé de sarriette
1 c. à thé de sucre
¼ c. à thé de clous de girofle moulus
1 pincée de muscade
sel et poivre
bouillon
votre recette de pâte préférée

Mariner le lièvre quelques heures dans l'eau vinaigrée. Rincer à l'eau froide ; désosser et couper en petits morceaux. Couper le bœuf et le porc en gros dés. Mélanger les assaisonnements et le sucre aux oignons. Couvrir le fond d'un chaudron épais d'une abaisse de pâte épaisse. Y déposer un rang de viande, un rang de pommes de terre et un rang d'oignons assaisonnés. Couvrir d'une abaisse de pâte plus mince ; en trouer le centre. Répéter jusqu'à épuisement des ingrédients. Couvrir d'une abaisse de pâte épaisse ; en trouer le centre et y verser lentement le bouillon chaud jusqu'à égalité de la pâte. Couvrir le chaudron et porter au four. Cuire, 5 heures, à 250° F (120° C). Ajouter du bouillon chaud au besoin en cours de cuisson.

LES GALANTINES

Galantine de porc

5 lb de porc dans l'épaule
1 gros oignon, coupé en quatre
1 gousse d'ail écrasée
1 feuille de laurier
1 c. à thé de sarriette
1 c. à thé de persil
1 pincée de clous de girofle moulus
1 pinte d'eau

Déposer tous les ingrédients dans un chaudron épais ; ajouter l'eau. Mijoter au moins 2 heures, jusqu'à ce que la viande soit tendre. Retirer le porc de son bouillon ; désosser et couper fin. Déposer la viande dans un grand bol de verre passé à l'eau froide. Remettre les os dans le bouillon ; porter à ébullition 15 minutes. Couler le bouillon et le verser sur la viande. Laisser tiédir avant de réfrigérer. Réfrigérer au moins 12 heures avant de servir.

Galantine de poulet

1 poulet de 5 lb
2 pintes d'eau
sel et poivre
1 carotte râpée
1 feuille de laurier
½ tasse de céleri émincé
½ c. à thé de sarriette
1 gros oignon émincé

Déposer tous les ingrédients dans un chaudron épais. Couvrir et porter à ébullition. Mijoter 3 heures. Retirer la viande de son bouillon et lui enlever la peau. Désosser le poulet et couper la viande en petits morceaux. Déposer la viande dans un grand bol de verre passé à l'eau froide. Faire réduire le bouillon de moitié à feu vif; le couler et le verser sur la viande. Laisser tiédir avant de réfrigérer. Réfrigérer au moins 12 heures avant de servir.

Galantine de veau

1 jarret de veau
2 lb de veau dans l'épaule
1 gros oignon coupé en quatre
8 grains de poivre
2 feuilles de laurier
½ tasse de céleri émincé
2 c. à thé de sel

Déposer tous les ingrédients dans un chaudron épais. Couvrir d'eau et porter à ébullition. Mijoter 2 heures. Retirer la viande et la couper en petits morceaux. La déposer dans un bol de verre passé à l'eau froide. Couler le bouillon; porter à ébullition et bouillir 15 minutes. Verser sur la viande. Laisser tiédir avant de réfrigérer. Réfrigérer au moins 12 heures avant de servir.

LES OEUFS

Oeufs dans le sirop

Oeufs
sirop d'érable

Verser le sirop dans une casserole. Porter à ébullition ; réduire le feu. Casser les œufs et les glisser un à la fois dans le sirop bouillant. Laisser cuire et servir avec le sirop de cuisson.

Omelette au fromage

6 œufs légèrement battus
5 c. à soupe de lait
1/4 tasse d'oignon émincé
1 tasse de fromage coupé en dés
1 pincée de sarriette
sel et poivre
persil

Mélanger tous les ingrédients et cuire dans le gras de votre choix.

Omelette au jambon

6 œufs légèrement battus
5 c. à soupe de lait
1/4 tasse d'oignon émincé
3/4 tasse de jambon coupé en dés
1 pincée de sarriette
sel et poivre

Mélanger tous les ingrédients et cuire à feu doux dans le gras de votre choix.

Omelette aux oignons

6 œufs
1 oignon émincé
4 c. à soupe de lait
sel et poivre
1 pincée de sarriette
1 pincée de sucre
3 c. à soupe de beurre

Fondre le gras ; y faire dorer l'oignon. Mélanger les autres ingrédients et verser sur les oignons. Cuire à feu doux.

Omelette nature

6 œufs
4 c. à soupe d'eau froide
1 c. à soupe de farine
sel et poivre
persil

Mélanger tous les ingrédients. Cuire dans le gras de votre choix.

Omelette aux « oreilles de crisse »

12 tranches de lard salé
12 œufs battus légèrement
1/2 tasse de lait
poivre au goût

Faire bouillir les tranches de lard salé 5 minutes pour les dessaler. Égoutter et déposer dans un poêlon et faire rôtir. Mélanger les autres ingrédients, verser sur les grillades et laisser cuire quelques minutes.

Omelette au pain

1 tasse de pain sec
1 1/2 tasse de lait
1/2 c. à thé de poudre à pâte
1 1/2 c. à thé de fécule de maïs
3 jaunes d'œufs battus
sel et poivre
persil au goût
3 blancs d'œufs battus en neige

Verser le lait sur le pain sec et laisser reposer quelques minutes ; bien mélanger. Ajouter les jaunes d'œufs battus, le sel et le poivre, le persil, la poudre à pâte et la fécule de maïs. Bien mélanger. Ajouter les blancs d'œufs battus ; incorporer. Cuire dans le gras de votre choix.

Omelette aux pommes de terre

6 œufs
3 pommes de terre, râpées
4 c. à soupe de lait
1 oignon émincé
poivre au goût
persil
6 tranches de lard salé, entrelardé

Faire bouillir les tranches de lard salé 5 minutes pour les dessaler. Égoutter ; les déposer dans un poêlon et les faire rôtir. Mélanger les autres ingrédients et verser sur les grillades. Couvrir et cuire à feu doux 15 minutes.

LE JARDIN POTAGER

Le potager

Le potager, quand l'on dispose du terrain voulu, est un concept domestique qui était presque passé de mode. Fruits et légumes ne grevaient pas le budget outre mesure. Mais il y a désormais l'inflation, les coûts de transport et, disons-le puisque les gouvernements que nous élisons se bouchent soigneusement les yeux pour ne rien voir, il y a aussi la grandissante cupidité des intermédiaires, de plus en plus nombreux.

Le potager devient alors, pour le budget, une protection fort appréciée. Dans le Québec traditionnel, celui de la paisible vie d'antan, le potager était inévitable et essentiel. Pas une femme rurale qui n'ait eu, d'une année à l'autre, ce précieux carré où croissaient légumes d'été et légumes d'hiver, baies et petits fruits.

Aujourd'hui, il y a une petite proportion de citadins qui disposent d'un microscome de terrain ; les banlieusards sont mieux nantis et, bien sûr, la femme rurale en a plus qu'elle n'en peut utiliser.

Avec les évolutions récentes, l'on peut même cultiver à l'intérieur, sous des lumières spéciales, et selon l'espace dont on dispose, au sous-sol, au grenier ou dans une chambre libre.

Le potager normal est celui en pleine terre, toutefois, et c'est plutôt de lui dont il sera question.

La terre du jardin

Le potager idéal est semé en terre meuble, bien drainée, contenant le plus possible d'humus, une terre riche, qui garantira des insectes nuisibles et des maladies attaquant les plantes.

Il est difficile de cultiver dans une terre forte (cf : glaiseuse), car le sol retient l'eau. Trop d'humidité statique nuit à la bonne croissance. Les maladies et les insectes profitent de la faiblesse des plantes et peuvent causer d'importants dommages.

Il est vrai que l'on peut combattre les insectes et les maladies. Mais l'on ignore trop les nombreux moyens dits « organiques » et l'on se laisse séduire par la prétendue grande efficacité des insecticides et fongicides chimiques, avec tous les dangers que l'expérience nous apprend sur l'emploi de tels produits.

Le dicton doit devenir lancinant et toujours appliqué. Un sol riche produit une plante en santé, et la plante en santé résiste à presque toutes les attaques, ou alors n'en souffre que très peu.

Tel potager en sol riche et drainé donnera la presque totalité de la récolte de l'ensemble des plantes au cours de leur fruitaison, sans presque de perte, et avec une remarquable qualité de produits.

Constitution d'un sol riche

Autrefois, le potager était le petit empire de la femme rurale. Elle avait appris d'enfance, des secrets et des méthodes. Le rôle de l'homme se bornait à créer pour elle la sorte de sol qu'elle désirait, et il y avait de plus le bêchage du printemps et la mise en hivernage du jardin à l'automne, qui étaient la tâche des hommes.

Les garçons, au jeune âge, avaient le plus souvent mission de cet ouvrage.

L'on amendait la terre si elle était trop forte, en lui ajoutant du sable en quantité, pour aider au drainage. Le fumier pourri lui était aussi ajouté en quantité, et si le fermier disposait d'un lot de bois de coupe au bout de sa terre, l'on savait trouver là deux ou trois charretées de terre noire, humus pur, mais très acide, qui était incorporée par bêchage ou hersage (ou labour si le potager était assez grand).

D'autres gens, plus fortunés, disposaient d'avance d'un riche sol de surface en terre brune, recouvrant un fond sablonneux. À une telle belle nature de sol, l'on n'ajoutait que du funier pourri, surtout du fumier de cheval. Il y avait même des échanges qui se faisaient entre fermiers, celui qui possédait plus de chevaux troquant avec l'autre qui possédait des cochons en quantité.

Le fumier de cochon frais ou pourri, est un fumier très fort, qui s'étendait plutôt à l'automne sur les champs à pacage ensemencés, et bien rarement au jardin, à moins qu'il ne s'agisse d'une terre si glaiseuse qu'elle soit difficile à amender.

La disposition du jardin

La fermière d'autrefois, qui rêvait d'un jardin de grande variété, planifiait la disposition des espèces et leur rotation au cours de l'hiver, utilisant les feuilles de cahiers d'école de ses petits, et traçant le plan à l'aide d'un crayon à mine grasse pris dans leur coffre.

La rotation, surtout, était essentielle. Le fermier savait, depuis longtemps, que l'on ne devait pas cultiver certaines espèces deux fois de suite dans le même sol. Il faut voir à ne pas apprauvrir le sol de minéraux particuliers, etc.

Sans entrer dans le détail assez complexe d'une telle rotation, disons que les tomates, friandes d'une terre acide, risquent de rendre le sol alkalin.

Cela, notre fermière le savait et planifiait son potager en conséquence. Rien n'était oublié. Il n'y avait pas de plantes hybrides à l'époque. La graine recueillie à la pleine maturation était conservée dans un lieu très sec et frais.

Cette provision de diverses graines entrait aussi en ligne de compte dans la planification du jardin. Une journée très lumineuse du mois de janvier, alors que l'éclairage était cru, la fermière apportait sur la table, disposées sur un grand coton blanc, les graines entreposées, et triait parmi celles-ci toutes les plus belles, celles dont la germination serait assurée ; des semences saines et fertiles.

Ainsi, quand en février elle traçait le plan du potager, elle connaissait ses réserves de graines, et savait d'emblée quel espace elle pourrait leur réserver.

Les plants à transplanter

Tout, dans un jardin, n'est pas semé, et tout n'est pas transplanté. L'on sème les tomates, pour les transplanter après les dangers de gel. L'on a tôt procédé de la même façon pour les concombres et les melons, puis, vers 1915, alors que les piments (poivrons) et les courges sont apparus, il a fallu constater que ces plants aussi devaient être commencés dans la maison.

Aujourd'hui, l'on dispose de vaisseaux en mousse de tourbe pressée, de grands contenants plats en plastique, de terreau stérilisé et quoi encore, pour une telle aventure.

La femme rurale d'autrefois avait de moindres moyens. Au tout début, elle usait de boîtes plates en bois que son mari ou son fils fabriquaient.

Plus tard, quand arrivèrent les boîtes de conserve, le sort en fut jeté des boîtes de bois.

Il suffisait d'une tablette installée à la lumière dans une grande fenêtre, de terre du jardin que l'on avait eu la prudence d'entrer dans le hangar à l'automne et de quelques grosses boîtes vides de conserve, en fer blanc.

On y partait tout ce qui était à partir, autant de tablettes que de fenêtres, autant de boîtes qu'elles pouvaient en porter, et deux ou trois tables à la fenêtre, autant de plants à disposer, le chaud printemps venu.

Lorsque, dans une pièce assez chaude, devant une fenêtre, il y avait une table libre, celle-ci était alors couverte de boîtes dans des soucoupes, pour que l'arrosage se fasse sans abîmer la table.

Car, évidemment, les boîtes de fer blanc étaient percées au fond et quelques tessons de grès garantissaient le drainage.

C'était rudimentaire si l'on compare aux méthodes modernes, mais infiniment mieux que la façon de procéder des premiers colons.

La germination des plants de transplantation étant bien en marche, la femme émondait les touffes de plants émergeant de terre et ne gardait que les plus robustes.

Le plus souvent, deux ou trois plants par boîte seulement. Et quand chacun des plants avait atteint cinq à six pouces de hauteur et qu'il croissait allègrement, alors il était transplanté, cette fois tout seul, et dans une plus grosse boîte.

Le moindrement que le jardin fût grand et le nombre de plants considérable, la maison au printemps était encombrée d'une mer de feuillage, et pour peu que le gel persiste au dehors et que le printemps tarde tellement à venir que l'on en implorait l'arrivée rapide aux intentions particulières de la prière du soir en famille, alors les plants en attente se mettaient à fleurir.

La fermière se rongeait les sangs en apercevant ces fleurs. Elle savait bien que planter un plant fleuri le retarde, et elle ne voulait pas cueillir ses tomates à la fin août ni ses concombres après la rentrée des classes.

Plantations et semailles

Quand enfin l'on pouvait se hasarder à travailler la terre, il y avait là une ruée qui mettait à contribution toute la famille, les enfants du temps n'étaient pas allergiques au travail et aux entreprises familiales.

Comme de raison, la mère, grande patronne du jardin, menait rondement la tâche. Elle avait conservé de la laine qui avait mal pris la teinture, et l'avait garée, avec les outils du jardin, dans une grosse boîte vide de bottes, précieusement remisée quand son mari avait renouvelé, un jour, ses chaussures de bûchage, les grosses bottes à pied de caoutchouc et à hausses de cuir lacées.

L'un des jeunes fils était mis à couper des baguettes à même les « branchailles » mises au feu d'abattis.

Ces baguettes et la laine délavée servaient à tracer les semis dans les carrés que le père et les grands fils avaient surélevés à la gratte partout dans l'espace du potager.

Ce carré accueillerait six rangs d'oignons. L'autre serait en longues files de radis. S'il y en avait à l'ombre, on y sèmerait la laitue.

Légumes de froid et d'ombre, légumes de pleine chaleur. Tomates au grand soleil, concombres qui aiment les nuits fraîches, navets en sol plus sec, donc semés en bordure des carrés, betteraves en sol riche et friable, et persil discret bordant la laitue.

Aux rares excursions vers le magasin général du village, l'on avait jalousement rangé les sacs de papier de vingt livres (on en quêtait même des neufs chez le marchand, ou encore on les troquait contre deux minots de patates ou de navets, si les achats de l'année n'étaient pas assez considérables).

Trois ou quatre baguettes encore, plus hautes celles-là, et plantées autour du jeune plant. S'il y avait signe de gel, aussitôt un sac était enfilé sur les baguettes, et le plant de tomate dormait bien au chaud dans son petit logis de papier.

Et ce que les vieux avaient du nez pour le gel ! Rares étaient les maisons où n'habitait pas un grand-père.

À lui on pouvait se fier. Il allait mettre le pied dehors, regardait le ciel, humait l'odeur du temps, et parfois le goûtait de la langue.

Quand il rentrait, il avait son idée faite. À l'aube, il gèlerait, ou ne gèlerait pas.

Plus tard, des savants dirent que c'était tout simple. Y a-t-il menace de gel ? Arrosez très tard le soir. La mystérieuse science dit que vos plants ne périront pas.

Mais dans le temps, les seuls savants étaient les grands-pères. On faisait comme ils disaient et les plants ne périssaient pas.

Les soins du potager

Bien que les enfants fussent mis à partie tant que le potager exigeait des tâches, c'était, comme toujours, la mère qui en assumait la direction.

Un potager, qu'il soit des temps anciens ou des temps modernes, n'est jamais une sinécure. Tant mieux si la terre est de riche humus, la croissance ne sera que plus rapide et plus saine.

Mais les mauvaises herbes aussi aiment la bonne terre tout autant que les légumes. Ce n'est pas leur faute, et elles l'ignorent bien si elles sont mauvaises. En elles-mêmes, intrinsèquement, elles sont des plantes reconnues, classées et baptisées par les botanistes. Tout comme l'écureuil et l'étourneau, le lièvre et la perdrix ont droit d'être et le légitime privilège de survivre.

Les mauvaises herbes ont le malheur de n'être pas toujours comestibles, ni cultivées ; alors l'homme, toujours le pire prédateur, les arrache impitoyablement. Surtout dans un potager d'humus fertile...

Sous la direction de la mère, les plus jeunes sarclaient donc, dégageant les tiges frêles, assurant aux légumes en devenir la domination du sol et l'exclusivité de la nutrition aux racines.

Il y a une période dans un potager où le combat contre la mauvaise herbe est particulièrement critique. Les pousses sont jeunes. N'ayant pas la force sauvage de leurs rivales, ni leur puissante audace, il faut assurer la suprématie du carré où elles tentent de croître et de survivre.

Chaque jour donc, dans les premiers temps, il faut protéger les plants, désherber, et avec une vieille fourchette, comme notre aïeule, bien cultiver, bien remuer la terre au pied de chaque pousse.

Plus tard, l'on arrache et déracine les herbes gênantes. Et vient un moment où les plantes se mettent à donner, les haricots jaunissent et allongent, les pois font du ventre dans leurs cosses, les tomates toutes jeunes apparaissent et se sentent bien prêtes à acquérir leur dimension.

La conservation des légumes

Autant le potager peut donner, autant il a toujours été important d'en pouvoir conserver le produit.

L'hiver canadien, avec ses froidures et ses poudreries, impose à chacun de savoir s'alimenter sainement, de façon substantielle et réconfortante. Le garde-manger doit pourvoir. L'on verra dans ce livre ce qui concerne la viande et ses divers procédés de conservation. Ce qui concerne aussi les fruits et les baies ou petits fruits, et, dans une certaine mesure, le poisson.

Le caveau

Les légumes racines — patates, navets, carottes — ont ceci en commun, qu'étant donné un système adéquat de conservation, les provisions peuvent durer d'une récolte à l'autre.

C'est le caveau qui remplit le mieux cette fonction. Et c'était l'une des premières installations à pourvoir lorsque le jeune marié agriculteur prenait possession de sa première terre.

Et c'était l'aîné, le patriarche, le grand-père, qui enseignait au jeune homme la meilleure façon, selon la nature du sol et sa configuration, de creuser et installer le caveau à légumes.

Il y avait en cela une très vieille tradition. L'on a retrouvé les vestiges de caveaux chez les plus anciens peuples agriculteurs, sur tous les continents. Nos colons de Nouvelle-France apportaient avec eux, non seulement le savoir en matière de caveaux qui date de plusieurs siècles en France, mais aussi le savoir transmis et assimilé provenant des Celtes, des Saxons et des Vikings.

Car le caveau n'était pas, et n'est pas, un simple trou dans la terre. Selon qu'on l'établit dans un sol sablonneux, un sol d'humus riche, ou de terre glaiseuse, il sera plus ou moins profond, plus ou moins ventilé, et son drainage essentiel sera plus ou moins compliqué.

L'on doit arriver à un abri sombre, frais mais sans gel, sec, et de température aussi constante que possible, ne dépassant pas 45° F.

L'accès en était facile, la distance de la maison assez courte pour que l'entretien d'un passage d'hiver ne soit pas une tâche surhumaine.

Dès les premiers établissements agricoles de la colonie, jusqu'à ces récentes décennies où l'agriculture au Québec se mit en tête d'être mécanisée, industrialisée et spécialisée, le caveau avait sa tranquille place d'honneur près de la maison. Il se peut bien qu'il reprenne ce rang respecté à mesure que se manifeste une agriculture parallèle, en révolte contre l'industrialisation, et qui présage d'un retour à la terre nourricière, d'où tirer la plus grande partie de sa survie. Comme elle était autrefois, et comme elle fut supplantée par l'industrie et la mécanique.

Le caveau ayant été conçu selon les règles, le jardin venait le remplir. Patates et navets étaient conservés dans le sable sec, de même que les carottes. Les choux d'hiver, même s'ils ne sont pas des légumes-racines, allaient au caveau. Débarrassés d'un surplus de feuilles, ils étaient pendus par la queue aux solives de l'abri, de même les oignons.

Les haricots à faire des fèves, pour autrefois les cassoulets, et plus tard les fèves au lard, étaient d'abord, selon les caprices du temps, séchés au soleil. Si l'on ne disposait pas d'un grenier sec et sans gel, les plants étaient pendus au caveau, et le dernier séchage se faisait dans le caveau.

Les provisions étaient abondantes, à la mesure des besoins de la famille, presque toujours nombreuse, en santé, travaillante et dotée d'un solide appétit.

Il fallait durer, dans les légumes de base, jusqu'à la prochaine récolte, et le caveau le permettait.

LES LÉGUMES

Asperges au beurre

Mettre les asperges à tremper dans l'eau froide, 30 minutes ; elles seront plus fermes une fois cuites. Les mettre cuire à l'eau bouillante salée. Égoutter. Arroser de beurre fondu. Saler et poivrer.

Asperges en sauce blanche

Mettre les asperges à tremper dans l'eau froide 30 minutes ; elles seront plus fermes une fois cuites. Les mettre à cuire à l'eau bouillante salée. Égoutter. Faire une sauce avec le beurre, la farine et le lait. Brasser jusqu'à ce qu'elle soit lisse et crémeuse. Saler et poivrer au goût et verser sur les asperges. Garnir de persil.

Sauce blanche :
2 c. à soupe de beurre
2 c. à soupe de farine
1 tasse de lait
sel et poivre
persil

Betteraves

Les laver, couper les tiges en laissant au moins un pouce. Mettre dans une casserole, couvrir d'eau et cuire jusqu'à ce qu'elles soient tendres. Égoutter. Passer à l'eau froide. Les peler. Servir arrosées de beurre fondu. Saler et poivrer au goût.

Betteraves au beurre

Peler et râper de jeunes betteraves. Fondre 2 c. à soupe de beurre ; ajouter les betteraves et quelques gouttes d'eau. Cuire 10 minutes en brassant de temps à autre. Saler et poivrer au goût.

Betteraves de ma grand-mère

4 betteraves
1 pomme râpée
1 oignon râpé
3 c. à soupe d'eau
3 c. à soupe de beurre
1 pincée de muscade
sel et poivre

Peler, râper les betteraves. Fondre le beurre ; ajouter les betteraves, la pomme, l'oignon et l'eau. Saupoudrer de muscade. Couvrir et mijoter à feu doux, 30 minutes. Brasser de temps à autre en cours de cuisson. Saler et poivrer au goût.

Feuilles de betteraves au beurre

2 tasses de feuilles de betteraves et de tiges
1/4 tasse d'eau salée
beurre
sel et poivre
1 pincée de muscade

Laver les feuilles et les tiges et les couper en morceaux grossiers. Déposer dans une casserole avec l'eau salée. Couvrir et porter à ébullition. Cuire 10 minutes. Égoutter. Arroser de beurre fondu aromatisé de muscade. Saler et poivrer au goût.

Blé d'Inde bouilli (maïs)

Enlever les feuilles et les barbes. Déposer les épis dans une casserole ; couvrir d'eau froide. Porter à ébullition ; laisser bouillir 10 minutes.

Blé d'Inde frit (maïs)

4 tasses de maïs en grains
1 oignon émincé
4 c. à soupe de beurre
sel et poivre

Fondre le beurre ; y faire dorer l'oignon. Ajouter le maïs en grains et faire frire quelques minutes. Saler et poivrer au goût.

Blé d'Inde lessivé (maïs)

Pour obtenir de l'eau lessivée, faire bouillir 1 pinte de cendres de bois franc dans un gallon d'eau. Laisser reposer et décanter. Pour lessiver le blé d'Inde, déposer 1 pinte de blé d'Inde égrené dans un très grand chaudron ; ajouter 10 pintes d'eau et 1 pinte d'eau lessivée. Laisser bouillir 3 heures. Égoutter et rincer à l'eau fraîche trois fois. Couvrir d'eau fraîche, porter à ébullition ; et laisser bouillir 30 minutes. Égoutter et rincer à l'eau fraîche deux fois. Faire tremper dans l'eau fraîche toute une nuit. Égoutter et étendre à sécher.

Carottes au beurre

Laver et peler les carottes. Cuire à l'eau bouillante jusqu'à ce qu'elles soient tendres. Arroser de beurre fondu. Saler et poivrer au goût.

Carottes aux fines herbes

Carottes
3 c. à soupe de beurre
1 oignon émincé
1/2 c. à thé de sel
1/2 c. à thé de sucre
2 c. à thé de persil
3 c. à soupe d'eau
1 pincée de thym
3 c. à soupe de crème

Laver, peler et râper les carottes. Disposer dans une casserole avec le beurre, l'oignon, le sel, le sucre, le persil, l'eau et le thym. Couvrir et mijoter à feu doux, 10 minutes. Brasser de temps à autre pendant la cuisson. Retirer du feu ; ajouter la crème.

Carottes au gingembre

carottes
1 c. à soupe de beurre
2 c. à thé de sucre
1/4 c. à thé de gingembre moulu

Laver et peler les carottes. Cuire à l'eau bouillante jusqu'à ce qu'elles soient tendres. Égoutter. Fondre le beurre ; ajouter le sucre et le gingembre. Ajouter les carottes. Mélanger un peu.

Citrouille à la crème

3 tasses de chair de citrouille
sel et poivre
2 tasses d'eau
3 c. à soupe de beurre
3 jaunes d'œufs
¼ tasse de crème
sel et poivre

Disposer les morceaux de citrouille dans une casserole. Ajouter l'eau, le sel et le poivre. Porter à ébullition. Mijoter 15 minutes. Égoutter. Fondre le beurre, y faire revenir les morceaux de citrouille. Égoutter. Battre les jaunes d'œufs dans la crème. Ajouter à la citrouille en remuant sans arrêt. Saler et poivrer au goût.

Chou braisé

1 chou
3 c. à soupe de beurre
3 c. à soupe de farine
3 tasses de lait
1 oignon émincé
1 pincée d'anis
sel et poivre
3 c. à soupe de fromage râpé

Blanchir le chou à l'eau bouillante 10 minutes, jeter l'eau. Couvrir d'eau froide additionnée de sel, porter à ébullition et poursuivre la cuisson 20 minutes. Préparer une sauce avec le beurre, la farine et le lait. Brasser jusqu'à ce qu'elle soit lisse et crémeuse. Ajouter l'oignon émincé, l'anis, le sel et le poivre. Égoutter le chou. Le déposer dans une casserole graissée. Verser la béchamelle. Saupoudrer de fromage râpé. Cuire au four, à 400° F (205° C), 15 minutes.

Chou à la crème

3 tasses de chou
½ tasse de crème
1 c. à soupe de beurre
2 c. à thé de persil
1 oignon émincé
1 pincée de clous de girofle
1 pincée de sucre
sel et poivre

Réchauffer dans une casserole la crème, le beurre, le persil, l'oignon, le clou de girofle et le sucre. Ajouter le chou ; couvrir et cuire à feu très lent, 45 minutes. Saler et poivrer au goût.

Chou farci

1 couenne de lard
1 chou
3 oignons émincés
2 carottes râpées
½ lb de reste de rôti de bœuf
5 c. à soupe de beurre
1 tasse de mie de pain
4 c. à soupe de lait
2 tasses de bouillon
½ c. à thé d'anis
1 pincée de sucre
sel et poivre

Verser le lait sur la mie de pain et laisser reposer quelques minutes. Blanchir le chou à l'eau bouillante 10 minutes ; jeter l'eau. Couvrir d'eau froide additionnée de sel ; porter à ébullition et poursuivre la cuisson 20 minutes. Égoutter et couper une tranche sur le dessus du chou qui servira de couvercle. Creuser le chou et remplir de la farce suivante : fondre le beurre ; y faire revenir le bœuf, les oignons, les carottes et la mie de pain. Retirer du feu, assaisonner. Farcir le chou. Remettre la tranche du dessus en place et ficeler solidement. Déposer la couenne côté gras sur le fond d'un chaudron épais ; y placer le chou. Arroser de bouillon ; couvrir et mijoter 3 heures.

Concombres en sauce blanche

2 concombres moyens
2 tasses d'eau
2 c. à soupe de vinaigre
½ c. à thé de sel
2 c. à soupe de beurre
2 c. à soupe de farine
1 tasse de lait
1 pincée d'anis
1 c. à soupe de persil
sel et poivre

Laver et peler les concombres ; les couper en tranches épaisses. Déposer dans une casserole avec l'eau, le vinaigre et le sel. Porter à ébullition ; bouillir 10 minutes et égoutter. Faire une sauce avec le beurre, la farine et le lait. Brasser jusqu'à ce qu'elle soit lisse et crémeuse. Ajouter l'anis, saler et poivrer au goût. Verser sur les concombres. Garnir de persil.

Courge au four

Laver et assécher une courge. La couper en deux et la vider de ses graines. Badigeonner l'intérieur de beurre fondu. Saler et poivrer. Cuire au four, 1 heure, à 350° F (175° C).

Petites fèves aux cailles

1 lb de haricots
¼ c. à thé de sarriette
2 œufs
1 tasse de fromage cheddar, râpé
1 oignon haché
½ tasse de caille (fromage de type cottage)
sel et poivre
2 c. à thé de persil

Laver et équeuter les haricots. Les faire bouillir à l'eau salée additionnée de sarriette, 15 minutes. Les égoutter et déposer dans une casserole beurrée. Battre les œufs, ajouter les autres ingrédients et bien mélanger. Verser sur les haricots et cuire au four à 350° F (175° C), jusqu'à ce que le dessus soit bien doré.

Petites fèves en sauce blanche

1 lb de haricots jaunes
2 c. à soupe de beurre
1 oignon émincé
1 petite carotte râpée
2 c. à soupe de farine
2 tasses de lait
1 c. à thé de sarriette
4 œufs cuits durs tranchés
sel et poivre

Laver et équeuter les haricots. Les faire bouillir à l'eau salée, 15 minutes. Égoutter et mettre de côté. Fondre le beurre ; y faire revenir l'oignon et la carotte quelques instants. Ajouter la farine et incorporer en brassant sans arrêt. Ajouter le lait et laisser épaissir la sauce en brassant sans arrêt. Retirer du feu ; ajouter les haricots et les œufs en même temps que la sarriette, le sel et le poivre. Réchauffer quelques instants avant de servir.

Navets blancs aux oignons

1 lb de petits navets blancs
1 pincée de sucre
1 tasse de petits oignons blancs pelés
4 c. à soupe de beurre
sel et poivre
1 pincée de sarriette

Laver et peler les navets, les couper en tranches minces. Faire bouillir dans de l'eau additionnée de sucre, 15 minutes. Égoutter. Fondre le beurre ; y faire revenir les petits oignons blancs. Ajouter le navet, la sarriette, le sel et le poivre. Faire revenir quelques instants et servir.

Navet en purée

1 navet
1/2 c. à thé de sucre
1 c. à soupe de crème
2 c. à soupe de beurre
sel et poivre au goût
1 pincée de sarriette
persil émincé

Laver et peler le navet, le couper en tranches minces. Faire bouillir dans de l'eau additionnée de sucre. Égoutter. Ajouter les autres ingrédients, assaisonner au goût et mettre en purée.

Patates sucrées au four

3 patates sucrées
3/4 tasse de cassonade
3/4 tasse d'eau
1 c. à soupe de beurre fondu
1 pincée de sel

Peler les patates et les couper en tranches épaisses. Déposer dans une casserole. Mélanger le reste des ingrédients et verser sur les patates sucrées. Couvrir et porter au four. Cuire 30 minutes, à 350° F (175° C). Découvrir et poursuivre la cuisson, 15 minutes.

Pissenlit à la graisse de rôti

½ lb de feuilles de pissenlit
4 c. à soupe de graisse de rôti ou de beurre
1 oignon émincé
1 c. à thé de vinaigre
sel et poivre

Cueillir des feuilles de pissenlit tôt au printemps. Laver et assécher. Fondre le gras ; y faire revenir l'oignon. Ajouter les feuilles de pissenlit, le vinaigre, le sel et le poivre. Poursuivre la cuisson jusqu'à ce que les feuilles soient tendres. Brasser de temps à autre pendant la cuisson.

Pommes de terre en escalopes

4 pommes de terre
3 c. à soupe de farine
3 c. à soupe de beurre
2 tasses de lait
1 c. à soupe de persil
sel et poivre

Peler, laver et trancher les pommes de terre. Déposer la moitié des pommes de terre dans une casserole beurrée. Saler et poivrer. Saupoudrer de persil et de la moitié de la farine. Ajouter le reste des pommes de terre et de farine. Saler et poivrer. Verser le lait et ajouter le beurre. Couvrir et cuire au four, 30 minutes, à 375° F (190° C). Découvrir et cuire encore 30 minutes.

Pommes de terre à la graisse de rôti

4 pommes de terre cuites
5 c. à soupe de graisse de rôti
sel et poivre
persil

Couper les pommes de terre en morceaux grossiers. Fondre la graisse de rôti avec un peu de la gélatine ; y faire revenir les pommes de terre jusqu'à ce qu'elles soient dorées. Saler et poivrer au goût. Garnir de persil.

Pelures de pommes de terre au four

Laver et brosser des pommes de terre. Peler épais ; un peu comme nos mères nous défendaient de le faire quand nous étions enfants. Fondre du beurre ; y retourner les pelures pour les enrober. Saler et poivrer. Étendre sur une tôle à biscuits. Cuire au four à 375° F (190° C), jusqu'à ce qu'elles soient bien croustillantes.

Tomates au beurre

2 lb de tomates fraîches
4 c. à soupe de beurre
1 oignon émincé
1 c. à soupe de sucre
1/2 c. à thé de thym
sel et poivre au goût

Ébouillanter et peler les tomates. Les couper en quartiers et laisser reposer 30 minutes ; elles se débarrasseront elles-mêmes de leur excédent d'eau. Fondre le beurre, y faire revenir l'oignon sans faire brunir. Ajouter les tomates et les autres ingrédients. Brasser sans arrêt, le temps de réchauffer les tomates.

LES SALADES

Salade de pissenlit

Feuilles de pissenlit
ciboulette
cailles ou crème fraîche
sel et poivre

Laver et assécher les feuilles de pissenlit. Hacher avec un peu de ciboulette. Déposer dans un bol et y verser du lait caillé ou de la crème fraîche. Saler et poivrer. On peut ajouter des pommes de terre cuites, coupées en dés.

Concombres à la crème

2 gros concombres
$1/2$ tasse de crème
1 c. à soupe de vinaigre
1 pincée de sucre
1 pincée d'anis
sel et poivre

Peler les concombres et les trancher minces. Laisser reposer une heure, qu'ils se débarrassent de leur surplus d'eau. Égoutter et assécher. Verser le vinaigre sur les concombres. Fouetter la crème ; ajouter le sucre et l'anis ; verser sur les concombres. Saler et poivrer au goût.

Salade aux cailles

Feuilles de laitue
ciboulette
cailles
sel et poivre

Laver et assécher la laitue. Hacher avec un peu de ciboulette. Déposer dans un bol et y verser du lait caillé. Saler et poivrer au goût.

LES POISSONS ET CRUSTACÉS

Le « boucanage » du poisson

Avant que ne se produisent les grandes expansions urbaines impliquant Québec, Trois-Rivières ou Montréal, il existait des pêcheurs exploitant la richesse poissonneuse de nombreuses rivières de ces régions. Le Saint-Laurent, l'Outaouais et le Richelieu en région de Montréal, la Chaudière, la Charny et le Saguenay en région de Québec, la Saint-François, la Bécancour et la Saint-Maurice en région de Trois-Rivières. Et c'est alors que naquit, au temps des transports lents, le « boucanage » ou fumage du poisson. L'on sait encore qu'au marché Bonsecours, à Montréal, qu'au marché Saint-Roch, à Québec, ou qu'au Platon de Trois-Rivières, il se vendait du poisson fumé tout autant que du gibier fumé, et peut-être beaucoup plus.

Des riverains des eaux régionales pêchaient à la semaine longue, fumaient leurs prises et les vendaient à la clientèle de la ville.

Au temps des premières autos, il y eut même des bourgeois qui venaient s'approvisionner sur place.

Le fumoir

Fumer un aliment consiste à le placer dans une fumée aussi épaisse que possible, aussi peu « goudronnée » que possible, et aussi odorante que possible. La construction d'un fumoir n'a besoin que de l'imagination et du sens pratique de son concepteur. Il faut un endroit hermétique où prendre les aliments, une source de fumée, et des parois à l'épreuve du feu.

Un foyer de brique enduit à l'intérieur de cette « terre à feu » vendue dans toutes les quincailleries, des murs perpendiculaires en brique aussi, avec des barres transversales de support ou des grillages, un couvercle de tôle épaisse troué pour éviter l'explosion de fumée, et voilà un fumoir pratique.

Pour fumer, de l'érable, du bouleau, du chêne rouge. Presque tous les bois, mais jamais de résineux, sapin, épinette, etc.

La préparation

L'anguille fumée est un délice de gourmet. Il faut enlever le limon qui la recouvre. Placez les anguilles dans un sac avec beaucoup de gros sel pendant une heure ou deux. Sortez et rincez. Quand l'anguille est bien propre, vous la brossez pour enlever le dépôt blanc qui la recouvre, vous coupez ensuite la tête, puis en ouvrant le poisson sur la longueur, vous le videz ; salez et poivrez l'intérieur une fois bien nettoyé, puis fumez.

Pour les autres espèces de poissons, vous n'utilisez pas le sel et le sac. Vous écaillez, étêtez, videz et après avoir salé et poivré l'intérieur, vous les fumez. Ou encore, vous filetez le poisson, assaisonnez et fumez sans plus de façon.

Court-bouillon

1 pinte d'eau
4 c. à soupe de vinaigre
1 carotte coupée en dés
1 oignon haché
1 branche de céleri émincé
1 c. à soupe de persil
1 feuille de laurier
sel et poivre

Mijoter ensemble tous les ingrédients 30 minutes, avant d'y faire pocher le poisson.

Farce à poisson

2 tasses de mie de pain
4 c. à soupe de lait
1 oignon émincé
1 c. à soupe de beurre
$1/2$ c. à thé de sarriette
sel et poivre

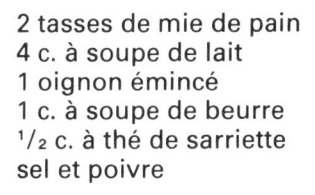

Verser le lait sur la mie de pain et laisser reposer quelques minutes. Fondre le beurre ; y faire revenir l'oignon. Mélanger tous les ingrédients et en farcir le poisson de votre choix.

Croquettes de poisson

2 tasses de poisson bouilli
2 tasses de pommes de terre en purée
1 c. à thé de sarriette
1 c. à thé de persil
sel et poivre
1 œuf
3 c. à soupe de lait
chapelure
gras

Bien mélanger le poisson, les pommes de terre, la sarriette, le persil, le sel et le poivre. Façonner en croquettes. Battre l'œuf et le lait. Passer les croquettes dans l'œuf, puis dans la chapelure. Rôtir dans le gras de votre choix.

Fricassée en pot

3 grillades de lard salé entrelardé
2 tasses de poisson cuit
2 oignons émincés
2 tasses de pommes de terre cuites
1 c. à soupe de persil
sel et poivre au goût
votre recette de pâte préférée

Couper le lard salé en dés et le faire fondre, y faire revenir les oignons. Couper les pommes de terre en dés. Couvrir une assiette à tarte profonde d'une abaisse de pâte. Y déposer le poisson, puis les oignons et le lard et enfin les pommes de terre. Assaisonner. Couvrir d'une abaisse de pâte, en trouer le centre. Ajouter de l'eau bouillante à égalité de la pâte. Cuire au four, 1 heure, à 350° F (175° C).

Gibelotte des Îles de Sorel

2 c. à soupe de beurre
1/2 lb de lard salé, entrelardé
4 oignons moyens hachés grossièrement
1/2 tasse de céleri, coupé en dés
sel et poivre
1/2 c. à thé de sarriette
2 tasses de bouillon
1 lb de carottes, coupées en morceaux grossiers
1 lb de haricots verts, coupés en morceaux
2 lb de pommes de terre crues, coupées en dés
1 tasse de crème de tomate
1 tasse de maïs en crème
1 tasse de pois verts en conserve, égouttés
4 barbottes moyennes
12 filets de perchaude

Mettre le lard salé à dessaler avant de l'utiliser ; le couper en tranches. Fondre le beurre ; y faire dorer les tranches de lard. Ajouter les oignons et le céleri et les faire revenir quelques minutes en remuant. Ajouter le bouillon, le sel, le poivre et la sarriette et porter à ébullition. Ajouter les carottes, les haricots, les pommes de terre et la crème de tomate. Couvrir et mijoter jusqu'à ce que les légumes soient tendres. Ajouter le maïs en crème et les petits pois verts à la fin de la cuisson des légumes et chauffer un peu. Pendant ce temps, cuire les barbottes à l'eau bouillante salée ou au court-bouillon. Enfariner les filets de perchaude et les faire dorer dans le gras de votre choix. Pour servir : verser des légumes dans chaque assiette et disposer les poissons sur les légumes.

Poissons des chenaux

1 lb de poissons des chenaux congelés
1/4 tasse de farine
sel et poivre au goût
1/4 c. à thé de paprika
1/2 tasse d'huile végétale ou de graisse

Couvrir les poissons d'eau froide et laisser décongeler. Les vider ; leur enlever la tête, la queue et les nageoires. Laver à l'eau courante et assécher parfaitement. Mêler le sel, le poivre et le paprika à la farine. Enfariner les poissons. Chauffer l'huile dans un grand poêlon ; y faire dorer les poissons, 5 minutes par côté. Servir aussitôt.

Poisson dans le sable

Envelopper un poisson dans de l'écorce de bouleau et fermer complètement. Cuire sur un feu de bois, 15 minutes par livre.

Poisson des trappeurs

Nettoyer un poisson, le saler et le poivrer. Faire une pâte épaisse en mouillant d'eau, du gros sel ; en enrober le poisson. Envelopper dans plusieurs épaisseurs de papier brun. Éviter le papier journal, l'encre contient du plomb. Cuire sur un feu de bois, 15 minutes. Retourner et cuire encore 15 minutes. Retirer du feu, enlever le papier calciné et le sel.

Achigan farci

1 achigan
1 recette de farce à poisson
1/2 tasse d'eau chaude
1/2 tasse de beurre fondu

Nettoyer le poisson, le saler et le poivrer en dedans comme en dehors. Préparer une recette de farce. Farcir l'achigan et le coudre. Beurrer généreusement une lèchefrite ; y placer l'achigan. Cuire au four, à 400° F (205° C), 10 minutes. Mélanger le beurre fondu et l'eau chaude ; poursuivre la cuisson 45 minutes, en arrosant à toutes les 10 minutes.

Anguille du Bas de Québec

1 anguille moyenne
1/3 tasse de vinaigre
1 pinte d'eau
4 onces de lard salé coupé en dés
1 oignon émincé
1 c. à thé de persil
1 c. à thé de sarriette
1 c. à thé de moutarde sèche
poivre au goût
3 c. à soupe de beurre fondu
chapelure

Déposer l'anguille dans l'eau additionnée de vinaigre et mariner 2 heures. Retirer l'anguille et jeter l'eau vinaigrée. Lui enlever la peau et la vider ; la faire bouillir 10 minutes à l'eau salée. Retirer de l'eau et laisser tiédir ; jeter l'eau. Couper l'anguille en portions individuelles. Fondre le lard salé dans un grand poêlon ; y faire revenir l'oignon. Ajouter l'anguille, le persil, la sarriette, la moutarde et le poivre. Couvrir d'eau et mijoter jusqu'à parfaite cuisson. Retirer les morceaux d'anguille, les déposer dans une lèchefrite. Arroser de beurre fondu ; saupoudrer de chapelure et faire dorer au four à 350° F (175° C). Épaissir le bouillon de cuisson avec un peu de farine délayée dans autant d'eau.

Anguille en pâté

1 anguille moyenne
1/3 tasse de vinaigre
1 pinte d'eau
4 c. à soupe de graisse de rôti ou de beurre
2 oignons hachés
2 tasses de pommes de terre en purée
1 c. à thé de sarriette
1 c. à thé de persil
sel et poivre
votre recette de pâte préférée

Déposer l'anguille dans de l'eau additionnée de vinaigre et mariner 2 heures. Retirer l'anguille et jeter l'eau vinaigrée. Lui enlever la peau et la vider. La faire bouillir 10 minutes à l'eau salée. Retirer de l'eau et laisser tiédir ; jeter l'eau. Couper l'anguille en portions individuelles. Fondre le gras ; y faire rôtir l'anguille de tous côtés. Retirer du gras et défaire l'anguille cuite avec une fourchette. Tapisser le fond d'une casserole de pâte ; y déposer l'anguille cuite, puis les oignons et les pommes de terre auxquelles vous aurez ajouté la sarriette, le persil, le sel et le poivre. Recouvrir d'une abaisse de pâte ; faire quelques incisions sur le dessus du pâté. Cuire au four, à 350° F (175° C), jusqu'à ce que la pâte soit bien dorée.

Anguille en ragoût

1 anguille moyenne
1/3 tasse de vinaigre
1 pinte d'eau
4 c. à soupe de graisse de rôti ou de beurre
2 gros oignons hachés
4 pommes de terre, coupées en morceaux grossiers
1 c. à thé de sarriette
2 c. à thé de persil
sel et poivre
farine

Déposer l'anguille dans l'eau additionnée de vinaigre et mariner 2 heures. Retirer l'anguille et jeter l'eau vinaigrée. Lui enlever la peau et la vider. La faire bouillir 10 minutes à l'eau salée. Retirer de l'eau et laisser tiédir ; jeter l'eau. Couper l'anguille en portions individuelles. Fondre le gras dans une casserole épaisse ; y faire revenir les oignons. Ajouter l'anguille et faire dorer. Ajouter les pommes de terre, les assaisonnements et assez d'eau pour couvrir. Mijoter 1 heure. Épaissir le bouillon avec un peu de farine délayée dans autant d'eau.

Anguille rôtie

1 anguille moyenne
1/3 tasse de vinaigre
1 pinte d'eau
4 c. à soupe de graisse de rôti ou de beurre
3 tasses d'eau
1 1/2 tasse de mie de pain
sel et poivre

Déposer l'anguille dans l'eau additionnée de vinaigre et mariner 2 heures. Retirer l'anguille et jeter l'eau vinaigrée. Lui enlever la peau et la vider. La faire bouillir 10 minutes à l'eau salée. Retirer de l'eau et laisser tiédir ; jeter l'eau. Couper l'anguille en portions individuelles. Fondre le gras ; y faire rôtir l'anguille de tous côtés. Retirer du gras. Garder au chaud. Faire une sauce en ajoutant au gras la mie de pain, l'eau, le sel et le poivre. Mijoter en brassant jusqu'à la consistance désirée.

Brochet au beurre

1 brochet
court-bouillon
sel et poivre
4 c. à soupe de beurre fondu

Cuire le brochet au court-bouillon. Saler et poivrer. Arroser de beurre fondu.

Brochet à la crème

1 brochet
sel et poivre
1 œuf battu
chapelure
1 tasse de crème
1/4 c. à thé de sarriette

Nettoyer le brochet, le couper en portions individuelles. Passer dans l'œuf battu ; enrober de chapelure. Saler et poivrer. Déposer dans une casserole graissée. Cuire au four, 30 minutes, à 400° F (205° C). Arroser souvent avec la crème additionnée de sarriette.

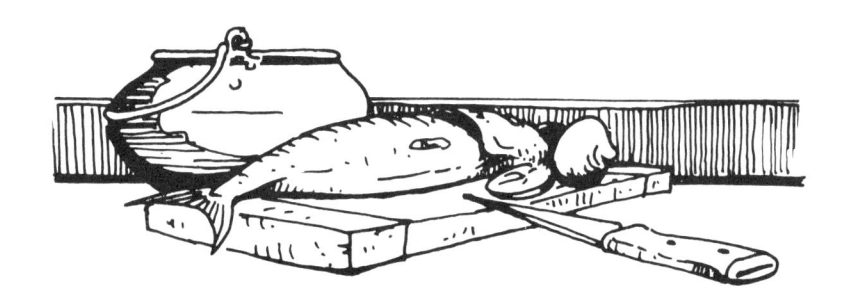

Caplans frais

1 lb de caplans
4 c. à soupe de beurre fondu
sel et poivre

Nettoyer les poissons et laisser tremper dans l'eau salée, 1 heure. Rincer à l'eau claire ; égoutter et assécher. Enrober de beurre fondu, saler et poivrer. Déposer dans une lèchefrite. Cuire sous le gril, à 500° F (260° C). Retourner une fois en cours de cuisson.

Caplans séchés

caplans séchés
pommes de terre
sel et poivre

Peler et laver les pommes de terre ; les mettre à bouillir sans les couvrir d'eau. Déposer les caplans sur les pommes de terre ; ils cuiront à la vapeur. Couvrir ; ils seront cuits en même temps que les pommes de terre.

Carpe en pâté

1 carpe de 3 à 4 lb
sel et poivre
1 1/2 tasse de riz cuit
2 œufs cuits durs
4 c. à soupe de crème fraîche
2 c. à soupe d'oignon émincé
1 c. à thé de persil
1 pincée d'anis
1 jaune d'œuf battu
votre recette de pâte préférée

Nettoyer le poisson, l'assécher. Saler et poivrer à l'intérieur comme à l'extérieur. Préparer une farce avec le riz, les œufs durs écrasés, la crème, l'oignon, le persil et l'anis. En farcir le poisson et le coudre. Déposer le poisson sur une abaisse de pâte épaisse. L'enrober de pâte en prenant soin de bien souder les bords. Déposer dans une lèchefrite. Faire une incision sur le dessus du pâté. Badigeonner le dessus du pâté de jaune d'œuf battu. Cuire au four, 1 heure, à 350° F (175° C).

Doré à la crème

1 doré
sel et poivre
1 œuf battu
chapelure
1/2 tasse de crème
1 pincée de sarriette

Nettoyer le poisson, le couper en portions individuelles. Passer dans l'œuf battu ; enrober de chapelure. Saler et poivrer. Déposer dans une casserole graissée. Cuire au four, 30 minutes, à 400° F (250° C). Arroser souvent avec la crème additionnée de sarriette.

Éperlans à la crème

2 lb d'éperlans
3 c. à soupe de beurre fondu
3 c. à soupe de farine
1 tasse de lait
1 tasse de crème
2 c. à soupe d'oignons émincés
1/4 c. à thé de muscade
sel et poivre
1/2 tasse de mie de pain
2 c. à soupe de beurre

Nettoyer, vider et laver les éperlans. Assécher. Les déposer dans une casserole beurrée. Faire une sauce avec le beurre fondu, la farine, le lait, la crème, la muscade, le sel et le poivre. Ajouter l'oignon émincé à la sauce et verser sur les éperlans. Fondre le beurre, y ajouter la mie de pain ; bien mélanger. Saupoudrer sur la sauce. Cuire au four, à 400° F (205° C), 25 minutes.

Éperlans au four

1 lb d'éperlans
4 c. à soupe de beurre fondu
sel et poivre

Nettoyer, vider et laver les éperlans. Assécher. Enrober de beurre fondu, saler et poivrer. Déposer dans une lèchefrite. Cuire sous le gril, à 500° F (260° C). Retourner une fois en cours de cuisson.

Éperlans frits

1 lb d'éperlans
farine
sel et poivre
1 œuf
1 c. à thé de jus de citron
chapelure
gras de votre choix

Nettoyer, vider et laver les éperlans. Assécher. Mélanger la farine, le sel et le poivre. Battre l'œuf et le jus de citron. Enrober les éperlans de farine ; les passer dans l'œuf et les rouler dans la chapelure. Faire dorer au poêlon, à feu moyen.

Esturgeon en pâté

3 lb d'esturgeon
4 c. à soupe de beurre
1 gros oignon émincé
1 c. à thé de persil
1 c. à thé de sarriette
1 gousse d'ail écrasée et émincée
1 pincée de muscade
sel et poivre
1 jaune d'œuf
4 c. à soupe de crème douce
5 gouttes de vinaigre
votre recette de pâte préférée

Fondre le beurre dans une casserole épaisse ; ajouter l'esturgeon coupé en dés. Ajouter l'oignon, le persil, la sarriette, l'ail, la muscade, le sel et le poivre. Faire revenir quelques minutes et baisser le feu. Ajouter le jaune d'œuf, la crème et le vinaigre ; bien incorporer et retirer du feu. Laisser tiédir avant d'utiliser. Recouvrir d'une abaisse de pâte le fond d'un plat allant au four ; y verser l'esturgeon. Couvrir de pâte ; faire une incision sur le dessus du pâté. Cuire au four, à 350° F (175° C), jusqu'à ce que la pâte soit bien dorée.

Esturgeon en ragoût

3 lb d'esturgeon
2 oignons émincés
4 onces de lard salé
3 pommes de terre coupées en morceaux grossiers
1 feuille de laurier
2 c. à thé de sarriette
1 c. à thé de persil
1 pincée de muscade
sel et poivre
farine

Déposer l'esturgeon dans l'eau additionnée de vinaigre et mariner 2 heures. Retirer l'esturgeon et jeter l'eau vinaigrée. Le faire bouillir 10 minutes à l'eau salée. Retirer de l'eau et laisser tiédir, jeter l'eau. Couper l'esturgeon en morceaux. Couper le lard salé en dés et le faire fondre dans une casserole épaisse ; y faire revenir les oignons. Ajouter l'esturgeon ; le faire revenir. Ajouter les pommes de terre, les assaisonnements, et assez d'eau pour couvrir. Mijoter 1 1/2 heure. Épaissir le bouillon avec un peu de farine délayée dans autant d'eau.

Flétan au citron

2 lb de flétan
2 c. à soupe de jus de citron
4 c. à soupe de beurre fondu
2 c. à soupe d'oignon émincé
sel et poivre
chapelure

Couper le poisson en portions individuelles. Mélanger le citron, l'oignon et le beurre fondu. Y tremper les morceaux de poisson. Les déposer dans une casserole graissée. Saler et poivrer. Verser le reste du beurre fondu assaisonné sur le poisson. Saupoudrer de chapelure. Cuire au four à 375° F (175° C), 30 minutes.

Flétan au lard

2 lb de flétan
6 tranches de lard salé entrelardé
1 oignon émincé
3 c. à soupe de beurre fondu
1 c. à thé de persil émincé
2 c. à soupe de jus de citron
sel et poivre
farine

Couper le poisson en portions individuelles ; l'enfariner. Déposer les tranches de lard sur le fond d'une lèchefrite. Ajouter le poisson, l'oignon, le persil, le sel et le poivre. Cuire au four, 30 minutes, à 375° F (190° C). Arroser de beurre fondu et de jus de citron en fin de cuisson.

Harengs frais grillés

harengs
oignons émincés
sel et poivre

Nettoyer les harengs, les assécher. Saler et poivrer à l'intérieur comme à l'extérieur. Farcir d'oignons émincés ; les coudre. Placer dans une lèchefrite. Cuire au four, 30 minutes, à 375° F (190° C). En fin de cuisson, placer sous le gril quelques minutes.

Harengs marinés

2 harengs salés
1 c. à soupe d'épices à marinades
1 feuille de laurier
2 oignons, coupés en deux et tranchés
1 tasse de vinaigre
½ tasse d'eau
1 c. à soupe de sucre

Mettre les harengs à dessaler dans l'eau froide toute une nuit. Les couper en filets ou en petits morceaux. Déposer un rang d'oignons dans un pot, puis un rang de harengs, et ainsi de suite jusqu'à épuisement des ingrédients. Ajouter les épices à marinades et une feuille de laurier. Fondre le sucre dans le vinaigre et l'eau. Verser sur les harengs. Fermer hermétiquement et conserver au réfrigérateur.

Harengs frais à la moutarde

4 harengs
4 c. à soupe de beurre
2 oignons en rondelles
sel et poivre
2 c. à soupe de beurre
1 c. à soupe de moutarde sèche
2 c. à soupe de farine
2 tasses d'eau
1 jaune d'œuf
3 c. à soupe de crème

Nettoyer les harengs, les assécher. Fondre le beurre dans un poêlon ; y faire dorer les harengs. Quand ils sont presque cuits, ajouter les oignons en rondelles. Saler et poivrer. Fondre 2 c. à soupe de beurre dans une marmite ; ajouter la farine et la moutarde en brassant sans arrêt. Ajouter l'eau et cuire jusqu'à belle consistance en brassant sans arrêt. Retirer du feu. Mélanger le jaune d'œuf et la crème ; ajouter à la sauce et bien incorporer. Réchauffer quelques instants. Servir avec les harengs et les oignons.

Maquereaux à l'ancienne

3 maquereaux
1 oignon coupé en rondelles
6 tranches de lard salé
farine
1/2 c. à thé de persil
sel et poivre
1 pincée de thym

Nettoyer et assécher le poisson. Couper en tranches et enfariner. Couper le lard salé en dés ; le faire fondre dans une casserole. Y faire dorer le poisson et l'oignon. Couvrir d'eau, fermer la casserole et mijoter une heure. Assaisonner et épaissir le bouillon avec un peu de farine délayée dans autant d'eau froide.

Maquereaux à l'étuvée

2 maquereaux
farine
lait
sel et poivre

Nettoyer et assécher les maquereaux. Les couper en tranches et déposer dans un bain-marie. Saler et poivrer. Saupoudrer d'un peu de farine. Couvrir de lait. Frémir, à couvert, jusqu'à ce que le poisson soit tendre.

Maquereaux farcis

3 maquereaux
1 recette de farce à poisson*
sel et poivre

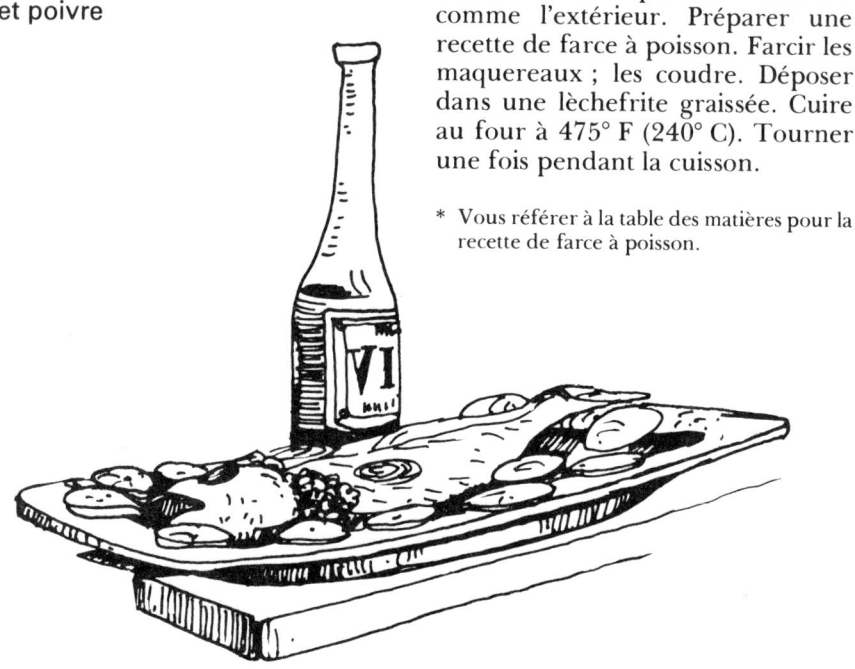

Nettoyer et assécher les maquereaux. Saler et poivrer l'intérieur comme l'extérieur. Préparer une recette de farce à poisson. Farcir les maquereaux ; les coudre. Déposer dans une lèchefrite graissée. Cuire au four à 475° F (240° C). Tourner une fois pendant la cuisson.

* Vous référer à la table des matières pour la recette de farce à poisson.

Ouananiche farcie

1 ouananiche de 3 à 4 lb
3 c. à soupe de beurre
1 oignon émincé
1/2 tasse de céleri émincé
1 carotte râpée
1 gousse d'ail écrasée et émincée
1 c. à soupe de persil émincé
4 c. à soupe de crème
1 tasse de mie de pain
sel et poivre
1/2 tasse de vin blanc
2 c. à soupe de beurre fondu

Nettoyer le poisson, le laver et l'assécher. Saler l'intérieur et le poivrer. Verser la crème sur la mie de pain ; laisser reposer. Fondre le beurre ; y faire revenir l'oignon, le céleri, la carotte et l'ail. Retirer du feu, assaisonner. Ajouter la mie de pain humide et bien mélanger. Farcir la ouananiche et la coudre. La déposer dans une lèchefrite beurrée. Cuire au four, à 375° F (190° C), 30 minutes. Arroser de vin blanc et de beurre fondu pendant la cuisson.

Ouananiche en pâté

1 ouananiche de 3 à 4 lb
5 pommes de terre crues, coupées en dés
1/2 lb de lard salé entrelardé coupé en dés
1 oignon émincé
sel et poivre
1 pincée d'anis
eau bouillante
votre recette de pâte préférée

Nettoyer la ouananiche, la laver et l'assécher. Lui enlever la peau ; découper la chair en morceaux. Faire bouillir à l'eau salée, 10 minutes. Égoutter ; jeter l'eau. Laisser tiédir le poisson et enlever les arêtes. Couvrir l'intérieur d'une casserole d'une abaisse de pâte assez épaisse. Y déposer le poisson ; ajouter les pommes de terre, les oignons et les assaisonnements. Couvrir d'une abaisse de pâte ; en trouer le centre. Y verser lentement l'eau bouillante jusqu'à égalité de la pâte. Couvrir la casserole et porter au four. Cuire 3 heures, à 350° F (175° C).

Cœurs de morues frits

20 cœurs de morues
1 gros oignon émincé
sel et poivre

Fondre le beurre ; y faire revenir l'oignon. Ajouter les cœurs de morues et faire revenir à feu doux. Saler et poivrer en fin de cuisson.

Filets de morues bouillis

3 lb de filet de morues
2 tasses de lait
2 tasses d'eau
1 oignon émincé
1 carotte coupée en dés
1 branche de céleri émincé
1 c. à soupe de persil
1 feuille de laurier
1/2 c. à thé de thym
sel et poivre

Préparer un court-bouillon avec tous les ingrédients (sauf le poisson). Frémir 30 minutes. Couper les filets en portions individuelles et faire pocher au court-bouillon, à couvert, 20 minutes.

Filets de morues frits

2 lb de filets de morue
1 1/2 tasse de farine
2 c. à thé de poudre à pâte
sel et poivre
2 tasses de lait
2 œufs battus
huile végétale

Mélanger la farine, la poudre à pâte, le sel et le poivre. Ajouter le lait aux œufs battus ; bien mélanger. Ajouter aux ingrédients secs et bien mélanger jusqu'à ce que la pâte soit lisse. Faire chauffer l'huile. Laver, égoutter et assécher les filets ; les plonger dans la pâte et les faire frire à l'huile.

Gibelotte de Bonaventure (cambuse)

8 têtes de morues
10 foies de morues
1 morue de 4 lb
5 pommes de terre, tranchées
5 oignons, moyens, coupés en rondelles
sel et poivre
1 c. à soupe de persil

Désosser les têtes de morues. Laver, égoutter et assécher le poisson ; le couper en tranches. Déposer un rang de tranches de pommes de terre dans une grande marmite ; puis un rang de têtes de morues, un rang de foie, un rang de morue, un rang d'oignons et saupoudrer de persil. Répéter ainsi jusqu'à épuisement des ingrédients. Saler et poivrer. Couvrir d'eau et mijoter 2 heures.

Gibelotte des marins

1/2 lb de lard salé
1 morue de 3 à 4 lb
2 gros oignons coupés en dés
4 pommes de terre, tranchées
poivre et sarriette au goût
2 c. à soupe de farine

Laver, égoutter et assécher la morue ; la couper en tranches. Couper le lard salé en tranches ; faire rôtir dans une marmite. Ajouter les oignons et les faire revenir dans le gras. Ajouter la moitié des pommes de terre, une cuillerée de farine et la moitié des tranches de morue. Puis le reste des pommes de terre, de la farine et des tranches de morue. Couvrir d'eau et mijoter sans remuer, à couvert, 2 heures.

Langues de morues frites

langues de morues
farine
sel et poivre
1 œuf battu
chapelure
gras de votre choix

Laver et assécher les langues de morues. Saler et poivrer la farine. Enfariner les langues ; les tremper dans l'œuf battu et les passer dans la chapelure. Fondre le gras dans un poêlon et les faire frire à feu vif.

Morue à la crème

1 tasse de morue salée
1 1/2 tasse de lait chaud
3 c. à soupe de farine
1 c. à soupe de beurre
poivre et sarriette au goût
2 œufs cuits durs

Faire tremper la morue salée dans l'eau tiède, 2 heures pour la dessaler. Mettre en flocons. Délayer la farine dans un peu d'eau froide. Ajouter le lait et les assaisonnements. Cuire en brassant sans arrêt jusqu'à consistance désirée. Retirer du feu, ajouter le beurre et la morue. Cuire à feu doux, 5 minutes. Servir garni de tranches d'œufs cuits durs.

Morue farcie

1 morue de 3 à 4 lb
6 bardes de lard
sel et poivre
1 oignon coupé en rondelles

1 tasse de pommes de terre en purée
1 tasse de mie de pain
1 œuf battu
1 c. à soupe de persil
1/2 c. à thé de sarriette
sel et poivre
1 petit oignon émincé
4 onces de lard salé, coupé en dés fins

Laver, égoutter et assécher la morue. Saler et poivrer l'intérieur. Faire une farce avec les pommes de terre, la mie de pain, l'œuf battu, la sarriette, l'oignon, le lard, le sel et le poivre. En farcir la morue; la coudre. La déposer dans une lèchefrite sur des bardes de lard et l'entourer de rondelles d'oignons. Fixer une barde de lard sur le dessus de la morue. Cuire au four, 1 1/2 heure, à 350° F (175° C).

Pain de morue

6 pommes de terre bouillies
1 morue de 2 lb, bouillie à l'eau salée
4 c. à soupe de beurre
3 jaunes d'œufs battus
¼ tasse de lait
1 c. à soupe de persil
1 gousse d'ail émincée
1 petit oignon émincé
3 blancs d'œufs
sel et poivre

Enlever la peau et les arêtes de la morue bouillie. En défaire la chair à la fourchette. Mettre les pommes de terre en purée; ajouter la morue, le beurre, les jaunes d'œufs et le lait. Bien mélanger. Battre les blancs d'œufs en neige ; ajouter au mélange en même temps que le persil, l'ail, l'oignon, le sel et le poivre. Verser dans un moule bien beurré. Saupoudrer de chapelure. Cuire au four, à 325° F (165° C), 45 minutes.

Pâté de langues de morues

6 pommes de terre bouillies
15 langues de morues
4 c. à soupe de graisse de rôti ou de beurre
1 gros oignon émincé
1 c. à thé de persil
1 pincée de sarriette
sel et poivre
votre recette de pâte préférée

Faire bouillir les langues dans 1 pinte d'eau, 45 minutes. Égoutter. Fondre le gras, et y faire revenir l'oignon. Mettre les pommes de terre en purée, ajouter les langues, l'oignon, le persil, la sarriette, le sel et le poivre. Bien mélanger. Couvrir le fond d'une casserole d'une abaisse. Y verser la purée. Couvrir de pâte ; faire une incision sur le dessus du pâté. Cuire au four, à 350° F (175° C), jusqu'à ce que la pâte soit bien dorée.

Pâté de morue

3 tasses de morue bouillie
6 tasses de pommes de terre, coupées en dés
1 gros oignon émincé
1 gousse d'ail émincée
1/2 c. à thé de moutarde sèche
1 c. à thé de persil
sel et poivre
votre recette de pâte préférée

Débarrasser la morue de ses arêtes et l'émietter. Couvrir l'intérieur d'une casserole d'une abaisse de pâte assez épaisse. Y déposer le poisson, ajouter les pommes de terre, les oignons et les assaisonnements. Couvrir d'une abaisse de pâte, en trouer le centre. Verser lentement de l'eau bouillante jusqu'à égalité de la pâte. Couvrir la casserole et porter au four. Cuire 3 heures, à 350° F (175° C).

Têtes de morues rôties

têtes de morues
gras de votre choix
1 oignon émincé
sel et poivre

Bien nettoyer les têtes. Fondre le gras dans un poêlon ; y faire revenir l'oignon. Ajouter les têtes de morues et les faire dorer. Saler et poivrer au goût.

Croquettes de saumon

Vous référer à la recette de « Croquettes de poisson ».

Pain de saumon

Vous référer à la recette de « Pain de morue ».

Pâté au saumon

6 pommes de terre bouillies
lait
2 oignons émincés
2 c. à soupe de beurre
1 boîte de saumon en conserve
½ c. à thé de sarriette
1 c. à thé de persil
sel et poivre
votre recette de pâte préférée

Faire bouillir les pommes de terre et les égoutter. Mettre en purée avec assez de lait pour lier la purée. Écraser le saumon dans son jus ; ajouter à la purée de pommes de terre. Fondre le beurre, y faire revenir les oignons. Les ajouter en même temps que la sarriette, le persil, le sel et le poivre. Bien mélanger. Recouvrir l'intérieur d'une casserole d'une abaisse de pâte. Y déposer la préparation. Couvrir d'une abaisse de pâte ; faire une incision sur le pâté pour que la vapeur s'échappe. Cuire au four, à 350° F (175° C), jusqu'à ce que la pâte soit bien dorée.

Saumon à la crème

2 lb de saumon
court-bouillon
1½ tasse de lait chaud
3 c. à soupe de farine
1 c. à soupe de beurre
sarriette
sel et poivre au goût
1 œuf cuit dur

Préparer un court-bouillon et frémir 30 minutes. Couper le saumon en portions individuelles et pocher au court-bouillon, à couvert, 20 minutes. Délayer la farine dans un peu d'eau froide. Ajouter le lait et les assaisonnements. Cuire en brassant sans arrêt jusqu'à la consistance désirée. Retirer du feu et ajouter le beurre. Servir garni de tranches d'œuf cuit dur.

Saumon farci

1 saumon entier de 6 à 7 lb
1 recette de farce à poisson, doublée
2 c. à soupe de jus de citron
sel et poivre

Bien nettoyer le saumon et l'assécher. Badigeonner l'intérieur de jus de citron ; saler et poivrer. Préparer la recette de farce à poisson et doubler la quantité d'ingrédients. Farcir le saumon ; le coudre. Saler et poivrer. Envelopper de papier d'aluminium. Cuire au four, 1 heure, à 325° F (165° C).

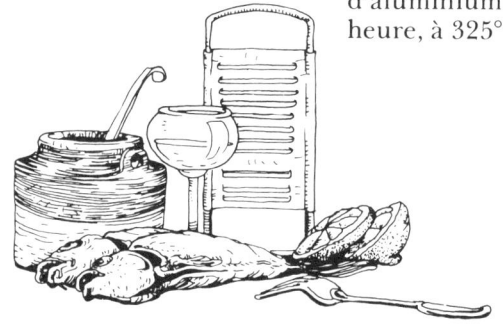

Saumon rôti

2 lb de saumon
2 c. à soupe de beurre
farine
sel et poivre
3 c. à soupe de beurre fondu
2 c. à soupe de jus de citron
persil

Couper le saumon en portions individuelles ; enfariner. Saler et poivrer. Fondre 2 c. à soupe de beurre ; y faire dorer le saumon. Déposer le saumon dans un plat allant au four. Arroser de beurre fondu et de jus de citron. Cuire au four, 20 minutes, à 350° F (175° C). Garnir de persil.

Truites à la crème

2 truites moyennes
2 oignons émincés
2 c. à soupe de beurre
crème fraîche
sel et poivre

Nettoyer, laver et assécher les truites. Saler et poivrer l'intérieur comme l'extérieur. Déposer sur un papier d'aluminium. Fondre le beurre et y faire revenir les oignons. Verser sur les truites. Fermer le papier hermétiquement. Cuire au four, 20 minutes, à 325° F (165° C). Servir arrosées de crème fraîche réchauffée. Garnir de persil.

Truites à l'étuvée

4 truites moyennes
court-bouillon
1 citron, coupé en quartiers
persil

Nettoyer, laver et assécher les truites. Préparer un court-bouillon*. Frémir 30 minutes. Y pocher les truites, à couvert, 20 minutes. Servir garnies de persil et de quartiers de citron.

* Vous référer à la table des matières pour la recette de court-bouillon.

Truites en friture

12 petites truites
farine
sel et poivre
2 œufs battus
2 c. à soupe de lait
chapelure
gras de votre choix

Nettoyer, laver et assécher les truites. Mélanger le sel et le poivre à la farine. Battre ensemble les œufs et le lait. Enfariner les truites, les passer dans les œufs battus et les rouler dans la chapelure. Frire dans le gras de votre choix.

Six-pâtes aux coques

3 tasses de palourdes bien nettoyées
¼ lb de lard salé
8 pommes de terre
1 oignon émincé
1 c. à thé de persil
¼ c. à thé de thym
sel et poivre
eau chaude
votre recette de pâte préférée

Mettre le lard à dessaler la veille. Puis le couper en dés, en même temps que les pommes de terre, et déposer le tout dans un chaudron épais. Ajouter les palourdes et l'oignon. Assaisonner. Couvrir d'une abaisse de pâte épaisse ; en trouer le centre. Verser de l'eau chaude jusqu'à égalité de la pâte. Couvrir et porter au four. Cuire, 4 heures, à 250° F (120° C).

Crevettes frites

2 lb de crevettes épluchées
1 tasse de farine
2 œufs battus
1 tasse de lait
1 pincée de sel
huile ou graisse végétale

Mélanger la farine, les œufs battus, le lait et le sel jusqu'à ce que la pâte soit lisse et légère. Faire chauffer le gras. Plonger les crevettes, une par une dans la pâte et frire en grande friture jusqu'à ce que les crevettes soient bien dorées.

Huîtres en friture

2 lb d'huîtres égouttées
2 œufs
sel et poivre
2 c. à soupe d'eau froide
1 tasse de chapelure

Battre les œufs avec l'eau, le sel et le poivre. Plonger les huîtres dans les œufs battus et les enrober de chapelure. Laisser reposer quelques minutes avant de frire en grande friture jusqu'à ce qu'elles soient bien dorées.

LE PAIN

Bannique

1 tasse de farine de maïs
1/2 c. à thé de sel
1 c. à thé de poudre à pâte
1 c. à soupe de gras fondu
1/2 tasse d'eau
4 c. à soupe d'huile ou de graisse végétale

Mélanger ensemble les ingrédients secs. Ajouter l'eau et 1 c. à soupe de gras fondu. Bien mélanger. Chauffer l'huile ou la graisse végétale dans un poêlon ; y verser la préparation. Retourner comme une crêpe une fois la pâte bien levée.

Pain de blé

- ½ tasse d'eau chaude
- 2 c. à thé de sucre
- ¼ c. à thé de gingembre
- 2 enveloppes de levure sèche active
- 1 tasse d'eau chaude
- 4 c. à soupe de mélasse
- 1 tasse de lait chaud
- 1½ c. à thé de sel
- 3 c. à soupe de beurre fondu
- 5 tasses de farine de blé entier

Verser ½ tasse d'eau chaude dans un bol, avec le sucre et le gingembre ; brasser un peu pour faire fondre le sucre. Ajouter la levure et laisser reposer 10 minutes. Verser la mélasse dans un grand bol ; ajouter 1 tasse d'eau chaude. Mélanger. Ajouter 2 tasses de farine de blé entier et bien mélanger. Ajouter le mélange de levure ; bien mélanger et couvrir. Laisser lever dans un endroit chaud. Ajouter alors le lait chaud, le sel, le beurre et 3 tasses de farine de blé entier. Pétrir jusqu'à ce que la pâte ne colle plus aux doigts. Saupoudrer la planche à pétrir d'un peu de farine, y pétrir la pâte au moins 15 minutes. Remettre la pâte dans le bol, couvrir et laisser lever au double de son volume dans un endroit chaud. Pétrir encore la pâte pour la dégonfler. Mettre la pâte dans des moules graissés. Badigeonner le dessus de la pâte de beurre fondu. Couvrir les pains et laisser lever au double de leur volume. Chauffer le four à 350° F (175° C). Cuire au moins 1 heure. Démouler aussitôt cuits.

Pain à la farine de sarrasin

½ tasse d'eau tiède
1 c. à thé de sucre
1 enveloppe de levure sèche active
5½ tasses d'eau tiède
2 c. à thé de sel
2 c. à soupe de beurre fondu
3 tasses de farine tout usage
3½ tasses de farine de sarrasin

Verser l'eau tiède et le sucre dans un bol ; brasser un peu pour faire fondre le sucre. Ajouter la levure et laisser reposer 10 minutes. Mélanger ensemble les farines et le sel. Préparer une belle pâte qui ne colle plus aux doigts. Pétrir et laisser lever 2 fois. Déposer la pâte dans des moules graissés. Badigeonner le dessus de la pâte de beurre fondu. Couvrir les pains et laisser lever au double de leur volume. Chauffer le four à 350° F (175° C). Cuire environ 1½ heure. Démouler les pains aussitôt cuits.

Pain au fromage

1 enveloppe de levure sèche active
½ tasse d'eau tiède
1 c. à thé de sucre
2 tasses d'eau tiède
1 c. à soupe de graisse
2 c. à thé de sucre
1 c. à soupe de sel
6 tasses de farine
1½ tasse de fromage râpé

Faire dissoudre le sucre et la levure dans ½ tasse d'eau tiède ; laisser reposer 10 minutes. Verser dans un grand bol, ajouter 2 tasses d'eau tiède, la graisse, le sucre et le sel. Bien mélanger. Ajouter le fromage râpé. Ajouter graduellement juste assez de farine pour obtenir une belle pâte molle et facile à manier. Saupoudrer la planche à pétrir d'un peu de farine ; y pétrir la pâte au moins 5 minutes. La déposer dans un bol graissé ; couvrir d'un linge propre et laisser lever au double de son volume, dans un endroit chaud. Pétrir encore la pâte et la remettre à lever au double de son volume. Finalement pétrir pour la dégonfler et mettre dans des moules graissés. Couvrir et laisser encore lever au double de son volume. Chauffer le four à 350° F (175° C). Cuire environ 1 heure. Démouler aussitôt cuits.

Levain de patate

5 bonnes patates
1 pinte d'eau
4 c. à soupe de sucre
1 c. à soupe de sel
1 enveloppe de levure sèche active
½ tasse d'eau chaude

Peler les pommes de terre et les faire bouillir dans une pinte d'eau. Les écraser dans l'eau de cuisson ; ajouter le sucre et le sel. Laisser tiédir. Faire tremper la levure dans ½ tasse d'eau chaude, 10 minutes. Ajouter aux pommes de terre. Verser dans un grand bol. Laisser lever dans un endroit chaud au moins 12 heures. Puis conserver au frais et utiliser pour préparer la recette qui suit.

Pain au levain de patate

1 tasse de levain de patate
2 tasses d'eau
2 tasses de lait
1 c. à soupe de sucre
2 c. à thé de sel
2 c. à soupe de saindoux
8 tasses de farine tout usage

Réchauffer ensemble l'eau et le lait; ils doivent être tièdes. Verser dans un grand bol. Ajouter le levain, le sel, le sucre et le saindoux. Ajouter 3 tasses de farine ; bien mélanger. Couvrir et laisser lever dans un endroit chaud. Ajouter alors le reste de la farine et pétrir jusqu'à ce que la pâte ne colle plus aux doigts. Saupoudrer la planche à pétrir d'un peu de farine ; y pétrir la pâte au moins 15 minutes. Remettre la pâte dans le bol ; couvrir et laisser lever au double de son volume dans un endroit chaud. Pétrir encore la pâte pour la dégonfler. Mettre la pâte dans des moules graissés. Couvrir les pains et laisser lever au double de leur volume. Chauffer le four à 350° F (175° C). Cuire environ 1 heure. Badigeonner le dessus des pains de beurre fondu ou de lait, 10 minutes avant la fin de la cuisson. Démouler aussitôt cuits.

Pain au lard

Même recette que le pain de ménage. Abaisser la pâte à 1/2 pouce d'épaisseur au dernier pétrissage. Couvrir de petits dés de lard salé. Former en pains ; mettre en moules et cuire comme le pain de ménage ordinaire.

Pain de ménage

1 enveloppe de levure sèche active
1/2 tasse d'eau tiède
1 c. à thé de sucre
2 tasses d'eau tiède
1 c. à soupe de graisse
2 c. à thé de sucre
1 c. à soupe de sel
6 tasses de farine

Faire dissoudre le sucre et la levure dans 1/2 tasse d'eau tiède ; laisser reposer 10 minutes. Verser dans un grand bol, ajouter 2 tasses d'eau tiède, la graisse, le sucre et le sel. Bien mélanger. Ajouter graduellement juste assez de farine pour obtenir une belle pâte molle et facile à manier. Saupoudrer la planche à pétrir d'un peu de farine ; y pétrir la pâte au moins 5 minutes. La déposer dans un bol graissé ; couvrir d'un linge propre et laisser lever au double de son volume, dans un endroit chaud. Pétrir encore la pâte et la remettre à lever au double de son volume. Finalement pétrir pour la dégonfler et mettre dans des moules bien graissés. Couvrir et laisser encore lever au double de son volume. Chauffer le four à 350° F (175° C). Cuire environ 1 heure. Démouler aussitôt cuits.

Petits pains à la poudre à pâte

2 tasses de farine
4 c. à thé de poudre à pâte
1 c. à thé de sel
3/4 tasse de lait
1 c. à soupe de sucre
2 c. à soupe de graisse
1 c. à soupe de beurre

Mélanger la farine, la poudre à pâte, le sel et le sucre. Incorporer la graisse et le beurre avec une fourchette. Ajouter le lait et mélanger. Abaisser la pâte à 1/2 pouce d'épaisseur. Tailler à l'emporte-pièce. Chauffer le four à 400° F (205° C). Cuire 12 à 15 minutes.

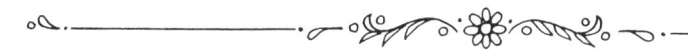

Brioches du Vendredi-Saint

2 c. à thé de sucre
½ tasse d'eau chaude
2 enveloppes de levure sèche active
⅔ tasse de lait
½ tasse de graisse fondue
¼ tasse de sucre
1 c. à thé de sel
4 tasses de farine
1 c. à soupe de cannelle
3 œufs
¾ tasse de raisins de Corinthe

Verser l'eau chaude dans un bol ; y faire dissoudre 2 c. à thé de sucre et la levure. Chauffer le lait ; ajouter la graisse pour la faire fondre. Laisser tiédir. Verser dans un bol et ajouter le sucre et le sel. Tamiser ¼ de la farine avec la cannelle ; ajouter en brassant fortement. Battre les œufs et les ajouter en brassant fortement. Ajouter la levure délayée et brasser. Couvrir et laisser lever la pâte dans un endroit chaud. Mettre les raisins à bouillir dans assez d'eau pour les couvrir jusqu'à ce qu'ils soient mous. Laisser tiédir. Ajouter les raisins et le reste de la farine et incorporer jusqu'à ce que la pâte soit facile à manier. Saupoudrer la planche à pétrir d'un peu de farine ; y pétrir la pâte 5 minutes, jusqu'à ce qu'elle soit souple et élastique. La déposer dans un bol graissé ; couvrir d'un linge propre et laisser lever au double de son volume. Pétrir encore la pâte et la remettre à lever au double de son volume. Abaisser ; tailler en rondelles à l'emporte-pièce. Déposer sur des tôles à biscuits graissées. Faire une croix sur chaque brioche. Badigeonner de lait. Laisser lever encore 1 heure. Chauffer le four à 375° F (190° C). Cuire jusqu'à ce qu'elles soient bien dorées. Pour les glacer, délayer du sucre à glacer avec un peu de lait et quelques gouttes de vanille. En badigeonner les brioches encore chaudes.

Marie-Fendue

pâte à pain crue
graisse
mélasse

Faire fondre et chauffer la graisse. Couper la pâte à pain crue en tranches et laisser tomber, une par une, dans la graisse bien chaude. Faire dorer et retourner. Servir chaudes, généreusement arrosées de mélasse.

Les «beurrées»

«Beurrée» de banane

1 tranche de pain épaisse
beurre
1 banane coupée en tranches
    épaisses
sucre

Beurrer généreusement la tranche de pain. Disposer les tranches de bananes. Saupoudrer de sucre.

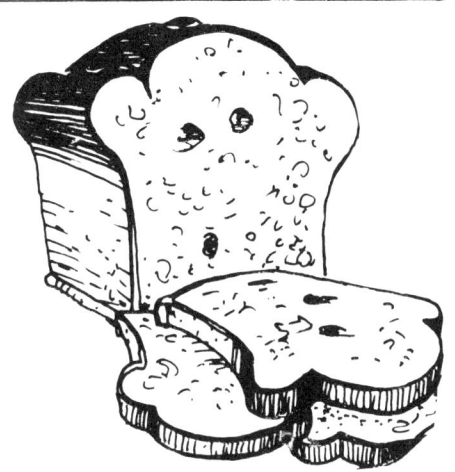

«Beurrée» à la cannelle

2 tranches de pain au lait
sucre
cannelle

Beurrer les tranches de pain des deux côtés. Déposer sur une tôle à biscuits. Saupoudrer de sucre et de cannelle. Passer au four quelques minutes.

«Beurrée» de mélasse

1 tranche de pain épaisse, ou
    plus...
beurre
mélasse

On peut beurrer généreusement la tranche de pain et étendre assez de mélasse pour que la dégustation pose autant de problèmes que celle de la beurrée de confiture. On peut aussi, et c'est bien meilleur, défaire son pain et le tremper dans la mélasse en refaisant le monde avec les amis jusqu'à trois heures du matin... C'est question de préférence.

« Beurrée » de confiture

1 tranche de pain épaisse
beurre
confiture au choix

Beurrer généreusement la tranche de pain. Étendre assez de confiture pour que la dégustation pose un sérieux problème.

« Beurrée » à la mélasse et aux oignons

1 tranche de pain épaisse
beurre
mélasse
1 oignon haché grossièrement

Beurrer la tranche de pain ; étendre la mélasse et saupoudrer d'oignon haché.

J'ai eu le bonheur certain de n'être jamais pensionnaire. On m'a raconté que cette beurrée remplaçait souvent le souper quand les pensionnaires ne raffolaient plus de la cuisine des religieuses. Elles dégustaient cette beurrée en rêvant à la fin de semaine et à la bonne cuisine de leur mère.

« Beurrée » au sucre d'érable

1 tranche de pain épaisse
sucre d'érable râpé
crème

Saupoudrer généreusement le pain de sucre d'érable râpé et arroser, toujours généreusement, de crème.

« Peurs »

tranches de pain
mélasse
beurre

Fondre le beurre dans un poêlon. Étendre la mélasse des deux côtés du pain. Faire dorer le pain des deux côtés.

De quoi s'en conter de bien bonnes...

226

LES CRÊPES ET LES GALETTES

Crêpes

1 tasse de farine
1 tasse de lait
1 c. à thé de poudre à pâte
$1/2$ c. à thé de sel
4 œufs

Mélanger la farine, la poudre à pâte et le sel. Ajouter le lait et mélanger jusqu'à ce que la pâte soit lisse. Ajouter les œufs un à la fois et bien battre. Cuire dans un poêlon de fonte, graissé légèrement. Retourner. Servir avec de la mélasse, du sirop d'érable, des confitures ou du miel.

Crêpes aux bleuets

2 tasses de farine
¹/₂ c. à thé de sel
1 c. à thé de poudre à pâte
2 œufs légèrement battus
2 tasses de lait
1 c. à soupe de graisse fondue
bleuets

Mélanger les ingrédients secs et battre avec les œufs, le lait et la graisse fondue jusqu'à ce que la pâte soit lisse. Cuire dans un poêlon de fonte légèrement graissé. Jeter une petite poignée de bleuets sur les crêpes avant de les retourner dans le poêlon.

Crêpes à la farine de maïs

1 tasse de farine de maïs
1 tasse de farine tout-usage
1 c. à thé de poudre à pâte
1 c. à thé de sel
1 œuf légèrement battu
2¹/₂ tasses de lait
gras

Mélanger les ingrédients secs et battre avec l'œuf et le lait jusqu'à ce que la pâte soit lisse. Cuire dans un poêlon de fonte légèrement graissé.

Crêpes de grand-mère

2 tasses de farine
¹/₂ c. à thé de sel
1 c. à thé de poudre à pâte
2 œufs légèrement battus
2 tasses de lait
1 c. à soupe de graisse fondue

Mélanger les ingrédients secs et battre avec les œufs, le lait et la graisse fondue jusqu'à ce que la pâte soit lisse. Cuire dans un poêlon de fonte légèrement graissé.

Crêpes au lait de beurre

2 tasses de farine
$1/2$ c. à thé de sel
1 c. à thé de poudre à pâte
1 c. à thé de soda à pâte
2 œufs légèrement battus
2 tasses de lait de beurre
2 c. à soupe de graisse fondue

Mélanger les ingrédients secs et battre avec le lait de beurre, les œufs et la graisse fondue jusqu'à ce que la pâte soit lisse. Cuire dans un poêlon de fonte légèrement graissé.

Crêpes au lait sur

2 tasses de farine
$1/2$ c. à thé de sel
1 c. à thé de poudre à pâte
1 c. à thé de soda à pâte
2 œufs légèrement battus
2 tasses de lait sur
2 c. à soupe de graisse fondue

Mélanger les ingrédients secs et battre avec le lait sur, les œufs et la graisse fondue jusqu'à ce que la pâte soit lisse. Cuire dans un poêlon de fonte légèrement graissé.

Crêpes au lard salé

8 à 10 grillades de lard salé
6 œufs
$1/3$ tasse de farine
1 tasse de lait

Laisser dessaler les grillades dans l'eau froide pendant quelques heures. Les faire dorer au poêlon. Battre les œufs ; ajouter la farine et le lait. Bien mélanger. Verser sur les grillades. Cuire au four, à 400° F (205° C).

Galettes aux patates

5 pommes de terre en purée
2 c. à soupe de beurre
2 œufs
3 tasses de farine
1 oignon émincé
sel et poivre

Mettre les pommes de terre en purée ; ajouter le beurre, les œufs, l'oignon, le sel et le poivre. Ajouter assez de farine pour faire une belle pâte. Abaisser. Découper à l'emporte-pièce et cuire dans un poêlon de fonte légèrement graissé. Retourner une fois.

Galettes de sarrasin

2 tasses de farine de sarrasin
1 c. à thé de poudre à pâte
1/2 c. à thé de sel
1 œuf légèrement battu
3 tasses de lait
2 c. à soupe de graisse fondue

Mélanger les ingrédients secs et battre avec les œufs, le lait et la graisse fondue jusqu'à ce que la pâte soit lisse. Cuire dans un poêlon de fonte légèrement graissé.

Pain doré

pain rassis
3 œufs
1 tasse de lait
4 c. à soupe de sucre, de sirop d'érable ou de mélasse (au choix)
beurre

Battre les œufs et le lait. (Les recettes plus anciennes n'ajoutent ni sucre, ni sirop, ni mélasse.) Trancher le pain ; tremper dans le lait et les œufs sucrés. Fondre un peu de beurre dans un poêlon épais. Faire dorer le pain des deux côtés. Servir avec de la mélasse, du sucre d'érable ou des confitures.

LES MARINADES

Ail des bois

3 tasses de vinaigre
1 c. à soupe de grains de poivre
1 c. à soupe de gros sel
2 lb d'ail des bois

Mélanger le vinaigre, le poivre et le gros sel. Porter à ébullition ; écumer et mijoter 10 minutes. Nettoyer l'ail des bois et ajouter au vinaigre chaud. Mijoter 5 minutes. Déposer l'ail dans des pots. Couvrir de vinaigre et sceller.

On peut aussi conserver l'ail des bois dans le gros sel.

Herbes salées

$^1/_2$ tasse de ciboulette
$^1/_2$ tasse de sarriette
$^1/_2$ tasse de sauge
1 tasse de persil
$^1/_2$ tasse de feuilles de céleri
1 tasse de gros sel

N'utiliser que des herbes fraîches et un pot de verre ou de grès. Laver et assécher les herbes. Les émincer en éliminant les tiges. Stériliser le pot de verre ou de grès. On peut mélanger les herbes avant de les saler ou les entasser une par une. Déposer une couche d'herbes dans le fond du pot ; saupoudrer généreusement de gros sel. Répéter jusqu'à épuisement des ingrédients. Conserver au frais et laisser reposer un mois avant d'utiliser.

Œufs dans le vinaigre

2 clous de girofle entiers
1/2 c. à thé de graines de céleri
1 c. à thé de grains de poivre
3 tasses de vinaigre
1 1/2 tasse d'eau
1 1/2 c. à thé de sel
12 œufs cuits durs

Attacher les épices dans un petit sac de coton. Déposer dans le mélange de vinaigre, d'eau et de sel. Porter à ébullition. Mijoter 10 minutes. Laisser refroidir. Stériliser un pot de verre ; y déposer les œufs cuits durs écaillés. Retirer le sac d'épices du vinaigre. Verser le vinaigre refroidi sur les œufs. Fermer le pot hermétiquement ; conserver au réfrigérateur.

Betteraves marinées

40 à 50 petites betteraves entières
4 tasses de vinaigre
1 1/2 tasse d'eau
1 tasse de sucre
1 1/2 c. à thé de sel
3 c. à soupe de clous de girofle entiers

Faire cuire les betteraves jusqu'à ce qu'elles soient tendres. Plonger dans l'eau froide et enlever la pelure. Placer dans des bocaux stérilisés. Faire bouillir le vinaigre, l'eau, le sucre et le sel, 10 minutes. Verser sur les betteraves et les couvrir complètement. Ajouter les clous de girofle entiers. Sceller et conserver dans un endroit sec et frais.

Cerises piquantes

1 pinte de cerises de France
2 tasses de vinaigre
2 c. à soupe de sucre
12 clous de girofle
1 c. à thé de cannelle
1 pincée de muscade
1 pincée de sel

Mélanger le vinaigre, le sucre, les clous, la cannelle, la muscade et le sel. Porter à ébullition ; mijoter 5 minutes. Laisser refroidir. Laver les cerises sans casser les queues. Assécher. Déposer dans de petits pots stérilisés. Couvrir de vinaigre. Sceller et conserver dans un endroit sec et frais.

Chutney aux pommes

- 10 tasses de pommes, coupées en dés
- 2 gros oignons émincés
- 2 c. à soupe de sel
- 2 1/4 tasses de cassonade
- 2 tasses de vinaigre
- 2 tasses de raisins secs
- 1 c. à soupe de gingembre
- 1/4 c. à thé de muscade
- 1 c. à soupe de graines de moutarde

Déposer le sel et la cassonade dans une marmite. Ajouter le vinaigre. Chauffer lentement et brasser pour dissoudre la cassonade. Ajouter tous les autres ingrédients. Mijoter à feu doux, 45 minutes, en brassant souvent. Verser dans des pots stérilisés et conserver dans un endroit sec et frais.

Citrouille au gin

- 4 lb de citrouille coupée en dés
- 4 lb de sucre
- 2 onces de gingembre moulu
- 1/2 c. à thé de quatre-épices
- 1 c. à thé de macis
- 1/2 c. à thé de muscade
- le zeste de 3 citrons
- le jus de 3 citrons
- 2 tasses de gin

Déposer un rang de citrouille dans un grand bol de verre ; saupoudrer de sucre. Répéter jusqu'à épuisement de ces ingrédients. Laisser reposer deux jours. Puis verser la citrouille et le sucre dans une marmite. Ajouter tous les ingrédients excepté le gin et mijoter jusqu'à ce que la citrouille soit transparente et tendre. Remuer souvent pendant la cuisson. Retirer du feu et laisser tiédir. Ajouter le gin et bien mélanger. Verser dans des pots stérilisés. Sceller et conserver dans un endroit sec et frais.

Cornichons salés

12 lb de cornichons
1 1/2 tasse de gros sel
3 pintes d'eau

Laver et brosser les cornichons. Égoutter. Les placer dans un grand pot de grès. Faire dissoudre le gros sel dans l'eau et verser sur les cornichons. Recouvrir d'une assiette à peine plus petite que le col du pot ; poser un poids sur l'assiette. Couvrir le pot d'un linge et laisser fermenter au frais. S'il se forme de l'écume, l'enlever aussitôt. Pour servir, rincer à l'eau froide ou faire dessaler dans l'eau froide pendant quelques heures.

Cornichons sucrés

50 petits cornichons frais
6 grains de quatre-épices
6 grains de poivre
1 bâton de cannelle
12 clous de girofle
2 pintes de vinaigre
1 tasse de cassonade

Attacher les épices dans un petit sac de coton. Mélanger le vinaigre et la cassonade ; chauffer pour dissoudre la cassonade. Ajouter les cornichons et le sac d'épices. Porter à ébullition. Baisser le feu et cuire à feu doux, sans mijoter 3 heures. Mettre les cornichons dans des bocaux stérilisés, et couvrir de sirop bouillant. Sceller ; conserver dans l'obscurité, dans un endroit sec et frais.

Marinade de fruits (catsup)

10 lb de tomates rouges
10 pommes
10 poires
10 pêches
2 piments verts
6 gros oignons
1 pinte de vinaigre
2 lb de cassonade
1 c. à soupe de sel
1 boîte d'épices à marinades

Laver, peler et couper en dés les fruits et les légumes. Déposer le vinaigre, le sel et la cassonade dans une grande marmite. Chauffer pour faire fondre la cassonade. Retirer du feu. Attacher les épices dans un sac de coton. Ajouter les fruits, les légumes et les épices. Porter à ébullition et mijoter 1 1/2 heure en brassant souvent. Verser dans des pots stérilisés. Sceller ; conserver dans un endroit sec et frais.

Marinade de tomates rouges (catsup)

10 lb de tomates mûres
5 oignons moyens
2 tasses de céleri coupé en dés
2 tasses de vinaigre
1 tasse de sucre
1 c. à soupe de quatre-épices
2 c. à thé de cannelle
2 c. à thé de graines de moutarde
1 c. à thé de graines de céleri

Ébouillanter et peler les tomates. Les couper en quartiers. Hacher les oignons et le céleri. Faire fondre le sucre dans le vinaigre. Ajouter tous les autres ingrédients et mijoter 2 heures en brassant souvent. Empoter.

Marinade de tomates vertes (catsup)

10 lb de tomates vertes
$1/2$ tasse de gros sel
6 oignons
1 pied de céleri
1 chou vert
3 tasses de vinaigre
3 tasses de sucre
1 c. à soupe de poivre
1 c. à soupe de clous de girofle moulus
1 c. à soupe de cannelle
1 c. à soupe de quatre-épices entières
2 c. à thé de gingembre moulu
$1/2$ c. à thé de muscade

La veille, laver les tomates et les couper en tranches. Les déposer dans un grand bol de verre et saupoudrer de gros sel. Laisser reposer toute la nuit. Le lendemain, laisser égoutter pendant quelques heures. Déposer tous les ingrédients dans une grande marmite. Mijoter une heure en brassant souvent. Empoter.

Oignons marinés

2 pintes de petits oignons blancs
3/4 tasse de gros sel
1 pinte d'eau
4 tasses de vinaigre
1 bâton de cannelle
6 clous de girofle
1 tasse de sucre

Échauder, égoutter et peler les oignons. Verser l'eau sur le sel dans un grand bol de verre ; dissoudre. Ajouter les oignons et laisser reposer 12 heures. Rincer à l'eau froide et égoutter. Attacher les clous de girofle dans un petit sac de coton. Porter le vinaigre, la cannelle, les clous de girofle et le sucre à ébullition, mijoter 5 minutes. Ajouter les oignons et porter à ébullition. Retirer les épices. Déposer les oignons dans des pots stérilisés ; couvrir de vinaigre bouillant. Sceller et conserver dans un endroit sec et frais.

Pommettes marinées

4 lb de pommettes
5 tasses de sucre
4 tasses de vinaigre
2 bâtons de cannelle
12 clous de girofle entiers

Laver les pommettes sans casser les queues. Assécher. Mélanger les autres ingrédients dans une marmite et porter à ébullition. Mijoter 5 minutes. Retirer du feu et ajouter les pommettes quand le liquide est encore bouillant. Laisser reposer toute une nuit. Retirer les pommettes du liquide et les déposer dans des pots stérilisés. Porter le sirop à ébullition et mijoter quelques minutes. Verser bouillant sur les fruits. Sceller et conserver dans un endroit sec et frais.

Prunes épicées

4 lb de prunes
2 lb de sucre
3 tasses de vinaigre
2 bâtons de cannelle
12 clous de girofle entiers
1 pincée de sel

Laver et sécher les prunes. Les couper en deux et les dénoyauter. Mélanger les autres ingrédients dans une marmite et porter à ébullition. Mijoter 5 minutes. Ajouter les prunes et cuire à feu très doux, 5 minutes. Retirer les prunes du sirop et les déposer dans des pots stérilisés. Porter le sirop à ébullition et mijoter quelques minutes. Verser bouillant sur les fruits. Sceller et conserver dans un endroit sec et frais.

Relish

12 gros concombres
6 gros oignons
6 piments verts
4 c. à thé de graines de céleri
4 c. à thé de graines de moutarde
1 c. à thé de sel
1 c. à thé de clous de girofle moulus
6 tasses de vinaigre
3 tasses de sucre

Passer les concombres, les oignons et les piments au hachoir. Mélanger tous les ingrédients dans une grande casserole et mijoter au moins deux heures. Verser dans des pots stérilisés. Sceller et conserver dans un endroit sec et frais.

Rhubarbe en marinade

2 pintes de rhubarbe
4 tasses d'oignons
3 tasses de vinaigre
6 tasses de cassonade
2 c. à thé de sel
2 c. à thé de cannelle moulue
1 c. à thé de clous de girofle moulus
$1/2$ c. à thé de poivre

Laver la rhubarbe et la couper en gros dés. Hacher les oignons. Mélanger tous les ingrédients dans une grande casserole et mijoter $1^{1}/_{2}$ heure en brassant souvent. Laisser refroidir et verser dans des pots stérilisés. Sceller et conserver dans un endroit sec et frais.

LES CONFITURES

Cerises de terre dans le sirop

1 pinte de cerises de terre
3 tasses de sucre
6 tasses d'eau
le jus d'un citron
1 pincée de sel

Laver et assécher les cerises de terre. Porter le reste des ingrédients à ébullition et bouillir 5 minutes. Laisser tiédir et ajouter les cerises de terre. Mijoter jusqu'à ce que les fruits soient clairs et le sirop plutôt épais. Retirer les cerises de terre de leur sirop et les déposer dans des bocaux stérilisés. Couvrir de sirop chaud. Sceller et conserver dans un endroit sec et frais.

Confiture de fraises

2 pintes de fraises
2 pintes de sucre

Laver les fraises avant de les équeuter. Les déposer dans un grand bol de verre et couvrir de sucre. Laisser reposer quelques heures et remuer délicatement. Laisser reposer encore un peu pour faire fondre le sucre. Déposer dans une casserole, porter à ébullition et bouillir 15 minutes à partir du premier bouillon. Écumer. Verser dans des pots stérilisés. Laisser refroidir avant de sceller. Conserver dans un endroit sec et frais.

Confiture de fraises et de rhubarbe

2 lb de fraises
2 lb de rhubarbe
8 tasses de sucre
quelques gouttes de jus de citron

Laver les fraises avant de les équeuter. Écraser un peu les fraises avec un pilon et les déposer dans un grand bol de verre. Laver la rhubarbe et la couper en gros dés ; ajouter aux fraises. Ajouter le sucre et bien mélanger le tout ; laisser reposer 12 heures. Déposer dans une casserole avec le jus de citron ; porter à ébullition. Mijoter 30 minutes en remuant souvent. Écumer. Verser dans des pots stérilisés. Laisser refroidir avant de sceller. Conserver dans un endroit sec et frais.

Confiture de framboises

8 tasses de framboises
8 tasses de sucre

Laver les framboises et les égoutter. Déposer les framboises et le sucre dans une casserole. Mélanger un peu en écrasant les fruits et laisser reposer quelques heures. Porter à ébullition et mijoter à peu près 30 minutes, jusqu'à ce que la confiture épaississe. Écumer. Verser dans des pots stérilisés. Laisser refroidir avant de sceller. Conserver dans un endroit sec et frais.

Confiture de mûres

8 tasses de mûres
8 tasses de sucre

Laver les mûres ; les égoutter. Déposer les mûres et le sucre dans une casserole. Mélanger un peu en écrasant les fruits et laisser reposer quelques heures. Porter à ébullition et mijoter à peu près 30 minutes, jusqu'à ce que la confiture épaississe. Écumer. Verser dans des pots stérilisés. Laisser refroidir avant de sceller. Conserver dans un endroit sec et frais.

Confiture de mûres et de gadelles rouges

3 tasses de gadelles
3/4 tasse d'eau
8 tasses de mûres
8 tasses de sucre

Laver et équeuter les gadelles. Déposer dans une casserole avec l'eau et les écraser un peu. Mijoter jusqu'à ce que le jus en sorte. Égoutter dans un sac à gelée. Nettoyer les mûres. Déposer les mûres et le sucre dans une casserole. Mélanger en écrasant un peu les fruits et laisser reposer quelques heures. Verser le jus de gadelles et autant de sucre sur les mûres. Porter à ébullition et mijoter à peu près 30 minutes, jusqu'à ce que la confiture épaississe. Écumer. Verser dans des pots stérilisés. Laisser refroidir avant de sceller. Conserver dans un endroit sec et frais.

Confiture de prunes

5 lb de prunes
5 lb de sucre

Laver et équeuter les prunes ; les couper en deux. Déposer les prunes et les noyaux dans une casserole. Ajouter le sucre et mélanger. Laisser reposer quelques heures. Porter à ébullition et mijoter en brassant souvent, 30 minutes, jusqu'à ce que la confiture épaississe. Écumer. Verser dans des pots stérilisés. Laisser refroidir avant de sceller. Conserver dans un endroit sec et frais.

Marmelade anglaise

12 oranges
3 citrons
9 chopines d'eau froide
8 lb de sucre

Laver et assécher les fruits. Les couper en deux et en extraire le jus. Attacher les pépins dans un petit sac de coton. Passer les pulpes et les peaux au hachoir. Déposer dans un grand bol avec le jus et le sac de pépins ; couvrir d'eau froide et laisser reposer 12 heures. Verser dans une casserole et porter à ébullition. Mijoter jusqu'à ce que le liquide soit réduit de moitié. Laisser tiédir et retirer le sac de pépins. Ajouter le sucre et porter à ébullition. Mijoter à peu près 30 minutes. Verser dans des pots stérilisés. Laisser refroidir avant de sceller. Conserver dans un endroit sec et frais.

Marmelade de rhubarbe

8 tasses de rhubarbe coupée en dés
8 tasses de sucre
quelques gouttes de jus de citron

Déposer la rhubarbe et le sucre dans un grand bol. Mélanger et laisser reposer 12 heures. Verser dans une casserole ; porter à ébullition, lentement. Mijoter jusqu'à ce que la rhubarbe soit tendre. Verser dans des pots stérilisés et sceller. Conserver au réfrigérateur.

Marmelade aux trois fruits

3 pamplemousses
6 oranges
3 citrons
9 chopines d'eau
8 lb de sucre

Laver et assécher les fruits. Les couper en deux et en extraire le jus. Attacher les pépins dans un petit sac de coton. Passer les pulpes et les peaux au hachoir. Déposer dans un grand bol avec le jus et le sac de pépins. Couvrir d'eau froide et laisser reposer 12 heures. Verser dans une casserole et porter à ébullition. Mijoter jusqu'à ce que le liquide soit réduit de moitié. Laisser tiédir et retirer le sac de pépins. Ajouter le sucre et porter à ébullition. Mijoter à peu près 30 minutes. Verser dans des pots stérilisés. Laisser refroidir avant de sceller. Conserver dans un endroit sec et frais.

LES GELÉES

Gelée de gadelles

4 lb de gadelles
2 tasses d'eau
sucre

Laver les gadelles et les déposer dans une marmite ; ajouter l'eau et écraser un peu les fruits. Mijoter jusqu'à ce qu'elles soient tendres et que le jus en sorte. Égoutter le jus dans un sac sans presser. Mesurer le jus et ajouter $3/4$ tasse de sucre par tasse de jus. Faire fondre le sucre dans le jus et bouillir 20 minutes. La gelée est prête quand des gouttes de liquide chaud se figent dans une assiette froide. Écumer. Verser dans des bocaux stérilisés. Sceller et conserver dans un endroit sec et frais.

Gelée de groseilles

4 lb de groseilles
2 tasses d'eau
sucre

Laver et assécher les groseilles et les déposer dans une marmite. Ajouter l'eau et écraser un peu les fruits. Mijoter jusqu'à ce qu'elles soient tendres et que le jus en sorte. Égoutter le jus dans un sac sans presser. Mesurer le jus et ajouter ³/₄ tasse de sucre par tasse de jus. Faire fondre le sucre dans le jus et bouillir 20 minutes. La gelée est prête quand des gouttes de liquide chaud se figent dans une assiette froide. Écumer. Verser dans des pots stérilisés. Sceller et conserver dans un endroit sec et frais.

Gelée de framboises (ou de mûres)

4 lb de framboises
3 tasses d'eau
sucre

Laver les framboises et les égoutter. Les déposer dans une marmite ; ajouter l'eau et écraser un peu les fruits. Mijoter jusqu'à ce qu'elles soient tendres et que le jus en sorte. Égoutter le jus dans un sac sans presser. Mesurer le jus et ajouter ³/₄ tasse de sucre par tasse de jus. Faire fondre le sucre dans le jus et bouillir 20 minutes. La gelée est prête quand des gouttes de liquide chaud se figent dans une assiette froide. Écumer. Verser dans des bocaux stérilisés. Sceller et conserver dans un endroit sec et frais.

Gelée de menthe fraîche

4 tasses de jus de pommes
1 tasse de feuilles de menthe
3 tasses de sucre
colorant végétal vert

Émincer les feuilles de menthe. Ajouter au jus de pommes, porter à ébullition et mijoter 10 minutes. Couler le jus. Laisser tiédir. Ajouter le sucre, porter à ébullition et bouillir 20 minutes. Ajouter assez de colorant pour obtenir un vert clair. La gelée est prête quand des gouttes de liquide chaud se figent dans une assiette froide. Écumer. Verser dans des bocaux stérilisés. Sceller et conserver dans un endroit sec et frais.

Gelée de pimbina

pimbina
sucre

Laver le pimbina et enlever les tiges. Déposer les grains dans une casserole et couvrir d'eau. Mijoter jusqu'à ce que le pimbina soit tendre et que le jus en sorte. Égoutter le jus dans un sac sans presser ; le jus sera clair. Mesurer le jus et ajouter 1 tasse de sucre par tasse de jus. Faire fondre le sucre dans le jus et bouillir 20 minutes. La gelée est prête quand des gouttes de liquide chaud se figent dans une assiette froide. Écumer. Verser dans des bocaux stérilisés. Sceller et conserver dans un endroit sec et frais.

Gelée de pelures de pommes

4 lb de pelures et de cœurs de pommes
8 tasses d'eau
jus de 2 citrons
sucre

Déposer les pelures et les cœurs de pommes dans une casserole ; ajouter l'eau et le jus de citron. Mijoter 45 minutes. Égoutter le jus dans un sac sans presser. Mesurer le jus et ajouter 1 tasse de sucre par tasse de jus. Faire fondre le sucre dans le jus et bouillir 20 minutes. La gelée est prête quand des gouttes de liquide chaud se figent dans une assiette froide. Écumer. Verser dans des bocaux stérilisés. Sceller et conserver dans un endroit sec et frais.

Gelée de pommes

4 lb de pommes
4 tasses d'eau
jus d'un citron
sucre

Laver les pommes et les couper en quatre. Déposer dans une casserole ; ajouter l'eau et le jus de citron. Mijoter 45 minutes. Égoutter le jus dans un sac à gelée sans presser. Mesurer le jus et ajouter 1 tasse de sucre par tasse de jus. Faire fondre le sucre dans le jus et bouillir 20 minutes. La gelée est prête quand des gouttes de liquide chaud se figent dans une assiette froide. Écumer. Verser dans des bocaux stérilisés. Sceller et conserver dans un endroit sec et frais.

Gelée de sarriette

4 tasses de jus de pommes
1 tasse de sarriette fraîche
3 tasses de sucre
colorant végétal vert

Émincer la sarriette. Ajouter au jus de pommes, porter à ébullition et mijoter 10 minutes. Couler le jus. Laisser tiédir. Ajouter le sucre, porter à ébullition et bouillir 20 minutes. Ajouter assez de colorant pour obtenir un vert clair. La gelée est prête quand des gouttes de liquide chaud se figent dans une assiette froide. Écumer. Verser dans des bocaux stérilisés. Sceller et conserver dans un endroit sec et frais.

LES POUDINGS, ETC...

Grands-pères non sucrés (poutines)

1 tasse de farine
1 c. à thé de poudre à pâte
½ tasse de lait
2 œufs
½ c. à thé de sel
1 c. à thé de persil haché

Tamiser ensemble la farine, la poudre à pâte et le sel ; ajouter le persil. Ajouter le lait et les œufs. Brasser rapidement jusqu'à ce que la pâte soit lisse. Laisser tomber par cuillerées, dans votre ragoût préféré. Couvrir et mijoter 20 minutes.

Grands-pères dans le sirop (poutines)

1 tasse de farine
1 c. à thé de poudre à pâte
½ tasse de lait
2 œufs
½ c. à thé de sel
3 tasses de sirop d'érable

Tamiser ensemble la farine, la poudre à pâte et le sel. Ajouter le lait et les œufs. Brasser rapidement jusqu'à ce que la pâte soit lisse. Laisser tomber par cuillerées, dans le sirop d'érable bouillant. Couvrir et mijoter 15 minutes. Servir avec le sirop de cuisson.

Blanc-manger

2 tasses de lait
¾ tasse de sucre
1 pincée de sel
2 c. à soupe de fécule de maïs
1 c. à thé de vanille

Chauffer le lait au bain-marie ; ajouter le sucre, le sel et la fécule de maïs. Cuire jusqu'à épaississement ; ajouter la vanille. Verser dans un moule rincé à l'eau froide et laisser prendre au froid. Servir avec la confiture de votre choix.

Crème brûlée

2 tasses de lait
5 c. à soupe de farine
1 tasse de mélasse
1 c. à soupe de beurre
1 c. à thé de soda à pâte

Chauffer le lait au bain-marie. Délayer la farine dans autant d'eau froide ; ajouter au lait en brassant sans arrêt jusqu'à ce que le mélange soit lisse et épais. Verser la mélasse, le beurre et le soda à pâte dans une casserole ; porter à ébullition et cuire jusqu'à ce que la mélasse commence à se caraméliser. Retirer du feu et incorporer au premier mélange. Poursuivre la cuisson jusqu'à ce que la crème soit lisse et onctueuse. Verser dans un moule rincé à l'eau froide et laisser prendre au froid.

Mousse aux fruits

2 blancs d'œufs
1 tasse de sucre
1 tasse de fruits écrasés (bananes, fraises ou compote de pommes)
1/4 c. à thé de vanille

Battre les blancs d'œufs en neige en ajoutant graduellement le sucre. Incorporer les fruits et la vanille et battre jusqu'à ce que la mousse soit ferme. Servir dans des coupes à dessert.

Œufs à la neige

5 œufs
3 tasses de lait
1 1/2 tasse de sucre
2 c. à thé de fécule de maïs
1/4 c. à thé de muscade

Séparer les œufs. Battre les blancs d'œufs en neige en ajoutant graduellement la moitié du sucre. Chauffer le lait dans un grand poêlon sans bouillir. Déposer les blancs d'œufs à la cuillerée. Laisser gonfler et retourner. Retirer les blancs d'œufs et les déposer dans un plat chaud. Ajouter en brassant, le reste du sucre, la fécule de maïs délayée dans un peu d'eau et les jaunes d'œufs au lait chaud. Brasser sans arrêt jusqu'à consistance lisse et onctueuse. Ajouter la muscade. Verser dans un plat ; déposer les blancs d'œufs en surface. Servir bien froid.

Petits cochons dans le sirop

2 tasses de farine
1/2 tasse de lait
1/4 tasse d'eau
2 c. à thé de poudre à pâte
1 pincée de sel
1/2 tasse de raisins secs
1 c. à thé de cannelle
2 tasses de cassonade
2 tasses d'eau
2 c. à soupe de beurre

Tamiser ensemble la farine, la poudre à pâte et le sel ; ajouter graduellement le lait et l'eau. Bien incorporer. Abaisser la pâte ; y disposer les raisins et saupoudrer de cannelle. Faire un rouleau ; découper en tranches assez épaisses. Déposer la cassonade et le beurre dans une casserole ; ajouter l'eau. Porter à ébullition en brassant sans arrêt. Baisser le feu. Jeter les tranches de pâte dans le sirop bouillant. Couvrir et cuire à feu doux, 15 minutes.

Pommes au beurre écossais

1 1/2 tasse de cassonade
2 tasses d'eau
1 c. à soupe de beurre
1 c. à thé de cannelle
1/2 c. à thé de muscade
2 tasses de pommes râpées
votre recette de pâte préférée

Déposer la cassonade et le beurre dans une casserole, ajouter l'eau. Porter à ébullition ; bouillir 5 minutes en brassant. Retirer du feu. Abaisser la pâte, y disposer les pommes râpées et saupoudrer de cannelle et de muscade. Façonner en rouleau et couper en tranches épaisses. Déposer dans un moule beurré et ajouter le sirop. Cuire au four, 30 minutes, à 375° F (190° C).

Pommes en chaussons

quelques pommes
cassonade
beurre
muscade
votre recette de pâte préférée

Peler les pommes et enlever les cœurs. Farcir de cassonade, de beurre et d'un soupçon de muscade. Abaisser la pâte et la découper en rectangles. Envelopper chaque pomme d'un rectangle de pâte ; refermer. Déposer dans une lèchefrite graissée. Cuire au four, 45 minutes, à 325° F (165° C). Servir arrosées de sirop d'érable.

Pouding chômeur

2 tasses de cassonade
1 1/2 tasse d'eau
2 c. à thé de beurre
1 c. à thé de vanille
2 c. à thé de graisse
1 œuf
1/2 tasse de sucre
1 tasse de farine
2 c. à thé de poudre à pâte
1/2 tasse de lait

Mélanger la cassonade, l'eau, le beurre et la vanille dans une casserole. Porter à ébullition et retirer du feu. Verser dans un moule beurré et réserver. Battre ensemble la graisse, l'œuf et le sucre jusqu'à consistance légère. Tamiser ensemble la farine et la poudre à pâte ; incorporer au premier mélange en alternant avec le lait. Déposer la pâte dans le sirop. Cuire au four, 30 minutes, à 350° F (175° C).

Pouding au pain

3 tasses de pain rassis
3 tasses de lait chaud
3 c. à soupe de beurre fondu
1 œuf battu
1 tasse de cassonade
¼ c. à thé de muscade
1 pincée de clous de girofle moulus
¾ tasse de raisins secs

Déposer le pain dans un grand bol ; verser le lait et laisser reposer quelques minutes. Ajouter l'œuf battu, la cassonade, la muscade, le clou de girofle et les raisins secs ; bien incorporer. Verser dans un moule beurré. Cuire au four, 30 minutes, à 350° F (175° C).

Pouding au riz

1 tasse de riz
4 tasses d'eau
2 œufs battus
½ tasse de sucre
2 tasses de lait
1 pincée de sel
1 c. à thé de cannelle
1 c. à thé de vanille
½ tasse de raisins secs

Faire cuire le riz dans l'eau jusqu'à ce qu'il soit tendre ; égoutter et réserver. Cuire à feu doux les œufs battus, le sucre, le lait et le sel, en brassant sans arrêt jusqu'à épaississement. Ajouter la cannelle, la vanille et les raisins. Incorporer au riz et verser dans un moule. Cuire au four, 20 minutes, à 400° F (205° C).

Pouding au suif

1 tasse de mélasse
2 c. à thé de soda à pâte
1 tasse de suif haché
1 œuf battu
1 tasse de lait
3 tasses de farine
1 tasse de raisins secs
½ tasse de dattes hachées
½ tasse de noix hachées
1 c. à thé de cannelle
½ c. à thé de gingembre
½ c. à thé de clous de girofle moulus
½ c. à thé de muscade

Saupoudrer les fruits et les noix de farine ; réserver. Dissoudre le soda dans la mélasse. Ajouter le suif et l'œuf battu. Tamiser la farine avec la cannelle, le gingembre, le clou de girofle et la muscade ; ajouter au premier mélange en alternant avec le lait. Ajouter les fruits et les noix ; incorporer. Déposer dans un moule graissé, de même que son couvercle. Couvrir et cuire à la vapeur 2 heures. Servir chaud avec la sauce de votre choix.

« Poutine à la poche »

- 2 c. à soupe de beurre
- 1 tasse de sucre
- 2 œufs
- 2 tasses de farine
- 2 c. à thé de poudre à pâte
- 1 pincée de sel
- 1 c. à thé de vanille
- $1/2$ c. à thé de muscade
- 1 tasse de lait
- 1 tasse de raisins secs

Faire bouillir de l'eau dans une grande marmite. Enfariner les raisins secs ; réserver. Battre en crème le beurre, le sucre et les œufs ; ajouter la vanille. Tamiser ensemble la farine, la poudre à pâte, le sel et la muscade. Ajouter au premier mélange en alternant avec le lait ; incorporer. Ajouter les raisins ; incorporer. Beurrer et enfariner un grand morceau de coton propre, y verser la pâte. Refermer le coton en laissant assez d'espace' pour permettre à la pâte de lever, et coudre. Déposer le sac dans l'eau bouillante ; couvrir la marmite et cuire à feu moyen 2 heures, ou déposer la pâte dans un moule graissé, de même que son couvercle. Couvrir et cuire à la vapeur, 2 heures. Servir chaud avec la sauce de votre choix.

BEIGNES, BEIGNETS ET CROQUIGNOLES

Beignes de ma grand-mère

3 c. à soupe de beurre
1 tasse de sucre
2 œufs
1 c. à thé de soda à pâte
1 tasse de lait
2 tasses de farine
2 c. à thé de crème de tartre
1/2 c. à thé de muscade
1 c. à thé d'essence de vanille
2 c. à thé de jus de citron

Battre en crème le beurre, le sucre et les œufs. Ajouter le jus de citron et l'essence de vanille. Tamiser ensemble les ingrédients secs ; les ajouter en alternant avec le lait. Laisser reposer la pâte 12 heures au frais avant de l'utiliser. Abaisser, découper et cuire en grande friture en ne retournant qu'une fois. Égoutter sur du papier absorbant.

Beignes au lait sur

3 c. à soupe de beurre
1 tasse de sucre
2 œufs
1 tasse de lait sur
3 tasses de farine
1 c. à thé de sel
1 c. à thé de soda à pâte
1 c. à thé de poudre à pâte
½ c. à thé de muscade
1 c. à thé de vanille

Battre en crème le beurre, le sucre et les œufs ; ajouter la vanille. Tamiser ensemble les ingrédients secs ; les ajouter en alternant avec le lait sur. Laisser reposer la pâte, 12 heures au frais avant de l'utiliser. Abaisser, découper et cuire en grande friture en ne retournant qu'une fois. Égoutter sur du papier absorbant.

Beignes aux patates

3 c. à soupe de beurre
3 œufs
½ tasse de lait
2 tasses de sucre
1 tasse de pommes de terre en purée
3 tasses de farine
4 c. à thé de poudre à pâte
1 c. à thé de sel
½ c. à thé de muscade

Battre en crème le beurre, le sucre et les œufs ; ajouter les pommes de terre et bien incorporer. Tamiser ensemble les ingrédients secs ; les ajouter en alternant avec le lait. Laisser reposer la pâte 12 heures au frais avant de l'utiliser. Abaisser, découper et cuire en grande friture en ne retournant qu'une fois. Égoutter sur du papier absorbant.

Beignets aux pommes

3 ou 4 pommes
2 c. à thé de jus de citron
2 œufs
½ tasse de sucre
¼ c. à thé de sel
¼ c. à thé de cannelle
¼ c. à thé de muscade
4 c. à thé de poudre à pâte
2 tasses de farine
1 tasse de lait

Peler et trancher les pommes ; éliminer les cœurs. Arroser de jus de citron. Battre les œufs et le sucre. Tamiser ensemble les ingrédients secs ; les ajouter en alternant avec le lait. Tremper les pommes dans la pâte et les cuire en grande friture en ne retournant qu'une fois. Égoutter sur un papier absorbant. Servir chauds, saupoudrés de sucre à glacer.

Croquignoles de ma grand-mère

1/3 tasse de beurre
1 tasse de sucre
4 œufs
1 c. à thé de vanille
1/2 tasse de crème de table
4 c. à thé de poudre à pâte
4 tasses de farine
1 c. à thé de sel
1/2 c. à thé de muscade
2 c. à soupe de brandy

Battre en crème le beurre, le sucre et les œufs ; ajouter la vanille et le brandy. Tamiser ensemble les ingrédients secs ; les ajouter en alternant avec le lait. Laisser reposer la pâte 12 heures au frais avant de l'utiliser. Abaisser et découper en lanières. Plier chaque lanière en deux et la tresser sur elle-même ; refermer les bouts en pinçant. Cuire en grande friture en ne retournant qu'une fois. Égoutter sur du papier absorbant. Saupoudrer de sucre à glacer.

Pets de nonne

1 tasse d'eau
1/2 tasse de beurre
1 tasse de farine
1 pincée de sel
1 c. à soupe de sucre
4 œufs
1/2 c. à thé de vanille
1 c. à soupe de rhum

Note : Notre irrévérence, il faut bien le dire, en a fait bien plus souvent des pets de sœurs que des pets de nonnes. Vous aurez remarqué que je ne vous ai pas donné la recette des trous de beignes...

Déposer l'eau, le beurre, le sucre et le sel dans une casserole ; porter à ébullition. Retirer du feu et ajouter toute la farine. Brasser énergiquement, 2 minutes. Laisser tiédir un peu avant d'ajouter les œufs, un par un, en brassant bien. Ajouter la vanille et le rhum et bien incorporer. Cuire en grande friture en déposant la pâte à la cuillère dans la friture ; pour qu'ils portent bien leur nom, glisser chaque cuillerée de pâte en deux fois dans la friture, sans briser la pâte. Ne retourner qu'une fois. Égoutter sur du papier absorbant et servir saupoudrés de sucre à glacer.

LES BISCUITS

Biscuits aux amandes

½ tasse de beurre
1 tasse de sucre
1 c. à soupe de lait
4 jaunes d'œufs
1½ tasse de farine
1 c. à thé de poudre à pâte
½ c. à thé de sel
1 c. à thé de vanille
½ tasse d'amandes hachées

Défaire en crème le beurre, le sucre, le lait et les jaunes d'œufs. Tamiser ensemble la farine, la poudre à pâte et le sel. Incorporer en même temps que les amandes. Ajouter la vanille et bien brasser. Laisser reposer la pâte au frais, 2 heures. Façonner en petites boules ; déposer sur une tôle graissée. Cuire au four, 12 à 15 minutes, à 350° F (175° C).

Biscuits à l'anis

½ tasse de beurre
1 tasse de sucre
2 œufs
2 tasses de farine
½ c. à thé de soda à pâte
¼ c. à thé de sel
2 c. à soupe de graines d'anis

Battre en crème le beurre et le sucre ; ajouter les œufs un à un en brassant bien. Tamiser ensemble la farine, le soda à pâte et le sel ; ajouter l'anis. Incorporer graduellement au premier mélange. Laisser reposer la pâte au frais, 2 heures. Abaisser et découper à l'emporte-pièce. Déposer les biscuits sur une tôle graissée ; les saupoudrer légèrement de sucre. Cuire au four, 8 à 12 minutes, à 350° F (175° C).

Biscuits aux dattes

1 tasse de cassonade
½ tasse de beurre
1 c. à thé de soda à pâte
¼ c. à thé de sel
½ tasse d'eau chaude
2 tasses de farine
2 tasses de flocons d'avoine
1 c. à thé de vanille
1 tasse de dattes
1 tasse de sucre
1 tasse d'eau
1 c. à soupe de farine

Défaire le beurre en crème ; ajouter la cassonade. Battre jusqu'à ce que le mélange soit léger et crémeux. Ajouter la vanille. Dissoudre le soda et le sel dans l'eau chaude ; ajouter. Ajouter la farine et les flocons d'avoine en alternant ; bien incorporer. Abaisser la pâte et découper en rondelles ; déposer sur une tôle graissée. Cuire au four, 10 à 12 minutes, à 350° F (175° C). Mélanger ensemble dans une casserole les dattes, le sucre, l'eau et la farine. Mijoter jusqu'à épaississement. Refroidir. Déposer les dattes cuites entre deux biscuits.

Biscuits à la crème sure

5 tasses de farine tamisée
1 c. à thé de soda à pâte
1/2 c. à thé de sel
1/2 tasse de beurre
1/2 tasse de graisse
2 tasses de sucre
3 œufs battus
1 tasse de crème sure
1 c. à thé de vanille
1/2 c. à thé de muscade

Tamiser ensemble la farine, le soda à pâte et le sel. Défaire en crème le beurre, la graisse et le sucre ; battre jusqu'à ce que le mélange soit léger et crémeux. Ajouter les œufs battus et bien battre. Ajouter les ingrédients secs en alternant avec la crème sure ; bien incorporer. Ajouter la vanille et la muscade ; incorporer. Déposer par cuillerées sur une tôle graissée. Cuire, 10 à 12 minutes, à 375° F (190° C).

Biscuits à la farine d'avoine

1/2 tasse de graisse
1/2 tasse de beurre
1 tasse de cassonade
1/2 tasse de sucre
1 œuf
1/4 tasse de lait
2 tasses de farine
1 c. à thé de soda à pâte
1/2 c. à thé de sel
2 tasses de flocons d'avoine
1 c. à thé de vanille
1/2 c. à thé de cannelle

Défaire en crème la graisse et le beurre ; ajouter la cassonade, le sucre, l'œuf et le lait et battre jusqu'à consistance légère. Ajouter la vanille. Tamiser ensemble la farine, le soda à pâte, le sel et la cannelle, ajouter au premier mélange en alternant avec les flocons d'avoine. Façonner en petites boules et déposer sur une tôle graissée. Écraser avec une fourchette. Cuire, 10 à 12 minutes, à 350° F (175° C).

Biscuits au gingembre

1 tasse de graisse
1/2 tasse de sucre
1/2 tasse de cassonade
1 tasse de mélasse
2 c. à thé de gingembre
2 c. à soupe de vinaigre
2 c. à thé de soda à pâte
3/4 tasse de café fort
5 tasses de farine

Battre en crème la graisse, le sucre, la cassonade, la mélasse et le vinaigre. Dissoudre le soda dans le café. Tamiser la farine et le gingembre ; ajouter au premier mélange en alternant avec le café. Abaisser, découper à l'emporte-pièce et déposer sur une tôle graissée. Cuire, 5 à 6 minutes, à 375° F (175° C).

Biscuits à la mélasse

½ tasse de graisse
¼ tasse de sucre
1 œuf
1 c. à thé de gingembre
1 c. à thé de cannelle
½ c. à thé de clous de girofle moulus
¼ c. à thé de muscade
½ c. à thé de sel
1½ c. à thé de poudre à pâte
¼ c. à thé de soda à pâte
2 tasses de farine
¼ tasse de lait
¾ tasse de mélasse
1 c. à thé de vanille
sucre

Battre en crème la graisse, le sucre et l'œuf. Tamiser ensemble la farine, le gingembre, la cannelle, le clou de girofle, la muscade, le sel, la poudre à pâte et le soda. Mélanger le lait, la mélasse et la vanille ; ajouter au premier mélange en alternant avec la farine aromatisée. Façonner en petites boules et rouler dans le sucre. Déposer sur une tôle légèrement graissée. Cuire, 10 à 12 minutes, à 350° F (190° C).

Biscuits au sucre

¼ tasse de graisse
½ tasse de beurre
1 tasse de sucre
2 œufs
1 c. à thé de vanille
2½ tasses de farine
1 c. à thé de poudre à pâte
½ c. à thé de sel
1 pincée de muscade

Battre ensemble la graisse, le beurre, le sucre et les œufs, jusqu'à ce que le mélange soit léger et crémeux. Ajouter la vanille. Tamiser ensemble les ingrédients secs, les ajouter et bien incorporer. Laisser reposer la pâte au frais, 12 heures. Abaisser et découper à l'emporte-pièce, déposer sur une tôle. Saupoudrer de sucre. Cuire 8 à 10 minutes, à 375° F (190° C).

Bouchées aux fruits

½ tasse de beurre
½ tasse de cassonade
1 œuf
1 c. à thé de vanille
1 c. à thé de cannelle
½ c. à thé de muscade
¼ c. à thé de clous de girofle moulus
¼ c. à thé de sel
½ tasse de raisins secs
½ tasse de dattes hachées
¼ tasse de noix hachées
¼ tasse de fruits confits
1¼ tasse de farine
½ c. à thé de poudre à pâte
½ c. à thé de soda à pâte

Battre ensemble le beurre, la cassonade, l'œuf et la vanille jusqu'à ce que le mélange soit léger et crémeux. Ajouter la cannelle, la muscade, le clou et le sel ; bien incorporer. Tamiser la farine avec la poudre à pâte et le soda à pâte ; y mélanger tous les fruits. Ajouter au premier mélange et bien incorporer. Déposer par cuillerées sur une tôle graissée. Cuire 10 à 12 minutes, à 350° F (175° C).

Doigts de dames

2 œufs
½ tasse de beurre
1 tasse de sucre
¼ tasse de lait
1 c. à thé de vanille
¼ c. à thé d'essence d'amandes
2 tasses de farine
2 c. à thé de poudre à pâte

Battre ensemble les œufs, le beurre et le sucre jusqu'à ce que le mélange soit léger et crémeux. Ajouter le lait, la vanille et l'essence d'amandes. Tamiser ensemble la farine et la poudre à pâte ; incorporer au premier mélange. Abaisser et découper en bandes fines, longues comme un doigt. Rouler dans le sucre et déposer sur une tôle. Cuire 8 à 10 minutes, à 325° F (165° C).

LES CARRÉS

Carrés au chocolat

2 carrés de chocolat non sucré
1/4 tasse de beurre
1 tasse de sucre
2 œufs battus
1 tasse de farine
1/2 c. à thé de sel
1 c. à thé de poudre à pâte
1 tasse de noix
1/2 tasse de dattes hachées
1 c. à thé de vanille

Fondre le chocolat et le beurre au bain-marie. Verser dans un bol et ajouter le sucre et les œufs battus ; bien incorporer. Tamiser ensemble la farine, le sel et la poudre à pâte ; y ajouter les noix et 'les dattes. Incorporer au premier mélange ; ajouter la vanille. Verser dans un moule carré, graissé. Cuire au four, 30 minutes, à 350° F (175° C).

Carrés aux dattes

1/2 tasse de graisse
1 tasse de cassonade
1 1/2 tasse de farine
1/2 c. à thé de sel
1 c. à thé de soda à pâte
1 3/4 tasse de flocons d'avoine
1 c. à thé de vanille
1 lb de dattes hachées
1 tasse de cassonade
1 c. à soupe de beurre
1 tasse d'eau
1/2 c. à thé de cannelle
2 c. à soupe de jus de citron

Mélanger dans une casserole les dattes, la cassonade, l'eau, le beurre, la cannelle et le jus de citron. Mijoter en brassant souvent jusqu'à ce que le mélange soit épais et crémeux. Réserver. Défaire la graisse en crème ; ajouter la cassonade et brasser jusqu'à ce que le mélange soit lisse et crémeux. Tamiser la farine avec le sel et le soda à pâte. Ajouter au mélange avec les flocons d'avoine et la vanille. Bien incorporer. Déposer la moitié de cette pâte dans un moule graissé ; ajouter les dattes cuites et recouvrir avec le reste de la pâte. Cuire au four, 40 minutes, à 350° F (175° C).

LES MUFFINS

Muffins à la farine d'avoine

4 c. à soupe de graisse
1 œuf battu
½ tasse de cassonade
1 tasse de flocons d'avoine
1 tasse de lait de beurre
1 tasse de farine
½ c. à thé de sel
½ c. à thé de soda à pâte

Verser le lait de beurre sur les flocons d'avoine ; laisser reposer 30 minutes. Défaire la graisse en crème ; ajouter la cassonade et bien battre. Ajouter l'œuf battu, bien incorporer. Ajouter les flocons d'avoine et le lait de beurre ; incorporer. Tamiser ensemble la farine, le sel et le soda à pâte. Ajouter la farine et incorporer. Graisser généreusement les moules à muffins et les remplir à moitié. Cuire au four, 20 minutes, à 400° F (205° C).

Muffins à la farine de blé entier

1 tasse de farine tout-usage
¾ tasse de farine de blé entier
3 c. à thé de poudre à pâte
½ c. à thé de sel
¼ c. à thé de soda à pâte
¼ tasse de graisse
¼ tasse de mélasse
2 œufs
1 tasse de lait

Défaire la graisse en crème. Mélanger le soda à pâte dans la mélasse et ajouter à la graisse ; battre jusqu'à ce que le mélange soit lisse et crémeux. Battre les œufs ; les ajouter. Incorporer. Ajouter le lait ; incorporer. Tamiser la farine avec la poudre à pâte et le sel. Incorporer les ingrédients secs. Graisser généreusement les moules à muffins et les remplir à moitié. Cuire au four, 20 minutes, à 400° F (205° C).

Muffins au son

1 tasse de farine
1/2 c. à thé de sel
3 c. à thé de poudre à pâte
1/4 c. à thé de soda à pâte
1/4 tasse de graisse
1/2 tasse de cassonade
1 œuf battu
1 c. à soupe de miel
3/4 tasse de son
3/4 tasse de lait
1/2 tasse de dattes hachées

Défaire la graisse en crème ; ajouter la cassonade et bien battre. Ajouter l'œuf battu et le lait ; bien incorporer. Tamiser ensemble la farine, le sel, la poudre à pâte et le soda à pâte ; y mélanger les dattes. Ajouter au premier mélange en même temps que le son. Incorporer. Graisser généreusement les moules à muffins et les remplir à moitié. Cuire au four, 20 minutes, à 400° F (205° C).

LES GÂTEAUX

Bûche de Noël

3 œufs
1 tasse de sucre
1 c. à thé de vanille
½ c. à thé d'essence d'amande
1¼ tasse de farine à pâtisserie
½ tasse de lait
1 c. à soupe de beurre

¼ tasse de beurre mou
2 tasses de sucre à glacer
2 c. à soupe de cacao
½ c. à thé de vanille
1 pincée de muscade
3 c. à soupe de café fort froid

Chauffer le four à 400° F (205° C). Graisser un moule à gâteau roulé et le tapisser de papier ciré ; graisser le papier et l'enfariner. Battre les œufs jusqu'à ce qu'ils soient pâles et mousseux. Ajouter graduellement le sucre et battre jusqu'à consistance lisse et crémeuse. Ajouter la vanille et l'essence d'amande. Chauffer le lait ; y incorporer le beurre. Tamiser la farine et l'incorporer délicatement au mélange œufs et sucre. Incorporer le lait et le beurre fondu juste assez pour que le liquide soit absorbé. Verser dans le moule et cuire au four, 15 minutes, à 400° F (205° C). À la sortie du four, découper les côtés croustillants et démouler sur une serviette légèrement saupoudrée de sucre à glacer. Rouler en poussant avec la serviette et laisser refroidir au moins 15 minutes. Dérouler, puis étendre la gelée ou la confiture de votre choix. Rouler de nouveau ; couvrir avec la serviette et laisser refroidir complètement.

Tamiser ensemble le sucre à glacer et le cacao. Défaire le beurre en crème ; ajouter graduellement le sucre et le lait en alternant. Ajouter la vanille et la muscade ; bien incorporer. Glacer la bûche et décorer à sa fantaisie.

Gâteau des anges

1 tasse de blancs d'œufs
1 pincée de sel
1 c. à thé de crème de tartre
1 tasse de farine à pâtisserie
1½ tasse de sucre
1½ c. à thé de vanille
½ c. à thé d'essence d'amande

Ne pas préchauffer le four. Laisser reposer les blancs d'œufs à la température de la pièce. Ajouter le sel ; les battre en neige. Ajouter la crème de tartre ; les battre en neige ferme. Incorporer le sucre, très peu à la fois. Incorporer la farine par petites quantités en la tamisant sur les blancs d'œufs. Incorporer la vanille et l'essence d'amande. Verser dans un moule tubulaire non graissé. Cuire au four, 50 minutes, à 300° F (150° C). Renverser sur une grille et refroidir. Démouler.

Gâteau blanc

1 tasse de sucre
½ tasse de beurre
1 tasse de lait
1¾ tasse de farine à pâtisserie
3 c. à thé de poudre à pâte
3 blancs d'œufs
½ c. à thé de sel
1 c. à thé de vanille
½ c. à thé d'essence d'amande

Chauffer le four à 375° F (190° C). Défaire le beurre et le sucre en crème ; battre jusqu'à consistance légère. Tamiser ensemble la farine, la poudre à pâte et le sel, quatre fois. Ajouter en alternant le lait et la farine tamisée ; bien incorporer. Ajouter la vanille et l'essence d'amande ; incorporer. Battre les blancs d'œufs un à la fois et les incorporer à la pâte. Verser dans deux moules graissés et foncés de papier ciré. Cuire au four, 35 minutes, à 375° F (190° C).

Gâteau aux carottes de Michelle

4 œufs
2 tasses de sucre
1 tasse d'huile végétale
2 tasses de carottes râpées
2 tasses de farine à pâtisserie
¾ c. à thé de sel
2 c. à thé de poudre à pâte
1½ c. à thé de soda à pâte
2 c. à thé de cannelle
1 tasse de noix de Grenoble en morceaux
1 tasse de raisins secs

Chauffer le four, à 350° F (175° C). Battre les œufs et le sucre jusqu'à ce que le sucre soit fondu. Incorporer l'huile et les carottes râpées. Tamiser ensemble la farine, le sel, la poudre à pâte, le soda à pâte et la cannelle ; incorporer graduellement au premier mélange jusqu'à consistance lisse. Enfariner les noix et les raisins et les ajouter. Verser dans un moule tubulaire graissé. Cuire au moins une heure à 350° F (175° C).

Gâteau au chocolat

½ tasse de cacao
1 c. à thé de soda à pâte
½ tasse d'eau froide
¾ tasse de beurre
1 c. à thé de vanille
1¾ tasse de sucre
2 œufs
2½ tasses de farine à pâtisserie
1 c. à thé de poudre à pâte
1 c. à thé de sel
¾ tasse de lait sur

Chauffer le four à 350° F (175° C). Délayer le cacao et le soda dans l'eau froide jusqu'à ce que le mélange soit parfaitement lisse. Battre en crème le beurre et le sucre ; ajouter la vanille. Battre les œufs ; les ajouter. Tamiser ensemble la farine, la poudre à pâte et le sel. Incorporer au premier mélange en alternant avec le lait sur. Ajouter le cacao et incorporer. Verser dans deux moules graissés et foncés de papier ciré. Cuire au four, 35 minutes, à 350° F (175° C). Démouler et laisser refroidir complètement avant de glacer.

Gâteau aux épices

1½ tasse de farine à pâtisserie tamisée
½ c. à thé de poudre à pâte
½ c. à thé de soda à pâte
1 c. à thé de sel
2 c. à thé de cannelle
½ c. à thé de quatre épices
½ c. à thé de muscade
¼ c. à thé de clous de girofle moulus
¼ tasse de graisse végétale
¼ tasse de beurre
1 tasse de sucre
2 œufs
¾ tasse de lait
1 c. à thé de vanille

Chauffer le four à 350° F (175° C). Tamiser ensemble tous les ingrédients secs et réserver. Battre en crème le gras et le sucre ; ajouter les œufs et battre jusqu'à consistance légère. Ajouter la vanille. Incorporer les ingrédients secs en alternant avec le lait. Verser dans un moule à gâteau carré, graissé et enfariné. Cuire au four, 45 à 50 minutes, à 350° F (175° C). Laisser reposer 5 minutes avant de mettre à refroidir, renversé sur une grille. Refroidir complètement avant de glacer.

Gâteau à l'érable

2 1/4 tasses de farine à pâtisserie
3/4 c. à thé de soda à pâte
2 c. à thé de poudre à pâte
1/2 c. à thé de gingembre
1/2 tasse de beurre
1/4 tasse de sucre
2 œufs
1 tasse de sirop d'érable
1/2 tasse d'eau chaude

Chauffer le four à 350° F (175° C). Tamiser ensemble la farine, le soda à pâte, la poudre à pâte et le gingembre ; réserver. Battre le beurre et le sucre jusqu'à consistance lisse. Ajouter les œufs un à la fois, en battant bien après chaque addition. Incorporer la farine tamisée en alternant avec le sirop d'érable et l'eau chaude. Verser la pâte dans deux moules à gâteaux ronds graissés et enfarinés. Cuire au four, 30 minutes, à 350° F (175° C). Laisser reposer 15 minutes avant de démouler sur une grille. Refroidir complètement avant de glacer.

Gâteau aux fruits

1 lb de beurre
1 lb de sucre
4 tasses de farine à pâtisserie
12 œufs
2 tasses de rhum
2 lb de raisins secs
1 lb de raisins de Corinthe
2 lb de fruits confits mélangés
1/2 lb d'amandes
1 lb de noix de Grenoble en morceaux
1 lb de cerises confites, coupées en deux
1/2 lb de dattes hachées
2 tasses de mélasse
1 c. à thé de cannelle
1 c. à thé de macis
2 c. à thé de muscade
1 c. à thé de clous de girofle moulus
1 c. à thé de poudre à pâte
1/2 c. à thé de soda à pâte

Préparer les fruits et les noix, et enfariner. Tamiser le reste de la farine avec les épices, la poudre à pâte et le soda à pâte ; réserver. Défaire le beurre en crème et ajouter le sucre ; battre jusqu'à consistance lisse. Battre les œufs, les ajouter et battre jusqu'à consistance légère. Ajouter la mélasse et bien incorporer. Incorporer la farine tamisée en alternant avec le rhum. Incorporer les fruits et les noix enfarinés. Verser dans des moules graissés et foncés de papier brun graissé. Cuire au four, 3 heures à 275° F (135° C). Démouler sur une grille et laisser refroidir. Badigeonner de rhum et conserver dans des contenants hermétiquement fermés.

Gâteau au lard de ma grand-mère

- 1 lb de lard (panne) coupé en petits morceaux
- 2 tasses d'eau bouillante
- 2 c. à thé de soda
- 2 tasses de cassonade
- 1 tasse de mélasse
- 1 lb de raisins de Corinthe
- 1 lb de raisins secs
- 1/2 lb d'écorces confites
- 1/2 lb de fruits confits
- 1 tasse de noix de Grenoble en morceaux
- 1 verre de cognac
- 1 c. à thé de clous de girofle moulus
- 1 c. à thé de gingembre
- 2 c. à thé de cannelle
- 1 c. à thé de muscade
- cerises confites au goût
- 4 tasses de farine
- 4 œufs

Verser l'eau bouillante sur le lard coupé ; laisser refroidir. Incorporer le sucre, le soda, la mélasse et le cognac. Préparer les fruits et les noix et les enfariner. Tamiser le reste de la farine avec les épices ; réserver. Battre les œufs, réserver. Quand le premier mélange est refroidi, incorporer graduellement la farine tamisée. Ajouter les œufs battus et bien mélanger. Incorporer les fruits et les noix. Verser dans des moules graissés et foncés de papier brun. Cuire au four, au moins 2 heures, à 350° F (175° C).

Gâteau Louise

- 1 tasse de beurre
- 3 œufs (pas séparés)
- 1 1/2 tasse de sucre
- 1 pincée de sel
- 1 tasse de lait
- 2 1/2 tasses de farine
- 3 c. à thé de poudre à pâte
- 1 tasse de raisins secs
- 1 tasse de raisins de Corinthe
- 1 tasse de noix de Grenoble hachées
- l'écorce râpée d'une orange
- l'écorce râpée d'un citron
- 1 c. à thé de vanille
- 1/2 c. à thé de muscade
- 20 cerises au marasquin

Chauffer le four à 300° F (150° C). Battre le beurre et le sucre jusqu'à consistance lisse. Ajouter les œufs, un à la fois, et battre après chaque addition. Ajouter le sel et la vanille. Enrober de farine les raisins et les noix ; réserver. Tamiser le reste de la farine avec la poudre à pâte et la muscade ; incorporer au premier mélange en alternant avec le lait. Incorporer les écorces râpées, les raisins et les noix. Verser dans un moule graissé, foncé d'un papier brun graissé. Disposer 20 cerises au marasquin sur le dessus de la pâte. Cuire au four, au moins 1 1/2 heure, à 300° F (150° C).

Gâteau roulé

4 œufs
1 tasse de sucre
1/2 c. à thé de vanille
2 c. à soupe de lait
1 c. à soupe d'écorce d'orange râpée
1 tasse de farine à pâtisserie
1/4 c. à thé de sel

Chauffer le four à 350° F (175° C). Séparer les œufs. Battre les blancs d'œufs en neige ; ajouter la moitié du sucre et battre en neige ferme. Mousser les jaunes d'œufs avec le reste du sucre ; ajouter la vanille, l'écorce d'orange et le lait. Incorporer les blancs d'oeufs. Tamiser la farine avec le sel et incorporer aux œufs. Verser la pâte dans un moule à gâteau roulé graissé, foncé d'un papier ciré graissé. Cuire au four, 15 minutes, à 350° F (175° C). Renverser sur un linge humide ; garnir de gelée ou de confiture et rouler. Saupoudrer de sucre et laisser refroidir.

Pain aux dattes et aux noix

2 tasses de dattes hachées
1 1/2 tasse d'eau bouillante
1 œuf
1 c. à soupe de beurre
1 1/4 tasse de sucre
1 c. à thé de vanille
2 1/2 tasses de farine à pâtisserie
1 c. à thé de soda à pâte
1 pincée de sel
1 1/4 tasse de noix de Grenoble hachées

Chauffer le four à 350° F (175° C). Verser l'eau bouillante sur les dattes ; réserver. Battre l'œuf ; ajouter le beurre, le sucre et la vanille et bien incorporer. Tamiser ensemble la farine, le soda à pâte et le sel ; incorporer. Ajouter les dattes et les noix. Verser dans un moule à pain graissé. Cuire au four, 45 minutes, à 350° F (175° C).

Pain d'épices

½ tasse de graisse
¾ tasse de cassonade
½ tasse de mélasse
2 œufs
½ c. à thé de vanille
2 tasses de farine
2 c. à thé de poudre à pâte
½ c. à thé de soda à pâte
½ c. à thé de sel
2 c. à thé de gingembre
1 c. à thé de cannelle
¼ c. à thé de clous de girofle moulus
¼ c. à thé de muscade
⅔ tasse d'eau bouillante

Chauffer le four à 325° F (165° C). Battre la graisse et le sucre jusqu'à consistance lisse et crémeuse. Incorporer la mélasse et la vanille. Ajouter les œufs, un à la fois, et battre vivement après chaque addition. Tamiser ensemble les ingrédients secs et incorporer graduellement en alternant avec l'eau bouillante. Verser dans un moule carré graissé et foncé de papier ciré graissé. Cuire au four, 45 minutes, à 325° F (165° C).

Pain au gingembre

¾ tasse de mélasse
1 tasse de cassonade
½ tasse de beurre
1 tasse de lait sur
3 œufs
3 tasses de farine
1 c. à thé de soda à pâte
¼ c. à thé de sel
1 c. à thé de gingembre
1 c. à thé de cannelle

Chauffer le four à 325° F (165° C). Battre la cassonade et le beurre jusqu'à consistance lisse et crémeuse. Incorporer la mélasse. Ajouter les œufs, un à la fois, et battre vivement après chaque addition. Dissoudre le soda dans le lait sur. Tamiser ensemble les ingrédients secs et incorporer parfaitement en alternant avec le lait. Verser dans un moule graissé, foncé de papier ciré graissé. Cuire au four, 30 minutes, à 325° F (165° C).

Pain de maïs (Johnny cake)

½ tasse de mélasse
1 c. à thé de soda à pâte
1 œuf
½ c. à thé de sel
⅓ tasse de graisse fondue
1 tasse de lait sur
1½ tasse de farine de maïs
1½ tasse de farine ordinaire

Chauffer le four à 400° F (205° C). Dissoudre le soda dans la mélasse. Ajouter l'œuf, le sel et la graisse fondue ; battre jusqu'à ce que le mélange soit léger. Tamiser les farines ensemble et incorporer en alternant avec le lait sur. Verser dans un moule graissé. Cuire au four, 20 à 25 minutes, à 400° F (205° C).

Glace au chocolat

4 c. à soupe de beurre
4 c. à soupe de crème
4 c. à soupe de cacao tamisé
1 pincée de sel
1 œuf
1 c. à thé de vanille
sucre à glacer

Mélanger tous les ingrédients et ajouter assez de sucre à glacer pour que le mélange s'étende bien.

Glace à la vanille

4 c. à soupe de beurre
4 c. à soupe de crème
1 pincée de sel
1 petit œuf
2 c. à thé de vanille
sucre à glacer

Mélanger tous les ingrédients et ajouter assez de sucre à glacer pour que le mélange s'étende bien.

LES TARTES

Pâte brisée de ma grand-mère

2 tasses de farine à pâtisserie, tamisée
1/3 tasse de graisse froide
1/3 tasse de graisse de bacon, froide
4 c. à soupe d'eau bien froide

Déposer la farine dans un bol ; y couper finement les graisses froides. Ajouter l'eau et mélanger légèrement à la fourchette. Donne deux abaisses.

Tarte au citron

1 croûte de tarte cuite
1 tasse de sucre
4 c. à soupe de farine
1 pincée de sel
1/2 tasse de lait
3 jaunes d'œufs
1 tasse d'eau
2 c. à soupe de beurre
3 c. à soupe de jus de citron
zeste râpé d'un citron
3 blancs d'œufs
1/2 tasse de sucre
muscade

Chauffer le four à 375° F (190° C). Battre les jaunes d'œufs et mélanger avec le sucre, la farine, le sel, le lait et l'eau ; cuire au bain-marie jusqu'à épaississement. Retirer du feu et incorporer le beurre, le jus de citron et le zeste de citron. Verser dans la croûte de tarte cuite. Battre les blancs d'œufs et le sucre en neige ferme et en garnir la tarte. Saupoudrer de muscade et faire dorer au four, à 375° F (190° C).

Tarte à la citrouille

2 tasses de purée de citrouille
3/4 tasse de sucre
2 œufs battus
1/2 c. à thé de sel
1 1/2 tasse de lait
1/4 tasse de mélasse
1 c. à soupe de beurre fondu
1/4 c. à thé de gingembre
1/2 c. à thé de muscade
2 c. à thé de cannelle
1 abaisse non cuite

Chauffer le four à 375° F (190° C). Mélanger tous les ingrédients et verser dans une croûte de tarte non cuite. Cuire au four, 45 minutes ou jusqu'à ce que le centre soit ferme.

Tarte à la ferlouche

1 tasse de mélasse
3 tasses d'eau
1 tasse de cassonade
le zeste d'un citron
5 c. à soupe de fécule de maïs
1/4 c. à thé de muscade
1 abaisse cuite

Mélanger la mélasse, l'eau, la cassonade, le zeste de citron et la muscade ; porter à forte ébullition. Retirer du feu. Délayer la fécule de maïs dans un peu d'eau froide et l'ajouter au premier mélange. Remettre sur le feu et cuire jusqu'à épaississement en brassant sans arrêt. Verser dans une abaisse cuite et garnir de noix hachées, si désiré. Laisser prendre au froid.

Tarte aux œufs

2 tasses de lait
3 œufs
1/2 tasse de sucre
1 c. à thé de vanille
1/4 c. à thé de muscade
1 pincée de sel
1 abaisse non cuite

Chauffer le four à 450° F (230° C). Pour empêcher la préparation de mouiller la pâte, badigeonner l'abaisse de blanc d'œuf et cuire au four, une minute. Battre les œufs ; ajouter graduellement le sucre, puis la muscade et la vanille. Incorporer le lait et verser dans l'abaisse préparée. Cuire au four, 10 minutes, à 450° F (230° C). Réduire la chaleur et poursuivre la cuisson jusqu'à ce que la préparation soit ferme, à 325° F (165° C).

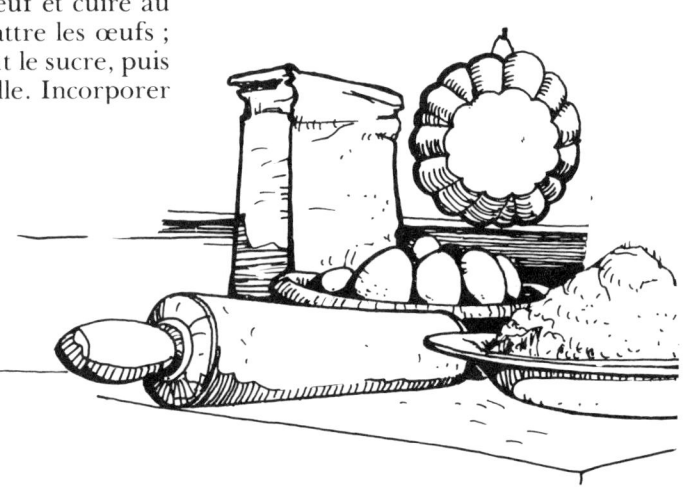

Tarte aux petits fruits

3 tasses de petits fruits (bleuets, fraises, framboises)
1 pincée de sel
1 c. à soupe de fécule de maïs
1 tasse de sucre
1 c. à soupe de farine
1 c. à soupe de beurre
pâte à tarte

Chauffer le four à 450° F (230° C). Saupoudrer la farine dans le fond d'une abaisse de pâte non cuite. Mélanger le sucre, la fécule de maïs et le sel, en enrober les fruits. Déposer dans l'abaisse de pâte enfarinée. Parsemer de noisettes de beurre. Couvrir d'une abaisse ou de lisières de pâtes, selon votre fantaisie. Cuire au four, 10 minutes, à 450° F (230° C). Réduire la chaleur à 350° F (175° C) et poursuivre la cuisson encore 30 minutes.

Tarte aux pommes

6 pommes, pelées et coupées en tranches
1/3 tasse de sucre
1/3 tasse de cassonade
1 c. à thé de cannelle
1/2 c. à thé de muscade
1/4 c. à thé de sel
2 c. à soupe de farine
1 c. à soupe de beurre
2 abaisses non cuites

Chauffer le four à 450° F (230° C). Déposer les pommes dans une abaisse non cuite, mélanger le sucre, la cassonade, la cannelle, la muscade, le sel et la farine ; en saupoudrer les pommes. Parsemer de noisettes de beurre. Couvrir de la deuxième abaisse et faire des incisions sur la pâte. Cuire au four, 15 minutes, à 450° F (230° C). Réduire la chaleur et poursuivre la cuisson 35 minutes, à 350° F (175° C).

Tarte aux pommes et à la crème sure

6 pommes, pelées et coupées en tranches
1/2 tasse de cassonade
1/4 tasse de sucre
1 c. à thé de cannelle
1/4 c. à thé de muscade
1/2 c. à thé de sel
1 tasse de crème sure
2 abaisses non cuites

Chauffer le four à 450° F (230° C). Déposer les pommes dans une abaisse non cuite. Mélanger ensemble la cassonade, le sucre, la cannelle, la muscade et le sel ; en saupoudrer les pommes. Verser la crème sure et couvrir de la deuxième abaisse. Faire des incisions sur la pâte. Cuire au four, 15 minutes, à 450° F (230° C). Réduire la chaleur, poursuivre la cuisson 35 minutes, à 350° F (175° C).

Tarte aux raisins

1 tasse de raisins secs
1 tasse d'eau
$1/2$ tasse de sucre
2 c. à soupe de farine
$1/2$ c. à thé de muscade
1 pincée de sel
2 c. à soupe de beurre
2 abaisses non cuites

Chauffer le four à 450° F (230° C). Cuire les raisins dans l'eau bouillante jusqu'à ce qu'ils soient tendres, ajouter la farine et le sucre mélangés ensemble et brasser jusqu'à épaississement. Retirer du feu. Incorporer la muscade, le sel et le beurre. Laisser refroidir avant de verser dans une abaisse non cuite. Couvrir de la deuxième abaisse et faire des incisions dans la pâte. Cuire au four, 15 minutes, à 450° F (230° C). Réduire la chaleur, à 350° F (175° C) et poursuivre la cuisson jusqu'à ce que la pâte soit bien dorée.

Tarte à la rhubarbe

4 tasses de rhubarbe coupée en cubes
6 c. à soupe de farine
2 tasses de sucre
$1/2$ c. à thé de muscade
2 c. à thé de jus de citron
1 c. à soupe de beurre
2 abaisses non cuites

Chauffer le four à 450° F (230° C). Mélanger le sucre, la farine, la muscade et la rhubarbe. Déposer dans une abaisse non cuite. Arroser de jus de citron et parsemer de noix de beurre. Recouvrir de la deuxième abaisse et faire des incisions dans la pâte. Cuire au four, 15 minutes, à 450° F (230° C). Réduire la chaleur et poursuivre la cuisson 35 minutes, à 350° F (175° C).

Tarte au sirop d'érable

2 c. à soupe de beurre
4 c. à soupe de farine
1 tasse de sirop d'érable
1/2 tasse d'eau
1/2 tasse de noix hachées
1 abaisse non cuite

Chauffer le four à 350° F (175° C). Fondre le beurre ; ajouter la farine et cuire en brassant jusqu'à ce que le mélange soit d'un beau brun. Ajouter le sirop d'érable et l'eau et cuire en brassant jusqu'à épaississement. Laisser tiédir et ajouter les noix. Verser dans une abaisse non cuite. Cuire au four, environ 30 minutes, à 350° F (175° C).

Tarte au sucre (ma préférée)

1 tasse de cassonade
1/2 tasse de crème à 35%
pâte à tarte
noix de Grenoble

Chauffer le four à 350° F (175° C). Déposer la cassonade dans une abaisse non cuite. Arroser graduellement de crème. Couvrir de bandes de pâte entrecroisées et déposer une noix de Grenoble dans chaque carré. Cuire au four, à 350° F (175° C) en surveillant bien, jusqu'à ce que la pâte soit dorée.

Tarte au suif

1 tasse de suif haché
1 tasse de cassonade
1 c. à soupe de vinaigre
1 tasse de raisins secs
1 pincée de sel
1/2 c. à thé de muscade
1 pincée de clous de girofle moulus
2 abaisses non cuites

Chauffer le four à 375° F (190° C). Mélanger tous les ingrédients et déposer dans une abaisse non cuite. Couvrir de la deuxième abaisse et faire des incisions. Cuire au four, environ 45 minutes, à 375° F (190° C).

LES BONBONS

Bonbons clairs

2 tasses de sucre
1 tasse d'eau tiède
¼ c. à thé de crème de tartre
au choix quelques gouttes d'huile de menthe
ou d'huile de citron
ou d'huile de cannelle
Colorant végétal

Déposer le sucre et l'eau dans une casserole. Couvrir et bouillir ainsi quelques minutes pour faire fondre le sucre. Découvrir et ajouter la crème de tartre. Bouillir jusqu'à ce qu'une goutte versée dans l'eau froide forme une boule dure. Retirer du feu et ajouter l'essence et le colorant végétal de votre choix. On peut aussi n'ajouter que du colorant rouge. Au choix : Étendre sur une lèchefrite huilée, laisser refroidir et casser en morceaux ; ou déposer par petites cuillerées sur une lèchefrite huilée ; ou verser dans des petits moules huilés ; ou déposer des bâtonnets sur une lèchefrite huilée et verser par cuillerées sur la tête de chaque bâtonnet.

Bonbons aux patates

2 pommes de terre bouillies sans sel
essence
colorant végétal
noix de coco
ou beurre d'arachides
ou noix hachées
ou chocolat fondu

Écraser les pommes de terre en purée et ajouter assez de sucre en poudre pour donner au mélange la consistance d'une pâte à tarte. On peut colorer le mélange, ajouter de la noix de coco et en faire des petites boules à saucer ou non dans le chocolat fondu (déposer sur un papier ciré et laisser durcir le chocolat). Ou abaisser comme une pâte à tarte et couvrir de noix de coco, ou de noix hachées, ou de beurre d'arachides. Rouler et laisser refroidir parfaitement avant de trancher.

Fudge

1 tasse de cassonade
1 tasse de sucre
1 pincée de sel
4 c. à soupe de cacao
1 tasse de crème de table
2 c. à soupe de beurre
1 c. à thé de vanille
1 c. à thé de rhum
1/2 tasse de noix hachées

Mélanger la cassonade, le sucre, le sel et le cacao dans une casserole. Ajouter la crème et le beurre. Porter à ébullition en remuant sans arrêt et bouillir jusqu'à ce qu'une goutte du mélange forme une boule molle dans l'eau froide. Retirer du feu et ajouter la vanille et le rhum. Laisser reposer la casserole quelques minutes dans un plat d'eau froide ; puis la retirer. Battre quelques minutes, jusqu'à épaississement. Ajouter les noix et étendre la préparation dans un moule beurré.

Guimauves

2 c. à soupe de gélatine neutre
1/4 tasse d'eau froide
3/4 tasse d'eau chaude
2 tasses de sucre
1 pincée de sel
1 c. à thé de vanille
sucre en poudre

Dissoudre la gélatine dans l'eau froide. Déposer le sucre et l'eau chaude dans une casserole ; couvrir et porter à ébullition. Incorporer la gélatine et porter à ébullition. Retirer du feu et laisser tiédir ; ajouter le sel et la vanille. Battre jusqu'à épaisissement et verser dans un moule généreusement saupoudré de sucre en poudre. Saupoudrer de sucre en poudre et laisser raffermir. Couper en carrés et rouler dans le sucre en poudre.

Sucre à la crème

1 tasse de sucre
1 tasse de cassonade
1/8 de c. à thé de sel
1 tasse de crème à 35%
1 c. à thé de vanille
2 c. à soupe de beurre
1/2 tasse de noix hachées

Mélanger dans une casserole le sucre, la cassonade, le sel et la crème. Cuire à feu très lent, sans bouillir, jusqu'à ce que le sucre et la cassonade soient fondus. Porter à ébullition et cuire jusqu'à ce qu'une goutte du mélange forme une boule molle dans l'eau froide. Retirer du feu et laisser tiédir. Puis ajouter le beurre, la vanille et les noix. Battre en sucre et étendre dans un moule beurré. Laisser refroidir.

Tire blanche

4 tasses de sucre
1 tasse d'eau
3 c. à soupe de beurre
1/2 c. à thé de vinaigre
1 pincée de sel
quelques gouttes de vanille

Mélanger tous les ingrédients dans une casserole et cuire à feu moyen jusqu'à ce qu'une goutte du mélange forme une boule dure dans l'eau froide. Verser sur une tôle froide et beurrée. Laisser prendre ; étirer et couper.

Tire dorée

1 1/2 tasse de cassonade
1 1/2 tasse de sucre
1 tasse de mélasse
1 c. à thé de crème de tartre
1 c. à soupe de beurre
3/4 tasse d'eau

Mélanger tous les ingrédients dans une casserole et porter à ébullition. Cuire jusqu'à ce qu'une goutte du mélange forme une boule dure dans l'eau froide. Verser dans une lèchefrite beurrée. Étirer, couper et envelopper.

Tire éponge

1 tasse de sucre
1 tasse de sirop de maïs
4 c. à thé de soda à pâte

Mélanger le sucre et le sirop de maïs dans une grande casserole. Cuire à feu doux jusqu'à ce que le sucre soit fondu. Porter à ébullition et cuire jusqu'à ce que des gouttes du mélange se cassent en fils dans l'eau froide. Retirer du feu ; incorporer rapidement le soda à pâte. Verser dans un moule beurré et laisser refroidir. Casser en morceaux.

Tire de la Sainte-Catherine

2 tasses de mélasse
1 tasse de sucre
1/2 tasse d'eau
1/2 c. à thé de crème de tartre
2 c. à soupe de beurre

Mélanger tous les ingrédients dans une casserole et porter à ébullition. Cuire jusqu'à ce qu'une goutte du mélange forme une boule dure dans l'eau froide. Verser dans une lèchefrite beurrée. Étirer, couper et envelopper.

LA BIÈRE

Bière d'épinette

12 pintes d'eau
1 pinte de mélasse
1 c. à thé de gingembre moulu
1 c. à thé de soda à pâte
2 c. à soupe d'essence d'épinette
3 c. à soupe de levure

Mélanger le tout dans un grand contenant et bien brasser. Laisser fermenter au moins deux jours à la chaleur, puis embouteiller et conserver au froid.

Bière au gingembre

1 gallon d'eau bouillante
2 c. à soupe de gingembre moulu
2 c. à soupe de crème de tartre
2 tasses de sucre
1 citron tranché
1 c. à soupe de levure

Déposer le gingembre, la crème de tartre et le sucre dans un grand récipient. Y verser l'eau bouillante et bien mélanger. Laisser refroidir et ajouter la levure et le citron. Laisser fermenter au moins 24 heures. Couler et mettre en bouteilles. Conserver au froid et attendre quelque temps avant de servir.

Bière au gingembre et à la mélasse

Remplacer le sucre par autant de mélasse.

Bière à la mélasse

1 1/2 gallon d'eau
2 pintes de mélasse
2 c. à soupe de crème de tartre
3 c. à soupe de levure
l'écorce d'un citron

Mélanger le tout dans un grand contenant et bien brasser. Laisser fermenter au moins 24 heures. Couler et embouteiller. Conserver au froid.

Bière de ménage

1 lb de houblon
5 gallons d'eau
5 lb de sucre
1 once de levure
2 onces de gélatine neutre

Faire bouillir le houblon dans l'eau, 30 minutes. Couler et verser dans un tonneau bien propre. Ajouter le sucre et la levure et bien brasser. Mettre à fermenter à découvert dans un endroit où la température est constante : 75° F (24° C). À mesure que la bière fermente, enlever l'écume et la remplacer par de l'eau légèrement sucrée. Quand la fermentation est suffisante, l'écume s'affaisse. Écumer ; ne plus ajouter d'eau sucrée. Faire fondre la gélatine neutre dans un peu d'eau chaude et verser dans la bière en remuant bien. Laisser reposer 48 heures. Siphonner pour embouteiller. Déposer une pincée de sucre dans le fond de chaque bouteille avant d'embouteiller. Bien boucher et conserver au frais.

Bière de racines

4 tasses de son
2 tasses de houblon
quelques petites branches d'épinette
quelques petites branches de cèdre
1 poignée de racines de pissenlit
6 pintes d'eau
2 tasses de mélasse
1 c. à thé de gingembre moulu
2 c. à soupe de levure

Déposer le son, le houblon, les branches d'épinette, les branches de cèdre et les racines de pissenlit dans un grand récipient ; verser l'eau et bouillir 30 minutes. Couler et ajouter la mélasse, le gingembre et la levure ; bien brasser. Laisser fermenter au moins deux jours à la chaleur, puis embouteiller et conserver au froid.

Porter

Procéder de la même manière que pour la bière de ménage. Employer moitié houblon, moitié orge ; et remplacer le sucre par de la mélasse.

LES VINS ET ALCOOLS MAISON

Vin de betteraves

5 lb de betteraves
1 gallon d'eau
8 tasses de sucre
1 tasse de riz
2 tasses de raisins secs
1 enveloppe de levure sèche

Laver les betteraves et enlever les queues ; les couper en morceaux très fins sans les peler. Couvrir d'eau et les faire cuire jusqu'à ce qu'elles soient tendres. Couler et mesurer le liquide et ajouter assez d'eau pour faire un gallon. Verser dans une jarre de grès. Hacher finement les raisins secs et les ajouter en même temps que le sucre, le riz et la levure. Laisser fermenter 30 jours ; brasser tous les jours. Filtrer deux fois ; laisser reposer 3 jours. Siphonner dans les bouteilles stérilisées. Boucher. Laisser vieillir avant de consommer.

Vin de bleuets

4 pintes de bleuets
4 pintes d'eau
4 lb de sucre
1 tasse de mûres
1 enveloppe de levure sèche

Bien mélanger tous les ingrédients dans une jarre de grès. Laisser fermenter 30 jours ; brasser tous les jours. Filtrer deux fois ; laisser reposer 3 jours. Siphonner dans des bouteilles stérilisées. Boucher. Laisser vieillir avant de consommer.

Vin de blé

1 pinte de blé
1 gallon d'eau
4 lb de sucre granulé
2 enveloppes de levure sèche
1 citron tranché
2 tasses de raisins secs

Mélanger tous les ingrédients dans une jarre de grès et fermer la jarre à moitié. Laisser fermenter dans un endroit chaud, 4 semaines. Filtrer deux fois ; laisser reposer 3 jours. Siphonner dans les bouteilles stérilisées. Laisser vieillir avant de consommer. Conserver dans un endroit frais.

Vin de carottes

4 lb de carottes râpées
4 lb de sucre
2 citrons tranchés
2 oranges tranchées
1 gallon d'eau
1 enveloppe de levure sèche
1 tasse de raisins secs

Hacher finement les raisins secs. Mélanger tous les ingrédients dans une jarre de grès et fermer la jarre à moitié. Laisser fermenter dans un endroit chaud, 40 jours. Brasser une fois par jour. Filtrer 2 fois ; laisser reposer 3 jours. Siphonner dans des bouteilles stérilisées. Laisser vieillir avant de consommer. Conserver dans un endroit frais.

Vin de cassis

4 tasses de cassis
1 gallon d'eau
2 lb de sucre
$1/2$ tasse raisins secs
1 enveloppe de levure sèche

Déposer les cassis dans une jarre de grès et les écraser ; ajouter les autres ingrédients et mélanger. Fermer la jarre à moitié et laisser fermenter dans un endroit chaud, 60 jours. Brasser une fois tous les deux jours. Filtrer 2 fois ; laisser reposer 3 jours. Siphonner dans des bouteilles stérilisées. Laisser vieillir avant de consommer. Conserver dans un endroit frais.

Vin de cenelles

4 tasses de cenelles bien mûres
1 gallon d'eau
2 lb de sucre
$1/2$ tasse de raisins secs
1 enveloppe de levure sèche

Laver les cenelles et les passer au hachoir. Les déposer dans une jarre de grès avec tous les autres ingrédients et bien mélanger. Fermer la jarre à moitié et laisser fermenter dans un endroit chaud 30 jours. Brasser une fois tous les jours. Filtrer 2 fois et laisser reposer 3 jours. Siphonner dans des bouteilles stérilisées. Laisser vieillir avant de consommer. Conserver dans un endroit frais.

Vin de cerises

1 gallon de cerises
1 gallon d'eau chaude
4 lb de sucre
1 lb de raisins secs
1 enveloppe de levure sèche

Déposer les cerises dans une jarre de grès. Écraser les cerises et les laisser macérer 12 heures. Ajouter les autres ingrédients et bien mélanger. Fermer la jarre à moitié et laisser fermenter dans un endroit chaud, 30 jours. Brasser une fois tous les jours. Filtrer 2 fois et laisser reposer 5 jours. Filtrer à nouveau et siphonner dans des bouteilles stérilisées. Laisser vieillir avant de consommer. Conserver dans un endroit frais.

Vin de cormier

2 pintes de cormier égrené
1 gallon d'eau
4 lb de sucre
1 sachet de levure sèche
1 tasse de raisins secs
écorce d'un citron

Hacher finement les raisins secs. Déposer tous les ingrédients dans une jarre de grès et bien mélanger. Fermer la jarre à moitié et laisser fermenter dans un endroit chaud, 40 jours. Brasser 1 fois par jour, pendant 10 jours. Filtrer 2 fois et laisser reposer, 3 jours. Filtrer à nouveau et siphonner dans les bouteilles stérilisées. Laisser vieillir avant de consommer. Conserver dans un endroit frais.

Vin de croûtes de pain

4 tasses de croûtes de pain
1 gallon d'eau bouillante
2 citrons tranchés
2 oranges tranchées
2 tasses de raisins secs
1 enveloppe de levure sèche

Déposer les croûtes de pain dans une jarre de grès ; y verser l'eau bouillante. Laisser tiédir. Hacher finement les raisins secs. Ajouter tous les autres ingrédients et bien mélanger. Fermer la jarre à moitié et laisser fermenter dans un endroit chaud, 15 jours. Brasser une fois tous les jours. Filtrer et laisser reposer 2 jours. Siphonner dans des bouteilles stérilisées. Laisser vieillir avant de consommer. Conserver dans un endroit frais.

Vin de gadelles

4 lb de gadelles rouges
1 gallon d'eau
2 lb de sucre
1 tasse de raisins secs
1 enveloppe de levure sèche

Déposer les gadelles dans une jarre de grès et les écraser. Ajouter les autres ingrédients et bien mélanger. Fermer la jarre à moitié et laisser fermenter dans un endroit chaud, 40 jours. Filtrer et siphonner dans des bouteilles stérilisées. Laisser vieillir avant de consommer. Conserver dans un endroit frais.

Vin d'orge

1 gallon d'eau chaude
4 lb de sucre
3 tasses d'orge
2 tasses de raisins secs
4 pommes de terre moyennes
1 enveloppe de levure sèche

Laver les pommes de terre et les couper en dés sans les peler. Hacher finement les raisins secs. Verser l'eau chaude dans une jarre de grès ; y faire dissoudre le sucre.

Ajouter l'orge, les raisins secs et les pommes de terre. Laisser tiédir. Ajouter la levure et bien mélanger. Fermer la jarre à moitié et laisser fermenter dans un endroit chaud 15 jours. Brasser 1 fois tous les jours. Filtrer et laisser reposer 2 jours. Siphonner dans des bouteilles stérilisées. Laisser vieillir avant de consommer. Conserver dans un endroit frais.

Vin de patates

1 gallon d'eau chaude
4 lb de sucre
12 pommes de terre
1 tasse de raisins secs
1 enveloppe de levure sèche

Laver les pommes de terre et les couper en dés sans les peler. Hacher finement les raisins secs. Verser l'eau chaude dans une jarre de grès ; y faire dissoudre le sucre.

Ajouter les pommes de terre et les raisins secs. Laisser tiédir. Ajouter la levure et bien mélanger. Fermer la jarre à moitié et laisser fermenter dans un endroit chaud 20 jours. Brasser une fois tous les jours. Filtrer et laisser reposer 2 jours. Siphonner dans des bouteilles stérilisées. Laisser vieillir avant de consommer. Conserver dans un endroit frais.

Vin de pissenlit

1 gallon de fleurs de pissenlit
1 gallon d'eau bouillante
4 lb de sucre
1/2 tasse de raisins secs
4 oranges tranchées
4 citrons tranchés
1 enveloppe de levure sèche

Déposer les fleurs lavées dans une jarre de grès ; verser l'eau bouillante. Laisser reposer 48 heures et filtrer. Hacher finement les raisins secs et les ajouter au liquide avec tous les autres ingrédients. Bien mélanger. Fermer la jarre à moitié et laisser fermenter dans un endroit chaud, 20 jours. Brasser une fois tous les jours. Filtrer et laisser reposer 5 jours. Siphonner dans des bouteilles stérilisées. Laisser vieillir avant de consommer. Conserver dans un endroit frais.

Vin de raisin sauvage

4 lb de raisin sauvage
1 gallon d'eau bouillante
4 lb de sucre
1 enveloppe de levure sèche

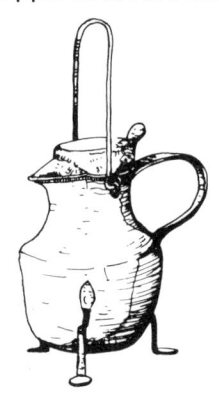

Laver les raisins et les retirer de leurs grappes. Les déposer dans une jarre de grès et les écraser. Couvrir d'eau bouillante et laisser reposer 2 jours. Filtrer dans un sac à gelée. Verser le jus filtré dans la jarre de grès et ajouter le sucre ; brasser jusqu'à ce qu'il soit fondu. Ajouter la levure et bien mélanger. Couvrir la jarre et laisser fermenter dans un endroit chaud, 14 jours. Brasser une fois par jour. Filtrer et laisser reposer 2 jours sans brasser. Siphonner dans des bouteilles stérilisées. Laisser vieillir avant de consommer. Conserver dans un endroit frais.

Vin de rhubarbe

5 lb de rhubarbe
1 gallon d'eau bouillante
3 lb de cassonade
2 oranges tranchées
2 citrons tranchés
1/2 tasse de raisins secs
1 enveloppe de levure sèche

Couper finement la rhubarbe et la déposer dans une jarre de grès ; couvrir d'eau bouillante et laisser reposer 2 jours. Filtrer. Hacher finement les raisins secs et les ajouter au liquide en même temps que les autres ingrédients. Bien mélanger. Couvrir la jarre et laisser fermenter dans un endroit chaud 2 mois. Brasser une fois par jour. Filtrer et siphonner dans des bouteilles stérilisées. Laisser vieillir avant de consommer. Conserver dans un endroit frais.

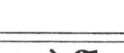

Vin de trèfle

3 pintes de têtes de fleurs de trèfle
1 gallon d'eau bouillante
4 lb de sucre
1/2 tasse de raisins secs
3 oranges tranchées
2 citrons tranchés
1 enveloppe de levure sèche

Déposer les têtes de fleurs dans une jarre de grès ; verser l'eau bouillante. Laisser reposer 48 heures et filtrer. Hacher finement les raisins secs et les ajouter au liquide avec tous les autres ingrédients. Bien mélanger. Fermer la jarre à moitié et laisser fermenter dans un endroit chaud, 15 jours. Brasser une fois par jour. Filtrer et laisser reposer 2 jours. Siphonner dans des bouteilles stérilisées. Laisser vieillir avant de consommer. Conserver dans un endroit frais.

Champagne aux fruits

5 pintes d'eau chaude
5 lb de sucre
3 oranges
3 citrons
3 pamplemousses
3 bananes
2 lb de raisins secs
1 enveloppe de levure sèche

Déposer le sucre dans une jarre de grès ; verser l'eau chaude et brasser pour dissoudre le sucre. Hacher finement les raisins secs. Peler les bananes et les écraser. Couper les autres fruits en dés. Ajouter les fruits et la levure et bien brasser. Fermer la jarre à moitié et laisser fermenter dans un endroit chaud, 20 jours. Brasser une fois par jour. Fermer complètement la jarre et laisser reposer 30 jours, sans brasser. Filtrer plusieurs fois et siphonner dans des bouteilles stérilisées. Laisser vieillir avant de consommer. Conserver dans un endroit frais.

Whisky en esprit

La recette qui suit est tout ce qu'il y a de folklorique et je ne vous recommande en aucun cas sa réalisation.

35 gallons d'eau
6 gallons de mélasse
$1/2$ lb de levure

Bien mélanger tous les ingrédients dans un baril de chêne. Couvrir d'un linge propre, et laisser fermenter 8 jours. Passer à l'alambic 2 fois. Pour servir, ajouter deux tiers d'eau pour un tiers « d'esprit ». Le juron si populaire n'est peut-être pas liturgique !...

Caribou

1 tasse de whisky en esprit
2 tasses d'eau
3 tasses de vin de cerises ou de gadelles

Mélanger et servir.

LES BREUVAGES

Sous le régime français, on importait assez facilement le chocolat et le café des colonies françaises d'Amérique du Sud.

Le thé venait de Chine et l'on ne tenait pas à « laisser l'argent quitter inutilement le pays pour l'étranger lorsqu'il s'agit d'une folie et d'un produit dont on peut bien se passer ».*

Ce n'est qu'après la conquête anglaise qu'on importera le thé de façon courante. Nos grands-mères le préféreront vert et très fort.

Donc le café qu'on buvait au lait et presque toujours sucré ; le café d'orge et le café de pain grillé, réservés aux pauvres ou aux périodes de disette. On faisait griller l'orge au four et on ne le moulait presque jamais avant de l'ébouillanter.

On préparait le café au pain grillé en faisant noircir du pain au four ; on l'égrenait, puis on l'ébouillantait.

On raconte aussi que les femmes buvaient volontiers du lait chaud sucré après le repas du soir.

Les boissons gazeuses comme les jus de fruits n'étaient servis que dans les grandes occasions.

J'ai choisi de ne pas m'attarder ici sur les tisanes qui font partie de la médecine folklorique traditionnelle du Québec, pas de sa cuisine.

* Re : Voyage de Pehr Kalm au Canada en 1749, Éd. Le Cercle du Livre de France.
Fo 758 p. 297.

NOTES

LES SOUPES

Bouillon 14
Bouillon blanc 14
Bouillon de légumes 15
Bouillon de poulet (bouillon des relevailles) 15
Soupe au bœuf haché 16
Soupe aux carottes râpées 16
Soupe au céleri 17
Soupe au chou 17
Soupe au chou de ma mère 18
Soupe au chou rouge 18
Soupe au chou de ma tante Blanche 19
Soupe à la citrouille 19
Soupe aux fines herbes 20
Soupe aux fèves brunes 20
Soupe aux petites fèves jaunes 21
Soupe aux fèves au lard 21
Soupe aux gourganes 22
Soupe à l'ivrogne 22
Soupe au pain (voir soupe à l'ivrogne) 22
Soupe aux légumes 23
Soupe aux navets blancs 23
Soupe à l'oignon 24
Soupe à l'orge 24
Soupe à l'orge à l'ancienne 25
Soupe à l'oseille 25
Soupe aux patates 26
Soupe aux pois 26
Soupe aux poireaux 27
Soupe aux pois cassés 27
Soupe à la queue de bœuf 28
Soupe aux tomates 28
Soupe aux tomates vertes 29

Les soupes au poisson

Soupe aux coques 32
Soupe aux crevettes 32
Soupe aux huîtres 33
Soupe aux langues de morue 33
Soupe à la morue 34
Soupe aux têtes de morue 34

LA CHARCUTERIE

Faire boucherie 36
Le boudin 36
La fonte du saindoux 37
Cretons canadiens 38
Cretons français 38
Cretons de grand-mère Charron 38
Cretons maigres de Janine 39
Cretons de panne 39
Cretons traditionnels 40
Foie gras 40
Graisse de rôti 41
Pâté de foie gras 41
Saucisses maison 42
Saucisses de porc 42
Tête fromagée 43
Tête fromagée sans tête 43
« Baloney » ancien aux patates 44

L'AGNEAU

Agneau braisé aux pois verts 46
Carré d'agneau 46
Le crapaud dans son trou 47
Gigot d'agneau bouilli 47
Gigot d'agneau bouilli (de ma mère) 48
Gigot d'agneau rôti 48
Ragoût d'agneau 49
Ragoût d'agneau aux pois verts 49

LE BŒUF

Bœuf à la « canadienne » 52
Bœuf à la mode 52
Bœuf à la mode de ma grand-mère 53
Bœuf à la mode Lanaudière 53
Bœuf braisé 54
Bœuf en sauce 54
Bœuf en chemise 55
Bœuf salé au chou 55
Bouilli de légumes 56
Bouilli d'automne 56
Bouilli d'hiver 57
Cervelle de bœuf 57
Cervelle de bœuf à l'ancienne 58
Cigares au chou 58
Cœur de bœuf braisé 59
Cœur de bœuf farci 59
Cœur de bœuf farci de tante Blanche 60
Cœur de bœuf aux légumes 60
Fricassée de bœuf 61
Langue de bœuf aux légumes 61
Langue de bœuf fermière 61
Pâté chinois classique 62
Pâté chinois d'Hélène 62
Pâté chinois (le mien) 62
Queue de bœuf Saguenay 63
Ragoût de bœuf 63
Ragoût de bœuf et de rognons 64
Rosbif 64
Rosbif de ma grand-mère 64

LE VEAU

Cervelles de veau 66
Cœur de veau bouilli 66
Cœur de veau braisé 67
Croquettes de veau 67
Épaule de veau farci 68
Foie de veau à la crème 68
Langues de veau marinées 69
Veau dans le chaudron 69
Rognons de veau de ma grand-mère 70
Rognons de veau en casserole 70

LE PORC

Boudin en sauce 72
« Chiard » du pêcheur 72
Cochon de lait farci 73
Côtelettes à la poêle 73
Côtelettes de porc à la crème 74
Côtelettes de porc garnies 74
Côtelettes de porc Rougemont 74
Épaule de porc braisée 75
Épaule de porc farcie 75
Filets de porc en chemise 75
Filets de porc au chou 76
Filets de porc à la crème 76
Langues de porc marinées 76
Oreilles de cochon à la purée 77
Oreilles de cochon panées et grillées 77
Pattes de porc au chou 77
La Picoune 78

Pieds de cochon à la Sainte-Menehould 78
Porc à la bière 79
Queues de porc grillées 79
Ragoût beauceron 80
Ragoût de boulettes 80
Ragoût de pattes 81
Ragoût de pattes et de boulettes 81
Rôti de fesse de porc frais 82
Rôti de porc à l'ail 82
Rôti de porc à la crème sure 83
Rôti de porc au miel 83
Rôti de porc aux patates jaunes 84
Rôti de porc traditionnel 84

Le salois

Le salois 86
Pour fumer le jambon 87
Pour saler le porc 87
Saucisson de Bologne cuit et fumé 87

LE JAMBON

Bouilli de jambon et de légumes 90
Jambon à la bière 90
Jambon au grain 90
Jambon bouilli 91
Jambon de la cabane à sucre 91
Jambon en croûte 92
Jambon glacé Richelieu 92
Jambon glacé traditionnel 93

LES VOLAILLES

Le poulet

Bouilli de poule 96
Fricassée de poule aux « grands-pères » 96
Fricassée de poulet à la sauce blanche 97
Poulet bonne femme 97
Poule bouillie 97
Poulet à l'avoine 98
Poule aux choux 98
Poulet au miel 99
Poulet aux oignons 99
Poulet à l'orge 99
Poule au pot 100
Poulet rôti 100
Poulet rôti en cage 101
Poulet rôti farci 101
Ragoût de poule et de boulettes 102

La dinde

Dinde rôtie 104
Dinde rôtie en cage 104
Farce aux cretons 105
Farce au jambon 105
Farce aux oignons 106
Farce aux pommes 106
Farce aux pommes de terre 106

L'oie

L'oie rôtie à la canadienne 107
L'oie aux marrons 108
L'oie rôtie 108

Le canard

Canard au chou rouge 109
Canard aux navets 110
Canard rôti 110

Le pigeon

Pigeons à la broche 111
Pigeons à la canadienne 111
Pigeons en compote 112
Pigeons aux petits pois 112

LE LAPIN

Lapin farci 113
Lapin à la moutarde 114
Lapin aux oignons 114
Ragoût de lapin aux « grands-pères » 115
Terrine de lapin 115

LE GIBIER

Le gibier 117

Le canard sauvage
Canard sauvage aux pommes 119
Canard sauvage farci 120

Le lièvre
Civet de lièvre 120
Lièvre à l'indienne 121
Lièvre farci 121
Lièvre et chevreuil en casserole 121
Marmite de lièvre et de perdrix 122
Ragoût de lièvre aux « grands-pères » 122

La perdrix
Perdrix au chou 123
Perdrix rôties 123
Ragoût de perdrix 124

L'outarde
L'outarde rôtie 124
L'outarde en ragoût 125

L'écureuil
Écureuil au beurre 125
Ragoût d'écureuil aux « grands-pères » 126

Le « siffleux » (marmotte)
Civet de siffleux 126
Ragoût de siffleux aux « grands-pères » 127
Siffleux au four 127

Le porc-épic
Rôti de porc-épic 128

Le rat musqué
Ragoût de rat musqué 128

Le castor
Castor rôti 129
Queue de castor 129

316

L'orignal
Cœur d'orignal 130
Langue d'orignal 130
Mufle d'orignal 130
Rôti d'orignal 131

L'ours
Fesse d'ours rôtie 131

Le caribou
Caribou des bûcherons 132
Ragoût de caribou 132
Rôti de caribou 133

Le chevreuil
Civet de chevreuil 133
Chevreuil braisé 134
Côtelettes de chevreuil 134
Épaule de chevreuil farcie 135
Fricassée de chevreuil 135
Ragoût de chevreuil 136

LES FÈVES AU LARD

Fèves au canard 138
Fèves au chevreuil 138
Fèves au lard à l'ancienne 139
Fèves au lard au catsup 139
Fèves au lard de ma grand-mère 140
Fèves au lard au miel 140
Fèves au lard du Québec 141
Fèves au lard de tante Blanche 141
Fèves au lièvre et à la perdrix 142

LES PAINS DE VIANDE

Fricandeau 144
Pain de bœuf 144
Pain de bœuf et de jambon 145
Pain de jambon 145
Pain de poulet 146
Pain de veau 146
Pain de viande 147
Pain de viande en cachette 147
Pain de viande à la sauce aux pommes 148

PÂTÉS DE VIANDE ET TOURTIÈRES

Bœuf en biscuit 150
Casserole de bœuf 150
Chaussons au bœuf 151
Chaussons au poulet 151
Pâté de bœuf 152
Pâté de bœuf aux patates (pommes de terre) 152
Pâté de famille 153
Pâté marin du Vieux-Québec 153
Pâté au poulet 154
Pâté de veau 154
Pâté de veau de ma grand-mère 155
« Pelotes » au lard salé 155
Porc en biscuit 156
Tourtière de ma grand-mère 156
Tourtière au lard salé 157
Tourtière maigre 157
Tourtière de ménage 157
Tourtière de ménage aux patates (pommes de terre) 158
Tourtière aux patates 158
Tourtière traditionnelle 159
Tourtière traditionnelle aux patates (pommes de terre) . 159
Tourtière au canard 160

LES CIPAILLES

Cipailles 161
Cipaille de gibier 162
Cipaille de Noël 163
Cipaille du Québec 164
Cipaille moderne 165
Cipaille moderne aux patates 165
Ci-pâte d'autrefois 166
Cipâte de ma grand-mère 166
Ci-pâte de porc et de poulet 167
Six-pâtes au lièvre 167

LES GALANTINES

Galantine de porc 169
Galantine de poulet 170
Galantine de veau 170

LES OEUFS

Oeufs dans le sirop 171
Omelette au fromage 171
Omelette au jambon 171
Omelette aux oignons 171
Omelette nature 172
Omelette aux « oreilles de crisse » 172
Omelette au pain 172
Omelette aux pommes de terre 172

LE JARDIN POTAGER

Le potager 173
La terre du jardin 174
Constitution d'un sol riche 174
La disposition du jardin 175
Les plants à transplanter 176
Plantations et semailles 177
Les soins du potager 178
La conservation des légumes 179
Le caveau 179

LES LÉGUMES

Asperges au beurre 181
Asperges en sauce blanche 181
Betteraves 181
Betteraves au beurre 182
Betteraves de ma grand-mère 182
Feuilles de betteraves au beurre 182
Blé d'Inde bouilli (maïs) 182
Blé d'Inde frit (maïs) 183
Blé d'Inde lessivé (maïs) 183
Carottes au beurre 184
Carottes aux fines herbes 184
Carottes au gingembre 184
Citrouille à la crème 185
Chou braisé 185
Chou à la crème 185
Chou farci 186
Concombres en sauce blanche 186
Courge au four 187
Petites fèves aux cailles (haricots) 187
Petites fèves en sauce blanche (haricots) 187
Navets blancs aux oignons 188
Navet en purée 188

Patates sucrées au four 188
Pissenlit à la graisse de rôti..189
Pommes de terre en escalopes 189
Pommes de terre à la graisse de rôti 189
Pelures de pommes de terre au four 190
Tomates au beurre 190

LES SALADES

Salade de pissenlit 191
Concombres à la crème 191
Salade aux cailles 191

LES POISSONS ET CRUSTACÉS

Le « boucanage » du poisson 194
Le fumoir 194
La préparation 195
Court-bouillon 195
Farce à poisson 195
Croquettes de poisson 196
Fricassée en pot 196
Gibelotte des Îles de Sorel 197
Poissons des chenaux 197
Poisson dans le sable 198
Poisson des trappeurs 198
Achigan farci 198
Anguille du Bas de Québec..199
Anguille en pâté 199
Anguille en ragoût 200
Anguille rôtie...200
Brochet au beurre 201

Brochet à la crème	201
Caplans frais	201
Caplans séchés	202
Carpe en pâté	202
Doré à la crème	202
Éperlans à la crème	203
Éperlans au four	203
Éperlans frits	203
Esturgeon en pâté	204
Esturgeon en ragoût	204
Flétan au citron	205
Flétan au lard	205
Harengs frais grillés	206
Harengs marinés	206
Harengs frais à la moutarde	207
Maquereaux à l'ancienne	207
Maquereaux à l'étuvée	207
Maquereaux farcis	208
Ouananiche farcie	208
Ouananiche en pâté	209
Cœurs de morues frits	209
Filets de morue bouillis	209
Filets de morue frits	210
Gibelotte de Bonaventure	210
Gibelotte des marins	210
Langues de morues frites	211
Morue à la crème	211
Morúe farcie	211
Pain de morue	212
Pâté de langues de morues	212
Pâté de morue	213
Têtes de morues rôties	213
Croquettes de saumon	213
Pain de saumon	213
Pâté au saumon	214
Saumon à la crème	214
Saumon farci	215
Saumon rôti	215
Truites à la crème	216
Truites à l'étuvée	216
Truites en friture	217
Six-pâtes aux coques	217
Crevettes frites	217
Huîtres en friture	218

LE PAIN

Bannique 219
Pain de blé 220
Pain à la farine de sarrasin 221
Pain au fromage 221
Levain de patate 222
Pain au levain de patate 222
Pain au lard 223
Pain de ménage 223
Petits pains à la poudre à pâte 223
Brioches du Vendredi-Saint 224
Marie-Fendue 224

Les «beurrées»

« Beurrée » de banane 225
« Beurrée » à la cannelle 225
« Beurrée » de mélasse 225
« Beurrée » de confiture 226
« Beurrée » à la mélasse et aux oignons 226
« Beurrée » au sucre d'érable 226
Peurs 226

LES CRÊPES ET LES GALETTES

Crêpes 227
Crêpes aux bleuets 228
Crêpes à la farine de maïs 228
Crêpes de grand-mère 228
Crêpes au lait de beurre 229
Crêpes au lait sur 229
Crêpes au lard salé 229
Galettes aux patates 230
Galettes de sarrasin 230
Pain doré 230

LES MARINADES

Ail des bois 231
Herbes salées 231
Oeufs dans le vinaigre 232
Betteraves marinées 232
Cerises piquantes 232
Chutney aux pommes 233
Citrouille au gin 233
Cornichons salés 234
Cornichons sucrés 234
Marinade de fruits (catsup) 234
Marinade de tomates rouges (catsup) 235
Marinade de tomates vertes (catsup) 235
Oignons marinés 236
Pommettes marinées 236
Prunes épicées 236
Relish 237
Rhubarbe en marinade 237

LES CONFITURES

Cerises de terre dans le sirop 239
Confiture de fraises 240
Confiture de fraises et de rhubarbe 240
Confiture de framboises 241
Confiture de mûres 241
Confiture de mûres et de gadelles rouges 241
Confiture de prunes 242
Marmelade anglaise 242
Marmelade de rhubarbe 243
Marmelade aux trois fruits 243

LES GELÉES

Gelées de gadelles.. 245
Gelée de groseilles... 246
Gelée de framboises (ou de mûres)......................... 246
Gelée de menthe fraîche 247
Gelée de pimbina... 247
Gelée de pelures de pommes 247
Gelée de pommes 248
Gelée de sarriette... 248

LES POUDINGS, ETC...

Grands-pères non sucrés....................................... 250
Grands-pères dans le sirop.................................... 250
Blanc-manger 250
Crème brûlée.. 251
Mousse aux fruits 251
Oeufs à la neige 252
Petits cochons dans le sirop.................................. 252
Pommes au beurre écossais 253
Pommes en chaussons 253
Pouding chômeur... 253
Pouding au pain 254
Pouding au riz 254
Pouding au suif 254
« Poutine à la poche ».. 255

BEIGNES, BEIGNETS ET CROQUIGNOLES

Beignes de ma grand-mère 257
Beignes au lait sur 258
Beignes aux patates 258
Beignets aux pommes 258
Croquignoles de ma grand-mère 259
Pets de nonne 259

LES BISCUITS

Biscuits aux amandes 261
Biscuits à l'anis 262
Biscuits aux dattes 262
Biscuits à la crème sure 263
Biscuits à la farine d'avoine 263
Biscuits au gingembre 263
Biscuits à la mélasse 264
Biscuits au sucre 264
Bouchées aux fruits 265
Doigts de dames 265

LES CARRÉS

Carrés au chocolat 267
Carrés aux dattes 267

LES MUFFINS

Muffins à la farine d'avoine 269
Muffins à la farine de blé entier 269
Muffins au son 270

LES GÂTEAUX

Bûche de Noël 272
Gâteau des anges 272
Gâteau blanc 273
Gâteau aux carottes de Michelle 273
Gâteau au chocolat 274
Gâteau aux épices 274
Gâteau à l'érable 275

Gâteau aux fruits	275
Gâteau au lard de ma grand-mère	276
Gâteau Louise	276
Gâteau roulé	277
Pain aux dattes et aux noix	277
Pain d'épices	278
Pain au gingembre	278
Pain de maïs (Johnny cake)	279
Glace au chocolat	279
Glace à la vanille	279

LES TARTES

Pâte brisée de ma grand-mère	282
Tarte au citron	282
Tarte à la citrouille	283
Tarte à la ferlouche	283
Tarte aux œufs	284
Tarte aux petits fruits	284
Tarte aux pommes	285
Tarte aux pommes et à la crème sure	285
Tarte aux raisins	286
Tarte à la rhubarbe	286
Tarte au sirop d'érable	287
Tarte au sucre	287
Tarte au suif	287

LES BONBONS

Bonbons clairs	289
Bonbons aux patates	290
Fudge	290
Guimauves	291
Sucre à la crème	291
Tire blanche	291
Tire dorée	292
Tire éponge	292
Tire de la Sainte-Catherine	292

LA BIÈRE

Bière d'épinette	294
Bière au gingembre	294
Bière au gingembre et à la mélasse	294
Bière à la mélasse	294
Bière de ménage	295
Bière de racines	295
Porter	295

LES VINS ET ALCOOLS MAISON

Vin de betteraves	298
Vin de bleuets	298
Vin de blé	298
Vin de carottes	299
Vin de cassis	299
Vin de cenelles	299
Vin de cerises	300
Vin de cormier	300
Vin de croûtes de pain	300
Vin de gadelles	301
Vin d'orge	301
Vin de patates	301
Vin de pissenlit	302
Vin de raisin sauvage	302
Vin de rhubarbe	303
Vin de trèfle	303
Champagne aux fruits	304
Whisky en esprit	304
Caribou	304

LES BREUVAGES

« FAIM »

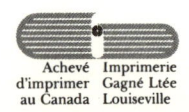

Achevé d'imprimer au Canada
Imprimerie Gagné Ltée Louiseville